Manual Prático dos Títulos de Crédito

Doutrina e Prática

LEGISLAÇÃO COMERCIAL COMPLEMENTAR

QUESTÕES DE AUTOAVALIAÇÃO

"O livro é a porta que se abre para a realização do homem."

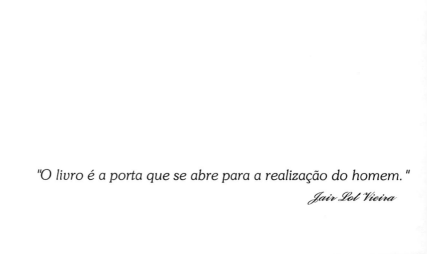

SAULO SENA MAYRIQUES
Advogado e Contabilista
Ex-Coordenador do Curso de Direito, do Núcleo de Prática Jurídica
e Professor de Direito Empresarial das Faculdades Integradas de São Carlos – FADISC
Professor Titular de Direito Empresarial da Faculdade Jauense – FAJAU
Especialista em Direito Tributário pela Universidade de Santa Catarina – UNISUL

MANUAL PRÁTICO DOS TÍTULOS DE CRÉDITO

DOUTRINA E PRÁTICA

LEGISLAÇÃO COMERCIAL COMPLEMENTAR

QUESTÕES DE AUTOAVALIAÇÃO

Prefácio
Ricardo Negrão

MANUAL PRÁTICO DOS TÍTULOS DE CRÉDITO
DOUTRINA E PRÁTICA

SAULO SENA MAYRIQUES

1ª Edição 2009

Supervisão editorial: *Jair Lot Vieira* e *Maíra Nelli Lot Viera*
Coordenação editorial: *Júlia Carolina de Lucca*
Produção gráfica e editorial: *Alexandre Rudyard Benevides ME*
Revisão: *Ricardo Virando* e *Luana da Costa Araújo Coelho*
Capa: *Camila Treb* e *Mariana Nelli Lot Vieira*

Nº de Catálogo: 1394

Dados Internacionais de Catalogação na Publicação (CIP)
(Câmara Brasileira do Livro, SP, Brasil)

Mayriques, Saulo Sena
Manual prático dos títulos de crédito : doutrina e prática : legislação comercial complementar : questões de autoavaliação / Saulo Sena Mayriques : prefácio Ricardo Negrão. -- Bauru, SP : EDIPRO, 2009.

ISBN 978-85-7283-646-3

1. Títulos de crédito 2. Títulos de crédito - Brasil I. Negrão, Ricardo. II. Título.

09-00005   CDU-347.457

Índices para catálogo sistemático:
1. Títulos de crédito : Direito : 347.457

edições profissionais ltda.

São Paulo: Fone (11) 3107-4788 – Fax (11) 3107-0061
Bauru: Fone (14) 3234-4121 – Fax (14) 3234-4122
www.edipro.com.br

SUMÁRIO

PREFÁCIO 15

NOTA DO AUTOR 17

Capítulo I
INTRODUÇÃO AOS TÍTULOS DE CRÉDITO 21

    1.1. Conceito 21

        1.1.1. Documento 21

        1.1.2. Necessário 21

        1.1.3. Literal 22

        1.1.4. Autônomo 22

Capítulo II
PRINCÍPIOS DOS TÍTULOS DE CRÉDITO 23

    2.1. Cartularidade 23

    2.2. Literalidade 23

    2.3. Autonomia 23

        2.3.1. Abstração 24

        2.3.2. Inoponibilidade 24

    2.4. Verificação do Aprendizado 24

Capítulo III
VIRTUALIZAÇÃO DOS TÍTULOS DE CRÉDITO 27

Capítulo IV
NATUREZA JURÍDICA DOS TÍTULOS DE CRÉDITO 31

    4.1. Quadro Prático 32

    4.2. Verificação do Aprendizado 32

Capítulo V

CLASSIFICAÇÃO DOS TÍTULOS DE CRÉDITO 33

5.1. Quanto ao Modelo 33

    5.1.1. Vinculados 33

    5.1.2. Livres 33

5.2. Quanto à Estrutura 34

    5.2.1. Ordem de Pagamento 34

    5.2.2. Promessa de Pagamento 34

5.3. Quanto à Emissão 34

    5.3.1. Causais 34

    5.3.2. Não Causais 34

5.4. Quanto à Circulação 34

    5.4.1. Ao Portador 35

    5.4.2. Nominativos à Ordem 35

    5.4.3. Nominativos Não à Ordem 35

5.5. Verificação do Aprendizado 35

Capítulo VI

CONSTITUIÇÃO DO CRÉDITO CAMBIÁRIO 37

6.1. Saque do Título de Crédito 37

    6.1.1. Conceito 37

    6.1.2. Requisitos do Título de Crédito 38

    6.1.3. Cláusula Mandato 38

    6.1.4. Título em Branco ou Incompleto 38

6.2. Aceite do Título de Crédito 38

    6.2.1. Recusa Parcial do Título de Crédito 39

6.3. Endosso do Título de Crédito 39

    6.3.1. Conceito 39

    6.3.2. Situações Jurídicas do Endosso 39

    6.3.3. Efeitos do Endosso 39

    6.3.4. Tipos de Endosso 39

        a) Em Branco 39

        b) Em Preto 40

6.3.5. Endosso Impróprio 40

a) Endosso-Mandato 40

b) Endosso-Caução 40

6.3.6. Endosso e Cessão Civil de Crédito 41

a) Endosso 41

b) Cessão Civil 41

6.4. Aval do Título de Crédito 42

6.4.1. Conceito 42

6.4.2. Características 42

a) Autonomia 42

b) Equivalência 42

6.4.3. Avais Simultâneos 42

6.4.4. Avais Sucessivos 43

6.4.5. Espécies de Avais 43

a) Em Branco 43

b) Em Preto 44

6.4.6. Diferenças de Aval e Fiança 44

6.4.7. Aval e Garantias Extracartulares 45

6.5. Responsabilidade dos Títulos de Crédito 45

6.6. Verificação do Aprendizado 47

Capítulo VII

EXIGIBILIDADE DO CRÉDITO CAMBIÁRIO 49

7.1. Vencimento 49

7.1.1. Conceito 49

7.2. Pagamento 49

7.2.1. Conceito 49

7.2.2. Prazo para Apresentação 50

7.2.3. Prevenções no Adimplemento do Título 50

7.3. Protesto 51

7.3.1. Conceito 51

7.3.2. Protesto por Falta de Pagamento 51

7.3.3. Pagamento em Cartório 51

7.3.4. Cancelamento do Protesto 51

7.4. Ação Cambial 52

    7.4.1. Conceito 52

7.5. Verificação do Aprendizado 53

Capítulo VIII

LETRA DE CÂMBIO 55

8. 1. Conceito e Requisitos 55

    8.1.1. Identificação como Letra de Câmbio 56

    8.1.2. Ordem de Pagar Quantia Determinada 56

        8.1.2.1. Aceite da Letra de Câmbio 56

        8.1.2.2. Recusa do Aceite 57

    8.1.3. Nome do Sacado 58

    8.1.4. Nome do Beneficiário 58

    8.1.5. Data e Local de Emissão 59

    8.1.6. Época de Pagamento 60

        8.1.6.1. Incidência de Juros 61

    8.1.7. Lugar de Pagamento 61

    8.1.8. Assinatura do Sacador 62

8.2. Prazo Prescricional 62

8.3. Verificação do Aprendizado 62

Capítulo IX

NOTA PROMISSÓRIA 65

9.1. Conceito e Requisitos 65

    9.1.1. Denominação *Nota Promissória* 66

    9.1.2. Promessa de Pagar quantia Determinada 66

    9.1.3. Época do Pagamento 67

    9.1.4. Lugar de Pagamento 67

    9.1.5. Beneficiário 67

    9.1.6. Data de Emissão 67

    9.1.7. Lugar de Emissão 68

    9.1.8. Assinatura do Subscritor 68

9.2. Emissão em Branco 68

9.3. Autonomia e Abstração 69

9.4. Regime da Letra de Câmbio 69

9.5. Verificação do Aprendizado 71

Capítulo X

CHEQUE 73

10.1. Conceito 73

10.2. Pressupostos Objetivos 73

10.3. Classificação 74

10.4. Requisitos 74

10.5. Prazo de Apresentação 77

10.6. Circulação do Cheque 78

10.7. Modalidades ou Tipos 80

    10.7.1. Cheque ao Portador 80

    10.7.2. Cheque Nominativo à Ordem 80

    10.7.3. Cheque Nominativo Não à Ordem 81

    10.7.4. Cheque por Conta de Terceiro 81

    10.7.5. Cheque Visado 82

    10.7.6. Cheque Administrativo 83

    10.7.7. Cheque Cruzado 83

    10.7.8. Cheque para ser Creditado em Conta 84

10.8. Cheque Pós-Datado 85

10.9. Hipóteses de Sustação do Cheque 86

10.10. Cheque sem Fundos 87

    10.10.1. Cheque sem Fundos e Crime de Estelionato 88

10.11. Ações Cambiais e Prescrição 89

    10.11.1. Prazo Prescricional 90

10.12. Alíneas de Devolução de Cheques 92

10.13. Verificação do Aprendizado 95

Capítulo XI

DUPLICATA 99

11.1. Conceito 99

11.2. Pressupostos Objetivos 99

    11.2.1. Fatura 99

11.3. Classificação 100

11.4. Requisitos 104

11.5. Aceite da Duplicata Mercantil 107

11.6. Triplicata 109

11.7. Protesto da Duplicata 109

11.8. Execução da Duplicata 111

11.9. Atualização Monetária e Incidência de Juros 112

11.10. Forma Ordinária de Cobrança – Ação Monitória ou de Cobrança 113

11.11. Da Prestação de Serviços 114

11.12. Verificação do Aprendizado 115

Capítulo XII
TÍTULOS DE CRÉDITO IMPRÓPRIOS 119

12.1. Títulos Representativos 119

    12.1.1. Conhecimento de Frete 119

    12.1.2. Conhecimento de Depósito e *Warrant* 120

12.2. Títulos de Financiamento 122

    12.2.1. Cédula de Crédito Bancário 122

12.3. Títulos de Investimento 123

    12.3.1. Cédula de Crédito Imobiliário 123

12.4. Títulos de Legitimação 123

12.5. Verificação do Aprendizado 124

Capítulo XIII
PETIÇÕES SOBRE TÍTULOS DE CRÉDITO 125

13.1. Ação de Execução de Nota Promissória 125

    13.1.1. Juizado Especial Cível 125

    13.1.2. Justiça Comum 127

13.2. Ação de Execução de Cheque 131

    13.2.1. Juizado Especial Cível 131

    13.2.2. Justiça Comum 134

13.3. Ação de Execução de Duplicata 138

    13.3.1. Juizado Especial Cível 138

    13.3.2. Justiça Comum 141

MANUAL PRÁTICO DOS TÍTULOS DE CRÉDITO

13.4. Ação Ordinária de Cobrança 144

13.4.1. Juizado Especial Cível 144

13.4.2. Justiça Comum 147

LEGISLAÇÃO COMERCIAL COMPLEMENTAR 151

DECRETO Nº 1.102, DE 21 DE NOVEMBRO DE 1903 – *Institui regras para o estabelecimento de empresas de armazéns gerais, determinando os direitos e obrigações dessas empresas* .. 151

Dos Armazéns Gerais 151

Capítulo I – Estabelecimento, Obrigações e Direitos das Empresas de Armazéns Gerais (arts. 1º a 14) 151

Capítulo II – Emissão Circulação e Extinção dos Títulos Emitidos pelas Empresas de Armazéns Gerais (arts. 15 a 27) 154

Capítulo III – Salas de Vendas Públicas (arts. 28 e 29) 156

Capítulo IV – Disposições Fiscais e Penais (arts. 30 a 35) 157

Capítulo V – Disposições Gerais (arts. 36 a 39) 158

DECRETO Nº 2.044, DE 31 DE DEZEMBRO DE 1908 – *Define a letra de câmbio e a nota promissória e regula as Operações Cambiais* 158

Título I – Da Letra de Câmbio (arts. 1º a 53) 158

Capítulo I – Do Saque (arts. 1º a 7º) 158

Capítulo II – Do Endosso (art. 8º) 159

Capítulo III – Do Aceite (arts. 9º a 13) 159

Capítulo IV – Do Aval (arts. 14 e 15) 159

Capítulo V – Da Multiplicação da Letra de Câmbio (art. 16) 159

Capítulo VI – Do Vencimento (arts. 17 a 19) 159

Capítulo VII – Do Pagamento (arts. 20 a 27) 160

Capítulo VIII – Do Protesto (arts. 28 a 33) 160

Capítulo IX – Da Intervenção (arts. 34 e 35) 161

Capítulo X – Da Anulação da Letra (art. 36) 161

Capítulo XI – Do Ressaque (arts. 37 e 38) 162

Capítulo XII – dos Direitos e das Obrigações Cambiais (arts. 39 a 48) 162

Seção I – Dos Direitos (arts. 39 a 41) 162

Seção II – Das Obrigações (arts. 42 a 48) 162

Capítulo XIII – Da Ação Cambial (arts. 49 a 51) 163

Capítulo XIV – Da Prescrição da Ação Cambial (arts. 52 e 53) 163

Título II – Da Nota Promissória (arts. 54 a 57) 163

Capítulo I – Da Emissão (arts. 54 e 55) 163

Capítulo II – Disposições Gerais (arts. 56 e 57) 164

DECRETO Nº 22.626, DE 7 DE ABRIL DE 1933 – *Dispõe sobre os juros nos contratos e dá outras providências* 164

DECRETO Nº 57.595, DE 7 DE JANEIRO DE 1966 – *Promulga as Convenções para Adoção de uma Lei Uniforme em Matéria de Cheques – Convenção para Adoção de uma Lei Uniforme em Matéria de Cheques* 165

Convenção para Adoção de uma Lei Uniforme em Matéria de Cheques (arts. 1ª a 11) 166

Anexo I – Lei Uniforme Relativa ao Cheque 167

Capítulo I – Da Emissão e Forma do Cheque (arts. 1º a 13) 167

Capítulo II – Da Transmissão (arts. 14 a 24) 168

Capítulo III – Do Aval (arts. 25 a 27) 169

Capítulo IV – Da Apresentação e do Pagamento (arts. 28 a 36) 169

Capítulo V – Dos Cheques Cruzados e Cheques a Levar em Conta (arts. 37 a 39) 170

Capítulo VI – Da Ação por Falta de Pagamento (arts. 40 a 48) 171

Capítulo VII – Da Pluralidade de Exemplares (arts. 49 e 50) 172

Capítulo VIII – Das Alterações (art. 51) 172

Capítulo IX – Da Prescrição (arts. 52 e 53) 172

Capítulo X – Disposições Gerais (arts. 54 a 57) 172

Anexo II (arts. 1º a 31) 172

Protocolo 174

Convenção Destinada a Regular certos Conflitos de Leis em Matéria de Cheques e Protocolo (arts. 1º a 19) 175

Protocolo 176

Convenção Relativa ao Imposto do Selo em Matéria de Cheques 177

DECRETO Nº 57.663, DE 24 DE JANEIRO DE 1966 – *Promulga as Convenções para adoção de uma lei uniforme em matéria de letras de câmbio e notas promissórias* 177

Convenção para Adoção de uma Lei Uniforme sobre Letras de Câmbio e Notas Promissórias (arts. 1º a 11) 177

Anexo I – Lei Uniforme Relativa às Letras de Câmbio e Notas Promissórias 179

Título I – Das Letras (arts. 1º a 74) 179

Capítulo I – Da Emissão e Forma da Letra (arts. 1º a 10) 179

Capítulo II – Do Endosso (arts. 11 a 20) 180

Capítulo III – Do Aceite (arts. 21 a 29) 180

Capítulo IV – Do Aval (arts. 30 a 32) 181

Capítulo V – Do Vencimento (arts. 33 a 37) 181

Capítulo VI – Do Pagamento (arts. 38 a 42) 182

Capítulo VII – Da Ação por Falta de Aceite e Falta de Pagamento (arts. 43 a 54) 182

Capítulo VIII – Da Intervenção (arts. 55 a 63) 184

1 – Disposições Gerais (art. 55) 184

2 – Aceite por Intervenção (arts. 56 a 58) 184

3 – Pagamento por Intervenção (arts. 59 a 63) 185

Capítulo IX – Da Pluralidade de Exemplares e das Cópias (arts. 64 a 68) 185

1 – Pluralidade de Exemplares (arts. 64 a 68) 185

Capítulo X – Das Alterações (art. 69) 186

Capítulo XI – Da Prescrição (arts. 70 e 71) 186

Capítulo XII – Disposições Gerais (arts. 72 a 74) 186

Título II – Da Nota Promissória (arts. 75 a 78) 186

Anexo II (arts. 1º a 23) 187

Protocolo 188

Convenção Destinada a Regular certos Conflitos de Leis em Matéria das Letras de Câmbio e Notas Promissórias (arts. 1º a 20) 189

Protocolo 190

DECRETO-LEI Nº 167, DE 14 DE FEVEREIRO DE 1967 – *Dispõe sobre títulos de crédito rural e dá outras providências* 191

Capítulo I – Do Financiamento Rural (arts. 1º a 8º) 191

MANUAL PRÁTICO DOS TÍTULOS DE CRÉDITO

SUMÁRIO

EDIPRO

Capítulo II (arts. 9º a 29) 191

Seção I – Das Cédulas de Crédito Rural (arts. 9º a 13) 191

Seção II – Da Cédula Rural Pignoratícia (arts. 14 a 19) 192

Seção III – Da Cédula Rural Hipotecária (arts. 20 a 24) 193

Seção IV – Da Cédula Rural Pignoratícia e Hipotecária (arts. 25 e 26) 193

Seção V – Da Nota de Crédito Rural (arts. 27 a 29) 194

Capítulo III (arts. 30 a 40) 194

Seção I – Da Inscrição e Averbação da Cédula de Crédito Rural (arts. 30 a 38) 194

Seção II – Do Cancelamento da Inscrição da Cédula de Crédito Rural (art. 39) 195

Seção III – Da Correição dos Livros de Inscrição da Cédula de Crédito Rural (art. 40) 195

Capítulo IV – Da Ação para Cobranças de Cédula de Crédito Rural (art. 41) 195

Capítulo V – Da Nota Promissória Rural (arts. 42 a 45) 196

Capítulo VI – Da Duplicata Rural (arts. 46 a 54) 196

Capítulo VII – Disposições Especiais (arts. 55 a 62) 197

Seção I – Das Garantias da Cédula de Crédito Rural (arts. 55 a 60) 197

Seção II – Dos Prazos e Prorrogações da Cédula de Crédito Rural (arts. 61 e 62) 197

Capítulo VIII – Disposições Gerais (arts. 63 a 78) 198

Capítulo IX – Disposições Transitórias (arts. 79 e 80) 199

DECRETO-LEI Nº 413, DE 9 DE JANEIRO DE 1969 – *Dispõe sobre títulos de crédito industrial e dá outras providências* 199

Capítulo I – Do Financiamento Industrial (arts. 1º a 8º) 199

Capítulo II – Da Cédula de Crédito Industrial (arts. 9º a 14) 199

Capítulo III – Da Nota de Crédito Industrial (arts. 15 a 18) 200

Capítulo IV – Das Garantias da Cédula de Crédito Industrial (arts. 19 a 28) 201

Capítulo V – (arts. 29 a 40) 202

Seção I – Da Inscrição e Averbação da Cédula de Crédito Industrial (arts. 29 a 38) 202

Seção II – Do Cancelamento da Inscrição da Cédula de Crédito Industrial (art. 39) 203

Seção III – Da Correição dos Livros de Inscrição da Cédula de Crédito Industrial (art. 40) 203

Capítulo VI – Da Ação para Cobrança da Cédula de Crédito Industrial (art. 41) 203

Capítulo VII – Disposições Especiais (arts. 42 a 52) 203

Capítulo VIII – Disposições Gerais (arts. 53 a 66) 204

LEI Nº 4.380, DE 21 DE AGOSTO DE 1964 – *Institui a correção monetária nos contratos imobiliários de interesse social, o sistema financeiro para aquisição da casa própria, cria o Banco Nacional da Habitação (BNH), e Sociedades de Crédito Imobiliário, as Letras Imobiliárias, o Serviço Federal de Habitação e Urbanismo e dá outras providências* (Excertos) 205

LEI Nº 4.728, DE 14 DE JULHO DE 1965 – *Disciplina o mercado de capitais e estabelece medidas para o seu desenvolvimento* (Excertos) 207

LEI Nº 7.357, DE 2 DE SETEMBRO DE 1985 – *Dispõe sobre o cheque e dá outras providências* 209

Capítulo I – Da Emissão e da Forma do Cheque (arts. 1º a 16) 209

Capítulo II – Da Transmissão (arts. 17 a 28) 210

Capítulo III – Do Aval (arts. 29 a 31) 211

Capítulo IV – Da Apresentação e do Pagamento (arts. 32 a 43) 211

Capítulo V – Do Cheque Cruzado (arts. 44 e 45) 212

Capítulo VI – Do Cheque para ser Creditado em Conta (art. 46) 212

Capítulo VII – Da Ação por Falta de Pagamento (arts. 47 a 55) 213

Capítulo VIII – Da Pluralidade de Exemplares (arts. 56 e 57) 214

Capítulo IX – Das Alterações (art. 58) 214

Capítulo X – Da Prescrição (arts. 59 a 62) 214

Capítulo XI – Dos Conflitos de Leis em Matéria de Cheques (art. 63) 215

Capítulo XII – Das Disposições Gerais (arts. 64 a 71) 215

LEI Nº 9.492, DE 10 DE SETEMBRO DE 1997 – *Define competência, regulamenta os serviços concernentes ao protesto de títulos e outros documentos de dívida e dá outras providências* . 215

Capítulo I – Da Competência e das Atribuições (arts. 1º a 3º) 215

Capítulo II – Da Ordem dos Serviços (arts. 4º a 6º) 216

Capítulo III – Da Distribuição (arts. 7º e 8º) 216

Capítulo IV – Da Apresentação e Protocolização (arts. 9º a 11) 216

Capítulo V – Do Prazo (arts. 12 e 13) 216

Capítulo VI – Da Intimação (arts. 14 e 15) 216

Capítulo VII – Da Desistência e Sustação do Protesto (arts. 16 a 18) 217

Capítulo VIII – Do Pagamento (art. 19) 217

Capítulo IX – Do Registro do Protesto (arts. 20 a 24) 217

Capítulo X – Das Averbações e do Cancelamento (arts. 25 e 26) 218

Capítulo XI – Das Certidões e Informações do Protesto (arts. 27 a 31) 218

Capítulo XII – Dos Livros e Arquivos (arts. 32 a 36) 219

Capítulo XIII – Dos Emolumentos (art. 37) 219

Capítulo XIV – Disposições Finais (arts. 38 a 43) 220

LEI Nº 9.514, DE 20 DE NOVEMBRO DE 1997 – *Dispõe sobre o Sistema de Financiamento Imobiliário, institui a alienação fiduciária de coisa imóvel e dá outras providências* (Excertos) 220

LEI Nº 10.931, DE 2 DE AGOSTO DE 2004 – *Dispõe sobre o patrimônio de afetação de incorporações imobiliárias, Letra de Crédito Imobiliário, Cédula de Crédito Imobiliário, Cédula de Crédito Bancário, altera o Decreto-Lei nº 911, de 1º de outubro de 1969, as Leis nº 4.591, de 16 de dezembro de 1964, nº 4.728, de 14 de julho de 1965, e nº 10.406, de 10 de janeiro de 2002, e dá outras providências* (Excertos) 221

SÚMULAS DO SUPERIOR TRIBUNAL DE JUSTIÇA 227

SÚMULAS DO SUPREMO TRIBUNAL FEDERAL 229

RESOLUÇÃO DE VERIFICAÇÕES DE APRENDIZADO 230

BIBLIOGRAFIA 231

PREFÁCIO

O Professor Saulo Sena Mayriques apresenta à comunidade jurídica a obra *MANUAL PRÁTICO DE TÍTULOS DE CRÉDITO* que, pelo título escolhido, revela a preocupação metodológica do autor.

A facilidade de leitura e o desenvolvimento dos temas atendendo a uma visão lógico-didática, mercê do cuidadoso desdobramento da estrutura dos títulos de crédito, facilitam a compreensão do estudante que toma contato da matéria pela primeira vez.

Assim, à introdução, com a clássica divisão conceitual de Cesare Vivante, seguem-se os princípios aplicáveis e, quanto a estes se abre um parênteses no terceiro capítulo, para introduzir a mais recente doutrina a respeito da virtualização do documento cambial.

Nesse passo, o autor não esqueceu das implicações sobre a doutrina clássica dos novos instrumentos de circulação de crédito nascidos da informatização da comunicação em massa e, acertadamente, assinala: "Perante esse quadro da desmaterialização dos títulos de crédito, é salutar, novamente, mencionarmos, rapidamente, os princípios do direito cambiário, objetivando conferir a sua atualidade. Quer dizer, como estão sendo tratados, nos dias de hoje, os princípios da cartularidade, literalidade e autonomia das obrigações cambiais? Podemos dizer que a cartularidade norteia o exercício dos direitos cambiais pressupondo a posse do título. Portanto, caso o documento não seja sequer emitido, não há que se condicionar a cobrança do crédito à posse de um título (papel) inexistente. Hoje ele representa uma formalidade totalmente dispensável, já que as relações entre credor e devedor podem ser documentadas de forma totalmente independente do mesmo. Por último, o princípio da literalidade menciona que apenas geram efeitos cambiais os atos, praticados e lançados, de forma expressa na cártula (papel). Nos dias de hoje, não se pode mais dar crédito a essas essências do direito cambiário, na medida em que não existindo mais o papel, não existirão, por conseguinte, mais essas limitações de eficácia dos atos cambiais. A extinção da cártula (papel) ressalta algumas questões doutrinárias, como a diferença do endosso em branco e em preto, a afixação apropriada do aval (no verso ou anverso do documento), a existência de títulos ao portador, etc.".

Verifica-se que a concisão dos textos tratados não subtraiu do conteúdo a integridade e a atualidade, marcas que recomendam sua leitura.

A obra prossegue com os estudos da natureza jurídica, classificação, constituição e exigibilidade dos títulos de crédito, antes de iniciar o estudo detalhado de cada espécie cambial, incluindo os títulos representativos e as cédulas de crédito, estas objeto de recente discussão na mais alta corte em matéria infraconstitucional.

Os quadros desenhados com esmero, os exemplos escolhidos e os questionários de verificação do aprendizado bem acentuam o tom didático perseguido pelo autor, facilitando a absorção dos conceitos mais complexos.

Completa, concisa e atual são, portanto, adjetivos que selam a presente obra, trazida a público pelo ilustre Advogado e Professor Universitário Saulo Sena Mayriques, merecendo a atenção do público universitário e, em especial, daqueles que precisam conhecer o direito cambiário.

Ricardo José Negrão Nogueira

(Ricardo Negrão)

Desembargador do Tribunal de Justiça de São Paulo

Professor Universitário

Autor de obras jurídicas

NOTA DO AUTOR

Gostaria de mencionar nesta obra o mais profundo e sincero agradecimento aos meus familiares que me apoiaram em tudo que me propus a fazer. Mesmo nos meus maiores fracassos, eles estavam juntos comigo. Reporto-me aos 7 anos de idade, quando entrei para vida escolar, apesar de ter ingressado no Jardim da Infância e feito a Pré-escola, foi neste exato momento que comecei a precisar da atenção especial para que pudesse chegar aonde cheguei.

Foi com muita determinação que minha avó paterna, Professora Dilce de Sylos Mayriques, passava suas tardes me ensinando tudo o que precisava saber para me destacar em meus estudos e seguir seus caminhos, os quais hoje vejo que foram magníficos e muito vitoriosos.

Entretanto, essa atenção não se estendeu por muito tempo já que a perdi no ano seguinte, ela precisou ir ensinar outras pessoas, que com certeza olham por mim, juntamente com ela, trilhando meu caminho em companhia de nosso Deus Todo Poderoso.

Após isso, com apenas 8 anos de idade, precisei, com base nos poucos e proveitosos ensinamentos obtidos com minha avó, trilhar o meu próprio caminho, já que, assim como a grande maioria da minha geração, só víamos nossos pais no período noturno, que servia para os mesmos como descanso do dia desgastante que tiveram em seus empregos.

Mesmo assim, a minha querida mãe, Maria Conceição Sena de Oliveira, mesmo cansada do seu trabalho, ainda achava tempo e disposição para me ajudar nos estudos, conferindo tarefas e até mesmo "tomando" minhas lições de casa.

Essas atitudes despendidas por ambas me fizeram admirá-las ainda mais, e fizeram com que eu me preocupasse e me dedicasse ainda mais para um futuro melhor, aproveitando ao máximo meus estudos visando à realização de meus sonhos.

É claro que isso só não bastava para que a minha formação se completasse, era preciso a educação básica de toda pessoa. Essa educação e disciplina posso atribuí-las aos meus avós maternos e padrinhos de batismo, José Sena de Oliveira e Maria de Lourdes Pelaquim de Oliveira, que me ensinaram tudo o que haviam aprendido com suas vidas precárias e sofridas, dos quais me orgulho extremamente, pois am-

bos são pessoas que admiro pela determinação e garra de vencer na vida, enfrentando todos os contratempos e obstáculos que a mesma lhes reservou.

Cheguei e passei a minha adolescência me dedicando à vida esportiva, achando que poderia ser um grande jogador de futebol, o qual até mesmo cheguei muito perto, como meu avô paterno, Sebastião Mayriques, que após encerrar carreira como jogador, foi árbitro chegando até a apitar um jogo do Pelé, tendo-lhe sido conferida até uma lápide no estádio do Juventus por ter marcado o gol mais bonito de sua vida neste jogo, que por ironia do destino foi o único dele não televisionado.

Mas o meu caminho estava trilhado, e apesar de ter que parar com as minhas atividades para trabalhar e me manter, continuei estudando no período noturno, o qual conclui o Ensino Médio e completei minha primeira qualificação que foi o Curso Técnico de Contabilidade.

Não poderia deixar de mencionar nesta obra o nome da pessoa que me faz muito feliz e agradeço a Deus por ela existir hoje, que sem ela não sei o que seria de mim, minha filha Bárbara Souza Mayriques, que propicia os melhores momentos de minha vida.

Após o término desta etapa, aos 18 anos, como todo adolescente, só objetivava uma coisa, a tão sonhada carteira de habilitação, que consegui de primeira, com a graça de Deus, e conjuntamente a essa conquista, ingressei, no ano de 2001, no curso de Graduação em Direito das Faculdades Integradas de Jaú.

Foram cinco anos muito sofridos, pois a faculdade se diferencia em muito do Ensino Médio, ou seja, a dedicação tende a multiplicar-se, pois ali estava o futuro de minha vida e de meus possíveis descendentes, já que estava em busca da realização do sonho de me tornar um advogado.

Durante esses anos de faculdade conheci vários colegas, fiz várias amizades, até mesmo com professores, cabendo aqui mencionar o nome de alguns que até hoje fazem parte da minha vida cotidiana que é o caso dos meus amigos Denílson Romão, Júlio Polônio Junior, José Adameques Rett, Meriellim Barbosa Luciano, Fernando Frederico de Almeida Júnior e Oswaldo Luiz Soares e os professores Jorge João Marques de Oliveira, Maria Tereza Marques de Oliveira Ghiselli, Nazil Canarim Junior, Luis Eduardo Betoni e Omar Augusto Leite Mello, curiosamente, os três últimos e em sequência, meu orientador e os componentes da minha banca de apresentação e conclusão de curso.

Logo após a minha formatura já ingressei na docência através da opção dada pela Faculdade de Jaú, de poder acompanhar um professor como seu assistente em sala de aula. Escolhi o ilustre professor Luis Eduardo Betoni, que lecionava a matéria de Direito Empresarial, curiosamente a mesma que passei a adotar. Foi o mesmo que me fez ingressar em definitivo na carreira da docência, através de um convite que me fez para lecionar a matéria de Direito Empresarial, na Faculdade de Direito de São Carlos – FADISC, já no final do segundo semestre de 2006, apenas alguns meses após ter me formado como bacharel em direito e ter sido aprovado no exame da OAB/SP, em abril. Encarei esse desafio e estou até hoje lecionando nesta instituição, e aqui, desde já, gostaria de deixar os mais sinceros agradecimentos a esta pessoa que me abriu as portas quando eu mais precisei e me deu a primeira oportunidade de minha carreira, sou muito grato a você, meu mestre e amigo, Luis Eduardo Betoni.

Com esse incentivo e me espelhando em sua pessoa, resolvi publicar esta obra e dedicá-la em especial a você, Luis Eduardo Betoni, pessoa de caráter indiscutível, sabedoria ímpar e de bom coração, que Deus possa lhe dar em dobro o que fez por mim no meu começo de carreira.

É evidente que essa obra dedico também a todos os meus familiares, amigos, colegas, citados ou não, mas que contribuíram para o meu sucesso pessoal e profissional fazendo com que eu chegasse até aqui e concluísse mais uma etapa de minha vida, publicando a minha primeira obra, iniciando mais uma fase de minha vida, pois agora além de neto, filho, marido, amigo, colega, pai, advogado e professor, já sou também escritor.

Muito obrigado a todos

Que Deus nos ilumine.

Saulo Sena Mayriques

e-mail: saulomayriques@yahoo.com.br

CAPÍTULO I
INTRODUÇÃO
AOS TÍTULOS DE CRÉDITO

1.1. CONCEITO

*"Título de Crédito é **documento necessário** para o exercício do direito, **literal** e **autônomo**, nele mencionado" – definição de César Vivante.*

Há a necessidade da divisão desse conceito em quatro fases para que possamos entender e definir melhor os títulos de crédito:

1.1.1. Documento

Como documento, ele reporta-se a um fato, mencionando que alguma coisa existe. O título prova a existência de uma relação jurídica, especificamente, de uma relação de crédito, constituindo a prova de que determinada pessoa é credora de outra ou até mesmo de outras pessoas. Exemplo: se "João" assina um cheque e o entrega a "Manoel", o título documenta que "Manoel" é credor de "João". Ainda nesse sentido encontramos a nota promissória, duplicata, letra de câmbio ou qualquer outro título de crédito que também possua o mesmo significado, pois, representam uma obrigação creditícia.

1.1.2. Necessário

Não há como exigir-se o crédito de um determinado título de crédito sem que ele seja apresentado para pagamento, não sendo possível admitir-se no direito cambiário a apresentação de simples cópias, mesmo que elas sejam devidamente autenticadas por cartório competente. Ultimamente não está se levando muito em consideração tal argumento, já que a era digital está suprimindo tal requisito com a criação das figuras dos títulos de crédito virtuais, como o cheque eletrônico, cartões de crédito, DOC e TED.

1.1.3. Literal

A literalidade do título determina que só se tornará exigível o valor que estiver devidamente escrito no título, pois não será admitido qualquer cobrança de valores não constantes no mesmo.

1.1.4. Autônomo

Podemos afirmar que os títulos de crédito valem por se só, a autonomia das o- brigações assumidas na relação jurídica creditícia e, documentadas no título de crédito, não se condicionam a nenhum fato ou situação para que possam ter valida- de jurídica, sendo assim, a eventual invalidade de qualquer delas – tanto o fato originário como a emissão – não prejudicam as demais.

Outros documentos também comprovam que determinado sujeito é titular de um direito perante outro, ou perante qualquer um, mas não são títulos de crédito, como por exemplo: a Notificação de Lançamento Fiscal, a Venda de Imóvel, a Sentença Judicial Condenatória, o Contrato de Locação, a Escritura Pública de Compra, etc.

Os títulos de crédito se distinguem dos demais documentos representativos de direitos e obrigações, por três aspectos:

1º) Referem-se unicamente a relações creditícias.

2º) Facilitação na cobrança do crédito em juízo (CPC art. 585, I),[1] possuem executividade (atribuindo ao possuidor o direito de pleitear seu direito atra- vés de uma ação de execução judicial).

3º) Presença do atributo da negociabilidade, estando sujeitos à disciplina jurídi- ca da cambiariforme, tornando-se mais fácil a circulação do crédito, e ainda, a negociabilidade do direito nele literalizado.

---

1. Código de Processo Civil: *"**Art. 585.** São títulos executivos extrajudiciais: **I** – a letra de câmbio, a nota promissória, a duplicata, a debênture e o cheque; (...)."*

Capítulo II
Princípios
dos Títulos de Crédito

Do regime jurídico que disciplina os títulos de crédito, podem ser extraídos três princípios básicos que são: *cartularidade, literalidade e autonomia das obrigações cambiais.*

2.1. CARTULARIDADE

Através do princípio da cartularidade, o possuidor-credor do título de crédito deve provar que se encontra na posse do mesmo para que, dessa forma, possa exercer o direito nele literalizado. Encontramos algumas exceções como a duplicata mercantil ou de prestação de serviços, feitas eletronicamente.

2.2. LITERALIDADE

O direito decorrente do título é literal (escrito) no sentido de que, quanto ao seu conteúdo, à sua extensão e às suas modalidades, é decisivamente e exclusivamente o teor mencionado no título.

2.3. AUTONOMIA

Pelo princípio da autonomia das obrigações cambiais, os possíveis vícios que comprometam a validade de uma das relações jurídicas, documentada em um título de crédito, não devem estender-se às demais relações constantes do mesmo documento.

Entendemos, assim como o ilustre doutrinador Fábio Ulhoa Coelho, que este último princípio desdobra-se, ainda, em outros dois subprincípios, o da *abstração* e o da *inoponibilidade das exceções pessoais aos terceiros de boa-fé*.

2.3.1. Abstração

Quando o título de crédito for colocado em circulação, dizemos que se operou o princípio da abstração, ou seja, houve a desvinculação do ato ou negócio jurídico originário, que deu causa à sua criação.

2.3.2. Inoponibilidade

Está claro, ou seja, de forma nítida na Lei Uniforme (Decreto nº 57.663/1966 – Anexo I) em seu art. 17^2 que as pessoas acionadas em virtude de uma letra (qualquer título de crédito) não poderão se opor ao portador do título, exceções, baseando-se nas relações pessoais das mesmas com o sacador ou com um dos portadores anteriores, a não ser que o portador ao adquirir o título tenha procedido de forma consciente em prejudicar o devedor.

2.4. VERIFICAÇÃO DO APRENDIZADO

01. As principais características de um título de crédito cambial são:
- (A) literalidade, forma, causa.
- (B) forma, causa, abstração.
- (C) abstração, autonomia, literalidade.
- (D) conteúdo, cartela, autonomia.

02. Pelo princípio da literalidade, aplicável aos títulos de crédito, (OAB/SP nº 123)
- (A) a relação jurídica cambiária aperfeiçoa-se independentemente da sua causa subjacente.
- (B) as exceções pessoais oponíveis pelo sacado contra o sacador não se aplicam ao endossatário beneficiário do título.
- (C) o extravio do título de crédito gera a perda do direito expresso na cártula.
- (D) o beneficiário do título pode exercer os direitos correspondentes apenas na medida em que eles são mencionados na cártula.

---

2. *"Art. 17. As pessoas acionadas em virtude de uma letra não podem opor ao portador as exceções fundadas sobre as relações pessoais delas com o sacador ou com os portadores anteriores, a menos que o portador ao adquirir a letra tenha procedido conscientemente em detrimento do devedor."*

03. As obrigações contraídas nos títulos de crédito qualificam-se como:

(A) autônomas e dependentes.

(B) independentes, mas sem autonomia.

(C) autônomas, porém não literais.

(D) autônomas e independentes.

04. Assinale a assertiva correta sobre títulos de crédito. (OAB/RS nº 01/2005)

(A) Pelo princípio da abstração, os direitos decorrentes do título de crédito não se vinculam ao negócio que deu lugar ao seu nascimento, independentemente de sua circulação.

(B) Pelo princípio da autonomia, o cumprimento da obrigação assumida por alguém no título não está vinculado a outra obrigação, a menos que o título tenha circulado.

(C) Pelo princípio da abstração, os direitos decorrentes do título são independentes do negócio que deu lugar ao seu nascimento a partir do momento em que ele é posto em circulação.

(D) Pelo princípio da autonomia, vale nos títulos somente o que neles está escrito.

Capítulo III
Virtualização dos Títulos de Crédito

Tendo em vista os princípios estudados anteriormente, daremos uma atenção especial a respeito das decisões dos tribunais sobre a matéria. Durante a década de 1990, o Poder Judiciário percebeu que as relações negociais sofreram várias alterações, acompanhando a economia e a própria sociedade.

Os títulos de crédito foram criados na Idade Média, para serem utilizados como instrumentos com o intuito de facilitar a circulação do crédito comercial.

Depois de haverem cumprido de forma satisfatória as suas funções, sobreviveram às mais diversas mudanças de sistemas econômicos, esses títulos entram, nos dias de hoje, em processo de decadência, que poderá levar até mesmo a extinção e desaparecimento do mundo jurídico. Há de se fazer algumas alterações importantes, as quais transformarão a essência do direito cambiário.

Isso devido ao progresso nos meios magnéticos das informações, a crescente utilização dos recursos informatizados no dia-a-dia da atividade administrativa de créditos.

Podemos dizer que o meio magnético vem substituindo, decisiva e acintosamente, a cártula (papel) como alicerce de informações.

A forma de registrar a concessão, a cobrança e o cumprimento de um crédito comercial não mais fica, logicamente, a mercê desse procedimento, o qual referem-se vários doutrinadores quando citam a desmaterialização dos títulos de crédito.

Portanto, os empresários, ao venderem suas mercadorias ou prestarem seus serviços a prazo, cada vez mais deixam de utilizar documento escrito para registrar suas operações.

Estão procedendo, na prática, à captação de informações, para concessão de determinado crédito, exclusivamente de forma informatizada, e também por esse meio as mesmas são transmitidas às instituições financeiras para que possam proceder ao desconto, à caução de empréstimos ou ao controle e cobrança das obrigações contraídas pelo devedor.

Em cidades grandes, o meio de se identificar o crédito concedido, na hipótese de inadimplência, está sendo realizado somente de forma magnética, pelas instituições financeiras aos cartórios de protesto. Exemplos:

— Cheque Eletrônico;

— Transferências On-line do Caixa ou pela Internet (DOC e TED);

— Cartões de Crédito e Débito.

É sabido que as declarações arquivadas em bancos de dados magnéticos alicerçam a expedição de vários documentos (em papel) relativos às operações.

As instituições financeiras costumam emitir, a partir delas, o documento para a quitação da dívida, em qualquer agência de qualquer instituição financeira do país ("boleto" ou "guia de compensação bancária"); os cartórios de protesto das grandes comarcas intimam o devedor e depois lavram o instrumento de protesto, no mesmo teor a partir das informações que lhes são transmitidas magneticamente.

Nenhum desses documentos, porém, são títulos de crédito.

Desse modo, chegando a obrigação registrada por processo informatizado vem a ser cumprida de forma satisfatória, em seu vencimento, ela jamais será materializada num título escrito.

O ato de emissão não é, sequer, verificado na hipótese do descumprimento da obrigação por parte do adquirente das mercadorias ou beneficiado pelos serviços prestados, tomando por base a executividade do título, no caso, da duplicata virtual.

Perante esse quadro da desmaterialização dos títulos de crédito, é salutar, novamente, mencionarmos, rapidamente, os princípios do direito cambiário, objetivando conferir a sua atualidade. Quer dizer, como estão sendo tratado, nos dias de hoje, os princípios da cartularidade, literalidade e autonomia das obrigações cambiais? Podemos dizer que a cartularidade norteia o exercício dos direitos cambiais pressupondo a posse do título. Portanto, caso o documento não seja sequer emitido, não há que se condicionar a cobrança do crédito à posse de um título (papel) inexistente. Hoje ele representa uma formalidade totalmente dispensável, já que as relações entre credor e devedor podem ser documentadas de forma totalmente independente do mesmo. Por último, o princípio da literalidade menciona que apenas geram efeitos cambiais os atos praticados e lançados, de forma expressa, na cártula (papel). Nos dias de hoje, não se pode mais dar crédito a essas essências do direito cambiário, na medida em que não existindo mais o papel, não existirão, por conseguinte, mais essas limitações de eficácia dos atos cambiais. A extinção da cártula (papel) ressalta algumas questões doutrinárias, como a diferença do endosso em branco e em preto, a afixação apropriada do aval (no verso ou anverso do documento), a existência de títulos ao portador, etc.

"O registro da concessão e circulação do crédito em meio magnético tornou obsoletos os preceitos do direito cambiário intrinsecamente ligado à condição de

documento dos títulos de crédito. Cartularidade, literalidade, distinção entre atos "em branco" e "em preto" representam aspectos da disciplina cambial desprovidos de sentido, no ambiente informatizado." – Fábio Ulhoa Coelho[3]

O único dos três princípios dos títulos de crédito que não é incompatível com a desmaterialização dos títulos de crédito é o da autonomia das obrigações cambiais, e os seus subprincípios: da abstração e inoponibilidade das exceções pessoais aos terceiros de boa-fé. A partir desse princípio é que o direito deve reconstituir a disciplina de forma a agilizar a circulação do crédito, quando não existir mais nenhum procedimento de sua concessão em papel.

---

3. *Curso de Direito Empresarial.* v. 1, p. 388.

Capítulo IV
Natureza Jurídica
dos Títulos de Crédito

Podemos dizer que a natureza jurídica cambial é solidária passiva, conforme menciona o art. 47 da L.U. *"Os sacadores, aceitantes, endossantes ou avalistas de uma letra são todos solidariamente responsáveis para com o portador"*. Porém, há de se tomar certos cuidados com essa definição, já que a solidariedade passiva cambial apresenta particularidades em relação à responsabilidade passiva civil.

Por exemplo, caso duas ou mais pessoas forem obrigadas perante um determinado sujeito, haverá solidariedade entre elas, podendo o credor exigir a totalidade da obrigação de qualquer uma delas. Há alguns pressupostos.

Contudo, não há que se confundir com a responsabilidade passiva civil, já que lá o devedor solidário que paga o total da dívida pode exigir, em regresso, dos demais devedores a cota-parte cabível a cada um (art. 283 CC[4]). Na relação cambiária o regresso se exerce pela totalidade e não pela cota-parte da obrigação, além de algumas outras diferenças típicas como a possibilidade de exigência apenas dos co-obrigados anteriores ao possuidor e da impossibilidade de regresso pelo próprio sacador do título, já que ele é o sujeito originário da relação cambiária.

Um aspecto importante na natureza da obrigação cambiária é a hierarquia entre os devedores de um mesmo título de crédito. Assim os devedores de um título de crédito não são considerados propriamente solidários, os mesmos são submetidos a um sistema complexo de regressividade exclusivo das obrigações cambiariformes.

---

4. *"Art. 283. O devedor que satisfez a dívida por inteiro tem direito a exigir de cada um dos co-devedores a sua quota, dividindo-se igualmente por todos a do insolvente, se o houver, presumindo-se iguais, no débito, as partes de todos os co-devedores."*

4.1. QUADRO PRÁTICO

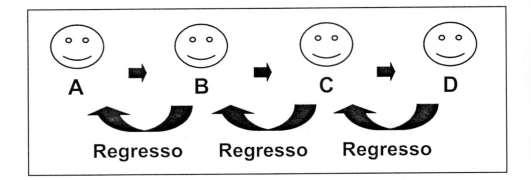

4.2. VERIFICAÇÃO DO APRENDIZADO

01. **A principal diferença entre a solidariedade passiva cambial e a responsabilidade passiva civil é:**

    (A) a responsabilização dos co-obrigados a quitarem o débito perante o subscritor do título.

    (B) o regresso ser exercido pela sua totalidade e não pela cota-parte da obrigação.

    (C) é que a primeira diz respeito a contrato de locação e a outra sobre título de crédito.

    (D) que o devedor principal em ambas é o mutuário em relação ao mutuante.

Capítulo V
Classificação
dos Títulos de Crédito

Neste capítulo vamos fazer menção a que, em nossa opinião, é a classificação mais completa e didática dos títulos de crédito, ensinada pelo professor Fábio Ulhoa Coelho,[5] que se dão sob quatro critérios: a) quanto ao modelo; b) quanto à estrutura; c) quanto à emissão; d) quanto à circulação.

5.1. QUANTO AO MODELO

Este aspecto se refere única e exclusivamente ao formato da cártula de crédito, que podemos dividir em títulos *vinculados* ou *livres*.

5.1.1. Vinculados

Somente produzirão efeitos cambiais os documentos que atendam ao padrão exigido por lei. Exemplo: cheque e duplicata.

5.1.2. Livres

São os títulos que, por não existir padrão de utilização obrigatória, o emitente pode dispor à vontade os elementos essenciais do título. Exemplo: nota promissória e letra de câmbio.

Portanto, chegamos à conclusão de que existem títulos de crédito que podem adotar qualquer forma, desde que atendidos os requisitos da lei, e há os que devem atender a um padrão obrigatório.

---

5. *Curso de Direito Empresarial.* v. 1, p. 383-385.

5.2. QUANTO À ESTRUTURA

Neste aspectos encontramos mais duas subdivisões que são os títulos que contêm *ordem de pagamento* ou, os que contêm *promessa de pagamento*.

5.2.1. Ordem de Pagamento

Fazem surgir, no momento do saque, três situações jurídicas distintas: *o sacador* (que ordenou a realização do pagamento), *o sacado* (pessoa que deverá cumprir a ordem de pagar, atendidas certas exigências) e o *tomador ou beneficiário* (neste caso denominado também de credor do título, pessoa a quem foi passado o direito do crédito). Exemplo: o cheque, a duplicata e a letra de câmbio.

5.2.2. Promessa de Pagamento

Neste tipo de emissão surge apenas duas situações jurídicas que são: a do *promitente* (que assume a obrigação de pagar) e a do *beneficiário* (pessoa a quem deverá ser paga determinada quantia). Exemplo: a nota promissória.

5.3. QUANTO À EMISSÃO

Neste terceiro critério de classificação, deparamo-nos com três tipos de emissões, podendo ser *causais*, *limitados* e *não causais* (ou abstratos).

5.3.1. Causais

São títulos que só podem ser emitidos nas hipóteses autorizadas por lei. Exemplo: duplicata mercantil.

5.3.2. Não Causais

São títulos criados em qualquer hipótese. Exemplo: cheque e nota promissória.

Lembrando-se que todos devem circular da mesma forma, isto é, sujeitando-se à cartularidade, literalidade e autonomia das obrigações cambiais.

5.4. QUANTO À CIRCULAÇÃO

Este critério divide-se em três categorias: *a) ao portador; b) nominativos à ordem; c) nominativos não à ordem*. Pode-se diferenciá-los no ato de circulação do título.

5.4.1. Ao Portador

Não ostentam o nome do credor e, por isso, podem circular pela mera tradição, que é a simples entrega do documento de uma pessoa para outra.

5.4.2. Nominativos à Ordem

Neste critério identifica-se o titular do crédito e transfere-se o título através do endosso (ato típico da circulação cambiária).

5.4.3. Nominativos Não à Ordem

Embora identifiquem também o credor a quem se transfere o título, este circula através da cessão civil de crédito. Exemplo: apólice de seguro.

5.5. VERIFICAÇÃO DO APRENDIZADO

01. A duplicata é um título de crédito: (OAB/SP nº 127)

(A) sem natureza causal, podendo ser emitida independentemente de uma fatura.

(B) de natureza causal porque decorre da existência de uma fatura emitida em virtude de uma compra e venda mercantil ou de uma prestação de serviços.

(C) de natureza causal porque decorre da existência de uma fatura emitida em virtude de uma compra e venda mercantil ou de uma prestação de serviços, cuja cobrança contra o sacado prescreve em 5 (cinco) anos, contados da data do vencimento do título.

(D) sem natureza causal, podendo ser emitida independentemente de uma fatura, cuja cobrança contra o avalista e seus endossantes prescreve em 3 (três) anos, contados da data do protesto.

02. Assinale a alternativa correta. (OAB/SC nº 2/2006)

(A) Transfere-se o título nominativo, exclusivamente, mediante termo, em registro do emitente, assinado pelo proprietário.

(B) Com a inclusão de expressa cláusula não à ordem o título de crédito circula pela forma e com efeito de endosso.

(C) A transferência de título ao portador pode se fazer por simples tradição.

(D) Fica vedado o endosso após o vencimento do título.

03. São títulos de crédito causais: (OAB/RJ nº 29)

(A) nota promissória e cédula de crédito industrial;

(B) letra de câmbio e duplicata;

(C) conhecimento de depósito e duplicata;

(D) letra de câmbio e nota promissória.

Capítulo VI
Constituição
do Crédito Cambiário

O Direito Cambiário Brasileiro possui atos de constituição do crédito que são: *1) saque*; *2) aceite*; *3) endosso;* e *4) aval*, os quais passaremos a ver abaixo:

6.1. SAQUE DO TÍTULO DE CRÉDITO

6.1.1. Conceito

É o ato pelo qual se cria um título de crédito.

Cabe ressaltar a existência de uma grande diferença entre criação e emissão, que trazemos para tentarmos entender melhor:

Criação – significa a confecção material do documento, concluindo com a aposição da assinatura do sacador na cártula.

Emissão – significa o ato da entrega da cártula ao tomador (credor), ato que faz nascer a efetiva importância econômica, gerando direitos.

Tal distinção é útil para dispor sobre o tratamento jurídico da situação em que o sacador, após assinar a letra, observado que a mesma ainda não se encontra completa, já que através do ato pode se preencher o título e guardá-lo para uma reflexão mais apurada do que fazer, mas, por algum fato superveniente (exemplo: furto, desvio ou simples desencontro), o título é circulado no mundo jurídico. É justamente neste caso que se faz relevante tal distinção, já que o ato praticado não foi efetivamente acabado por vontade do emitente.

6.1.2. Requisitos do Título de Crédito

O documento para produzir os efeitos de título de crédito deve atender aos requisitos essenciais estabelecidos em lei.

6.1.3. Cláusula Mandato

Sabe-se que o saque pode ser praticado por procurador, com poderes especiais (L.U., art. 8º),[6] seria o caso das instituições financeiras, feitas através de contratos de abertura de crédito (cheque especial) ou de empréstimos. Excepcionando o que diz a Súmula 60 do STJ.[7]

O pronunciamento do Supremo Tribunal Federal se deu com entendimento exatamente oposto, mas em decorrência do art. 51, VIII, do Código de Defesa do Consumidor,[8] o Superior Tribunal de Justiça firmou entendimento de que é nula, conforme Súmula citada acima.

6.1.4. Título em Branco ou Incompleto

A possibilidade da existência de título de crédito incompleto coloca as questões relevantes de seu preenchimento, entendendo-se que o emitente, ao firmar e entregar o título com partes em branco, autoriza o portador a preenchê-las.

6.2. ACEITE DO TÍTULO DE CRÉDITO

O aceite pode ser facultativo, não vinculando o sacado (aceitante) na relação creditícia já que o mesmo apenas efetuará o seu pagamento caso o sacador possua meios para a satisfação da dívida (compensação de cheque), ou podendo ser obrigatório, transformando a figura do aceitante na de principal devedor do título (letra de câmbio).

---

6. Decreto nº 57.663/1966 – Lei Uniforme – Anexo I: *"Art. 8º Todo aquele que apuser a sua assinatura numa letra, como representante duma pessoa, para representar a qual não tinha de fato poderes, fica obrigado em virtude da letra e, se a pagar, tem os mesmos direitos que c pretendido representado. A mesma regra se aplica ao representante que tenha excedido os seus poderes."*

7. Súmula do STJ: *"60. É nula a obrigação cambial assumida por procurador do mutuário vinculado ao mutuante, no exclusivo interesse deste."*

8. Código de Defesa do Consumidor: *"Art. 51. São nulas de pleno direito, entre outras, as cláusulas contratuais relativas ao fornecimento de produtos e serviços que: (...) – VIII – imponham representante para concluir ou realizar outro negócio jurídico pelo consumidor; (...)."*

6.2.1. Recusa Parcial do Título de Crédito

Há como ocorrer a recusa parcial de um título de crédito, já que na letra de câmbio, o sacador manda que o sacado (aceitante) pague aquela quantia, transformando-se em principal pagador, mas o mesmo pode se comprometer apenas a uma parte do valor (concretizando-se o vencimento extraordinário da letra de câmbio). Já no cheque opera-se o princípio da literalidade, devendo ser aceito ou recusado, pelo sacado, na sua integralidade.

6.3. ENDOSSO DO TÍTULO DE CRÉDITO

6.3.1. Conceito

O endosso é o ato típico para circulação cambial, sendo através dele que os títulos de crédito devem circular.

6.3.2. Situações Jurídicas do Endosso

Com o endosso do título de crédito nasce duas situações jurídicas a do *endossante* (pessoa que transmite o título de crédito) e a do *endossatário* (pessoa que recebe o título de crédito, transformando-se em principal credor).

6.3.3. Efeitos do Endosso

a) Transfere o título ao endossatário (possuidor);

b) Vincula o endossante ao seu pagamento (na ordem de regresso o endossante é co-devedor).

6.3.4. Tipos de Endosso

a) Em Branco: Neste caso o ato de transferência da titularidade do crédito (endosso) não identifica o endossatário (credor), transformando o título em ao portador, ou seja, aquele que estiver com a sua posse poderá exigir o direito de crédito nele lançado (literalidade), passando a circular pela simples tradição (entrega). Exemplo:

"Pague-se, por endosso".

Nome / RG / CPF

Assinatura do endossante.

b) Em Preto: Neste caso o ato de transferência da titularidade do crédito (endosso) identifica o endossatário (credor), fazendo com que apenas ele possa se beneficiar e exigir o direito de crédito nele lançado (literalidade).

> "Pague-se, por endosso, a Joaquim."
> Nome / RG / CPF
> Assinatura do endossante.

6.3.5. Endosso Impróprio

Falamos em endosso impróprio porque, precisamente, um de seus efeitos normais, a transferência da titularidade do crédito, não se verifica no ato. Possuímos duas modalidades de endosso impróprio:

a) Endosso-mandato: é o ato em que o endossante nomeia pessoa específica para realizar a tarefa de cobrar o crédito representado pelo título de crédito, ou seja, ele apenas receberá, mas não ficará com a importância do mesmo, pois deverá repassar a quem lhe outorgou a procuração para esse fim (art. 18 da L.U.).[9] Exemplo:

> "Pague-se, por procuração, a Joaquim".
> Nome / RG / CPF
> Assinatura do endossante/mandante.

b) Endosso-Caução: é o instrumento típico para a instituição de penhor sobre o título de crédito (art. 19 da L.U.).[10] Já que o mutuante (pessoa que concede empréstimo) pode exigir uma garantia real, podendo, se de comum acordo for, recair sobre bens móveis, modalidade pela qual se encontra os títulos de crédito. Essa garantia se constitui com a simples tradição (garantia pignoratícia, art. 1.431 CC).[11] Exemplo:

> "Pague-se, em garantia, a Caixa Econômica Federal".
> Nome / RG / CPF
> Assinatura do endossante/caucionário.

---

9. Decreto nº 57.663/1966 – Lei Uniforme – Anexo I: *"Art. 18. Quando o endosso contém a menção "valor a cobrar" (valeur en recouvrement), "para cobrança" (pour encaissement), "por procuração" (par procuration), ou qualquer outra menção que implique um simples mandato, o portador pode exercer todos os direitos emergentes da letra, mas só pode endossá-la na qualidade de procurador. (...)".*

10. Decreto nº 57.663/1966 – Lei Uniforme – Anexo I: *"Art. 19. Quando o endosso contém a menção "valor em garantia", "valor em penhor" ou qualquer outra menção que implique uma caução, o portador pode exercer todos os direitos emergentes da letra, mas um endosso feito por ele só vale como endosso a título de procuração. (...)".*

11. Código Civil: *"Art. 1.431. Constitui-se o penhor pela transferência efetiva da posse que, em garantia do débito ao credor ou a quem o represente, faz o devedor, ou alguém por ele, de uma coisa móvel, suscetível de alienação. (...)".*

6.3.6. Endosso e Cessão Civil de Crédito

a) Endosso: é o ato cambiário que transfere o título de crédito *nominativo à ordem*, ou seja, em regra todos os títulos de crédito, pois esta cláusula se encontra implícita nos títulos de crédito. Cabe-nos mencionar aqui que o título ao portador se transmite pela tradição (entrega) da cártula, não necessitando, portanto, de endosso. Exemplo:

"Pague-se, por endosso, a Carlos
Nome / RG / CPF
Assinatura do sacador/endossante.

b) Cessão civil: é o ato de transferência do título de crédito *nominativo não à ordem*, para que isso ocorra é necessária a inclusão expressa da cláusula, já que um título de crédito convencional (letra de câmbio, nota promissória, cheque ou duplicata) pode se tornar um título não à ordem, com a aposição da cláusula obstativa no próprio título, podendo ser feita pelo devedor originário (sacador) ou por qualquer um dos endossantes. Exemplo:

"Pague-se a João, não à ordem".
Nome / RG / CPF
Assinatura do sacador/transmitente.

Entre a circulação dos títulos, na esfera cambiária e na esfera civil, existem duas diferenças: **1ª)** na esfera cambiária o endossante responderá pela solvência do devedor, enquanto que na civil o cedente responderá apenas pela existência do crédito; **2ª)** o devedor na esfera cambiária não poderá alegar contra o endossatário (credor) de boa-fé exceções pessoais, mas poderá suscitá-las contra o cessionário na esfera civil.

Cabe-nos mencionar que o endosso poderá produzir efeitos de cessão civil de crédito nas hipóteses de ser praticado posterior à data do protesto por falta de pagamento ou expiração do prazo para fazê-lo (art. 20 L.U.).[12]

---

12. Decreto nº 57.663/1966 – Lei Uniforme – Anexo I: *"Art. 20. O endosso posterior ao vencimento tem os mesmos efeitos que o endosso anterior. Todavia, o endosso posterior ao protesto por falta de pagamento, ou feito depois de expirado o prazo fixado para se fazer o protesto, produz apenas os efeitos de uma cessão ordinária de créditos. Salvo prova em contrário, presume-se que um endosso sem data foi feito antes de expirado o prazo fixado para se fazer o protesto."*

6.4. AVAL DO TÍTULO DE CRÉDITO

6.4.1. Conceito

"É o ato cambiário praticado por uma pessoa (avalista) se comprometendo (garantindo) a pagar o título de crédito, nas mesmas condições que o devedor desse título, avalizado por ele."

6.4.2. Características

a) Autonomia: o avalista-garantidor assume perante o credor-possuidor do título uma obrigação autônoma, ou seja, a sua existência, validade e eficácia não se condicionam às mesmas da obrigação avalizada.

b) Equivalência: significa que o avalista é devedor do título "da mesma maneira que a pessoa por ele afiançada" (L.U., art. 32).[13]

6.4.3. Avais Simultâneos

É o caso do devedor cambial ter a sua obrigação garantida por mais de um avalista. Exemplo:

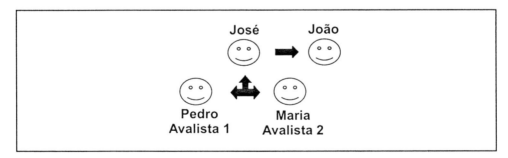

(*) Neste exemplo acima, José pagou João, e exigiu uma garantia (avalista) de José para cumprimento da obrigação, que foi dada por Pedro e Maria, simultaneamente, ou seja, ambos garantindo José.

---

13. Decreto nº 57.663/1966 – Lei Uniforme – Anexo I: *"Art. 32. O dador de aval é responsável da mesma maneira que a pessoa por ele afiançada. A sua obrigação mantém-se, mesmo no caso de a obrigação que ele garantiu ser nula por qualquer razão que não seja um vício de forma. (...)".*

6.4.4. Avais Sucessivos

É o caso do próprio garantidor (avalista) cambial ter a sua obrigação garantida por outro avalista. Exemplo:

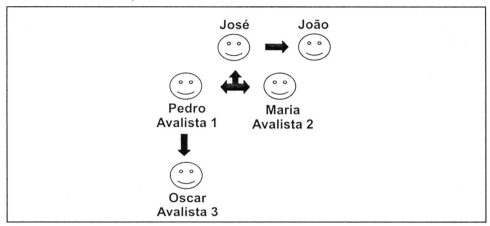

(*) Neste exemplo acima, José pagou João, e exigiu uma garantia (avalista) de José para cumprimento da obrigação, que foi dada por Pedro e Maria. João, porém, achou que o avalista Pedro não era bom pagador e dele exigiu outro garantidor, Oscar, sucessivo, ou seja, garantindo Pedro e não José.

6.4.5. Espécies de Avais

a) Em Branco: quando no anverso do título de crédito apresenta, além da assinatura do sacador e do aceitante, também a de outras pessoas. Essa espécie se torna muita arriscada, pois pela Súmula 189 do STF[14] os avais em branco e superpostos consideram-se simultâneos e não sucessivos. Essa hipótese encontra-se nos dias de hoje apenas sobre a duplicata (L.D., art. 12[15]) e não mais sobre a nota promissória (L.U., art. 77)[16] e o cheque (L.C., art. 30, parágrafo único).[17] Exemplo:

---

14. Súmula do Supremo Tribunal Federal: *"189. Avais em branco e superpostos consideram-se simultâneos e não sucessivos."*
15. Lei da Duplicata nº 5.474/1978: *"Art. 12. O pagamento da duplicata poderá ser assegurado por aval, sendo o avalista equiparado àquele cujo nome indicar; na falta da indicação, àquele abaixo de cuja firma lançar a sua; fora desses casos, ao comprador.".*
16. Decreto nº 57.663/1966 – Lei Uniforme – Anexo I:*"Art. 77. São aplicáveis às notas promissórias, na parte em que não sejam contrárias à natureza deste título, as disposições relativas às letras e concernen-tes: (...). São também aplicáveis às notas promissórias as disposições relativas ao aval (arts. 30 a 32) no caso previsto na última alínea do art. 31, se o aval não indicar a pessoa por quem é dado entender-se-á ser pelo subscritor da nota promissória.".*
17. Lei do Cheque nº 7.357/1985: *"Art. 30. O aval é lançado no cheque ou na folha de alongamento. Exprime-se pelas palavras "por aval", ou fórmula equivalente, com a assinatura do avalista. Conside-*

> "Por aval"
> Nome / RG / CPF
> Assinatura do avalista.

b) Em Preto: nesta hipótese existe a identificação do avalizado, podendo ter mais de um aval em favor do mesmo avalizado (determinado). Exemplo:

> "Por aval de Marcos"
> Nome / RG / CPF
> Assinatura do avalista.

6.4.6. Diferenças de Aval e Fiança

São duas as diferenças existentes entre eles. A primeira, e mais importante, é que o aval é autônomo (independente) em relação à obrigação avalizada, já a fiança é obrigação acessória (dependente). Porém, caso a obrigação do devedor avalizado não lhe puder ser exigida pelo credor, poderá exigir-lhe do avalista (art. 837 CC).[18] A segunda diferença seria o benefício de ordem, podendo ser requerido apenas pelo fiador e não pelo avalista. O benefício de ordem nada mais é que, primeiro deve-se verificar a solvência do devedor-afiançado, caso o mesmo não possua meios para satisfação do débito, aí sim, deverá então recair a cobrança de tal débito sobre o fiador da relação jurídica, já que aqui a garantia é suplementar. Exemplo:

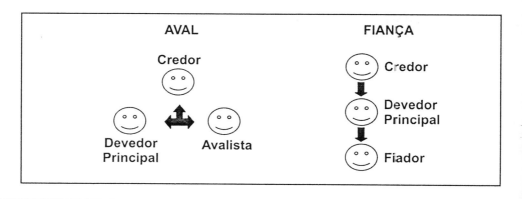

ra-se como resultante da simples assinatura do avalista, aposta no anverso do cheque, salvo quando se tratar da assinatura do emitente. **Parágrafo único.** O aval deve indicar o avalizado. Na falta de indicação, considera-se avalizado o emitente."

18. **Código Civil:** *"Art. 837. O fiador pode opor ao credor as exceções que lhe forem pessoais, e as extintivas da obrigação que competem ao devedor principal, se não provierem simplesmente de incapacidade pessoal, salvo o caso do mútuo feito a pessoa menor."*

6.4.7. Aval e Garantias Extracartulares

Nas transações financeiras é muito comum nos depararmos com contratos de mútuo, onde a instituição financeira obriga o consumidor (mutuante) a oferecer uma garantia (aval) para satisfação daquele valor emprestado.

Este procedimento é realizado com a assinatura de um contrato e ao final o consumidor assina um título de crédito (geralmente uma nota promissória) que será executada no caso de inadimplência. Esse título geralmente é garantido por um avalista.

Acontece que o garantidor (avalista) deste título responderá apenas pelo débito nele mencionado (literalidade), não podendo a ele imputar nenhum ônus resultante do contrato como multa diária pela inadimplência, restrições perante a instituição financeira, débitos na conta de movimentação, valor de multa por rescisão de contrato, entre outras penalidades.

Isso só poderá ser exigido do avalista (obrigações pactuadas no contrato de mútuo) caso o mesmo no próprio contrato figure como devedor solidário, entendimento este firmado pelo Superior Tribunal de Justiça através da Súmula 26.[19]

Portanto, as obrigações contratuais só poderão ser exigidas do avalista do, eventual, título de crédito vinculado ao contrato se o garantidor ocupe a posição de devedor solidário no próprio contrato, caso contrário, o avalista responderá apenas pelo valor do título de crédito, cabendo a cobrança de eventuais obrigações contratuais pactuadas apenas do devedor principal, não podendo ser imputadas ao avalista do título de crédito.

6.5. RESPONSABILIDADE DOS TÍTULOS DE CRÉDITO

Nós possuímos, no direito brasileiro, formas diferentes de se exigir o valor creditício dos títulos de crédito. Uma das formas é a regressividade cambial configurada através do endosso, exigindo-se de cada devedor o valor total do crédito, e a outra forma se encontra fora da esfera cambiária, a qual exigirá regressivamente apenas a quota parte de cada um dos devedores, sendo disciplinada pelo Código Civil, mais precisamente pelo art. 283.[20]

Na cessão civil de crédito, caso um dos devedores pague ao credor o valor total da dívida, poderá exigir, regressivamente, dos demais devedores apenas a quotaparte cabível a cada um deles. Exemplo:

---

19. Súmula 26 do STJ: *"26. O avalista do título de crédito vinculado a contrato de mútuo também responde pelas obrigações pactuadas, quando no contrato figurar como devedor solidário."*

20. *"Art. 283. O devedor que satisfez a dívida por inteiro tem direito a exigir de cada um dos codevedores a sua quota, dividindo-se igualmente por todos a do insolvente, se o houver, presumindo-se iguais, no débito, as partes de todos os co-devedores."*

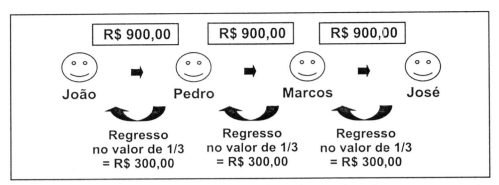

(*) Neste exemplo José poderá exigir o crédito dos co-devedores em sua quota-parte, independentemente de quem ele vai cobrar primeiro, pois cada um deverá quitar apenas o que lhe cabe, ou a dívida total de um deles, podendo este exigir dos demais a diferença. Caso José tenha seu crédito satisfeito por João, este poderá exigir de Pedro e Marcos o valor correspondente da parte assumida por cada um.

No endosso nem todos terão direito de regresso, por exemplo, o subscritor da nota promissória após pagar o título não terá o direito de cobrar de ninguém, pois ele é o devedor principal e originário. Nota-se, também, que nem todos os co-devedores respondem, regressivamente, perante os demais: os devedores anteriores responderão tão-somente perante os posteriores, mas esses, por consequência, não poderão ser acionados por aqueles, devendo o crédito ser exercido, em regra, pela sua totalidade e não pela quota-parte (esquema acima) do valor da obrigação, assim como na cessão civil, apenas excepcionalizados na hipótese de garantidores simultâneos, os quais vinculam os co-garantidores, a divisão do valor proporcionalmente, conforme se constituiu na obrigação. Exemplo:

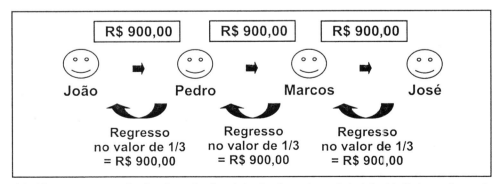

(*) Já neste exemplo José poderá exigir do devedor originário (João) ou de cada um dos endossantes o valor total da dívida, dando a estes o direito de cobrar dos anteriores o mesmo valor. Se José tiver seu crédito satisfeito por Pedro, este poderá exigi-lo apenas de João, pois contra Marcos ele não possui direito de regresso.

6.6. VERIFICAÇÃO DO APRENDIZADO

01. Assinale a alternativa INCORRETA. (OAB/SC nº 1/2007)

(A) O endosso-mandato aposto em cheque não se extingue com a morte do endossante.

(B) O cheque pagável a pessoa nomeada, com cláusula não à ordem ou outra equivalente, só é transmissível pela forma e com efeitos de cessão.

(C) Pode o endossante de cheque proibir novo endosso, não garantindo o pagamento a quem seja o cheque posteriormente endossado.

(D) É nulo o endosso parcial em cheque.

02. Em relação aos títulos de crédito, assinale a assertiva incorreta. (OAB/RS nº 3/2006)

(A) O avalista do sacado, numa letra de câmbio, se obriga ao pagamento da soma cambiária mesmo que a pessoa por ele avalizada recuse o aceite quando o título lhe for apresentado.

(B) O sacador não tem ação cambiária executiva contra o sacado que recusa o aceite da duplicata alegando que as mercadorias vendidas contêm vícios que as tornam imprestáveis para o uso a que se destinam.

(C) O portador de uma nota promissória pode acionar cambiariamente o avalista do emitente que recusou o pagamento, mas para tanto é indispensável que promova o protesto por falta de pagamento.

(D) Para conservar o direito de acionar regressivamente o endossante de um cheque, não é indispensável que o portador comprove a recusa de pagamento do sacado através do protesto por falta de pagamento junto ao Tabelionato de Protestos.

03. A entrega a B determinado título de crédito com endosso-mandato. Esse evento: (OAB/RS nº 02/2004)

(A) gera a transferência da posse e da propriedade do título de crédito.

(B) legitima a propriedade sem que ocorra transferência da posse do título de crédito para terceiro.

(C) transfere a posse, mas não a propriedade do título de crédito.

(D) descaracteriza o título de crédito.

04. Para a validade do aval dado no anverso de uma nota promissória: (OAB/RJ nº 30)

(A) torna-se indispensável a concordância expressa do avalizado.

(B) é suficiente a simples assinatura do avalista.

(C) deverá constar se o aval é pelo total da quantia expressa ou parcial.

(D) deverá ser inserida, expressamente, declaração firmada pelo credor concordando com a indicação do avalista.

05. Sobre os títulos de crédito assinale a alternativa CORRETA. (OAB/PR nº 3/2006)

(A) A omissão de qualquer requisito legal, que tire ao escrito a sua validade como título de crédito, implica a invalidade do negócio jurídico que lhe deu origem.

(B) O título de crédito, incompleto ao tempo da emissão, não pode ser preenchido *a posteriori*, mesmo que de conformidade com os ajustes realizados.

(C) Aquele que sem ter poderes ou excedendo os que têm, lança a sua assinatura tem título de crédito como mandatário ou representante de outrem, fica pessoalmente obrigado e, pagando o título, tem ele os mesmos direitos que teria o suposto mandante ou representado.

(D) O título de crédito pode ser reivindicado do portador que adquiriu de boa-fé e na conformidade das normas que disciplinam a sua circulação.

06. Sobre títulos de crédito, em especial no que se refere aos títulos à ordem, analise as afirmativas abaixo e assinale a alternativa CORRETA. (OAB/PR nº 1/2006)

I – Considera-se não escrito o endosso cancelado, total ou parcialmente.

II – Considera-se legítimo possuidor o portador do título à ordem com série regular, embora interrompida de endossos.

III – Considera-se não escrita no endosso qualquer condição a que o subordine o endossante.

IV – O devedor, embora se encontre impedido de formular exceções fundadas nas relações pessoais que tiver com o portador, poderá opor a este as exceções relativas à forma do título e ao seu conteúdo literal, à falsidade da própria assinatura, a defeito de capacidade ou de representação no momento da subscrição, e à falta de requisito necessário ao exercício da ação.

(A) as afirmativas I e III estão incorretas.

(B) as afirmativas II e IV estão incorretas.

(C) as afirmativas I e II estão corretas.

(D) as afirmativas III e IV estão corretas.

Capítulo VII
Exigibilidade
do Crédito Cambiário

Conforme ensinamentos de Fábio Ulhoa Coelho, após a constituição do crédito cambiário criam-se vínculos jurídicos, pelos quais um sujeito se torna credor de outro, e esse devedor daquele.[21] Portanto, estando devidamente constituído o crédito cambiário, tornar-se-á exigível, quando estiverem presentes determinados pressupostos que são: *1) Vencimento*; *2) Pagamento*; *3) Protesto* e *4) Ação Cambial*.

7.1. VENCIMENTO

7.1.1. Conceito

É o fato jurídico que tornará **exigível** o crédito cambiário **nele mencionado** (literalidade).

7.2. PAGAMENTO

7.2.1. Conceito

O pagamento de título de crédito pode extinguir uma, algumas ou todas as obrigações mencionadas nele, vai depender de quem vai realizar a quitação.

---

21. *Curso de Direito Empresarial*. v. 1, p. 418.

7.2.2. Prazo para Apresentação

No direito cambiário brasileiro possuímos a regra de apresentar, ao sacado ou sacador (subscritor), o título de crédito no dia do seu vencimento. Porém, admite-se a apresentação no primeiro dia útil seguinte, se o vencimento recai em dia não útil (sábado, domingo ou feriado), conforme art. 20 do Decreto nº 2.044/1908.[22]

7.2.3. Prevenções no Adimplemento do Título

1ª) Tendo em vista o princípio da literalidade, devemos proceder a quitação, total ou parcial, no próprio título, já que a quitação feita em documento apartado não produz efeitos jurídicos na esfera cambial. Exemplo:

Banco	Agência	Número da conta	Número do Cheque	R$
000	0000	00000-0	XX-0000000	# 1.000,00 #

Pague por este cheque a quantia de Hum mil reais ==

== e centavos acima

a PEDRO PAULO DA SILVA _____ ou a sua ordem

JAÚ/SP 20 de FEVEREIRO de 2007

BANCO FANTASIA

JOSÉ DA SILVA

JOSÉ DA SILVA
CPF 111.111.111-11
Cliente Bancário Desde 01/2007

Endereço da Agência

=00000000= 0000000000= 000000000000=

DOCUMENTO DEVOLVIDO
MNI 8.2
MOTIVO **11**
20 FEV 2007

DOCUMENTO DEVOLVIDO
MNI 8.2
MOTIVO **12**
21 FEV 2007

Nesta data, recebi a importância de R$ 300,00 (trezentos reais) referente a pagamento parcial deste cheque. Jaú/SP, 01 de março de 2007.
Pedro Paulo da Silva - C.P.F. nº 111.222.333.88

Número da Conta do Depositante

Código da Agência

---

22. Decreto nº 2.044/1908: *"A letra deve ser apresentada ao sacado ou ao aceitante para o pagamento, no lugar designado e no dia do vencimento ou, sendo este dia feriado por lei, no primeiro dia útil imediato, sob pena de perder o portador o direito de regresso contra o sacador, endossadores e avalistas."*

MANUAL PRÁTICO DOS TÍTULOS DE CRÉDITO 51
EXIGIBILIDADE DO CRÉDITO CAMBIÁRIO *EDIPRO*

2ª) Decorre do princípio da cartularidade, consistente na exigência da entrega do título de crédito pelo credor, já que a cártula é indispensável para o exercício do direito regressivo no caso de co-devedores (endossantes e avalistas) ou, em se tratando de principal devedor, para impedir a transferência do documento a terceiro de boa-fé.

7.3. PROTESTO

7.3.1. Conceito

Ato formal e solene pelo qual se prova a inadimplência e o descumprimento de obrigação originada em títulos e outros documentos de dívida (Lei nº 9.492/1997, art. 1º).[23]

Podemos concluir também que o protesto é o ato praticado pelo credor, perante cartório competente, com a finalidade de **incorporação** ao título de crédito da **prova** de um fato relevante para as relações cambiais, como, por exemplo, a falta de aceite ou falta de pagamento do título de crédito.

7.3.2. Protesto por Falta de Pagamento

O protesto do título de crédito pode ser uma condição facultativa ou obrigatória (capítulos seguintes) para a cobrança contra o sacador, endossantes e seus avalistas.

7.3.3. Pagamento em Cartório

Os atuais títulos de crédito (letra de câmbio, nota promissória, cheque e duplicata) serão cobrados em cartório apenas com os acréscimos das despesas e custas incorridas pelo credor, na tentativa de protestar o título, não podendo, contudo, se eximir de tais ônus.

7.3.4. Cancelamento do Protesto

Hoje o protesto figura apenas como instrumento extrajudicial de cobrança. Em virtude disso, a lei estabelece o seu cancelamento, na hipótese do devedor pagar o título, depois de decorrido o protesto (Lei nº 9.492/1997, art. 26).[24]

---

23. *"Art. 1º. Protesto é o ato formal e solene pelo qual se prova a inadimplência e o descumprimento de obrigação originada em títulos e outros documentos de dívida."*

24. *"Art. 26. O cancelamento do registro do protesto será solicitado diretamente no Tabelionato de Protesto de Títulos, por qualquer interessado, mediante apresentação do documento protestado, cuja cópia ficará arquivada."*

Esse cancelamento se dá através de pedido formulado pelo devedor, ou terceiro interessado, perante o Tabelionato de Protesto de Títulos, devendo ser instruído pelo próprio título protestado (*pagamento presumido*) ou por declaração de anuência do credor.

7.4. AÇÃO CAMBIAL

7.4.1. Conceito

É denominada de Ação de Execução é o meio judicial para a cobrança do direito literal mencionado no título de crédito.

Deste modo, podemos dizer que a ação cambial é a de execução, porque os títulos de crédito são definidos, na legislação processual (CPC, art. 585, I),[25] como títulos executivos extrajudiciais. Entretanto, verificamos que existe um prazo prescricional para cada título em espécie e mesmo após os títulos de crédito estarem prescritos caberá a ação de conhecimento (monitória)[26] ou causal (ação de cobrança),[27] respeitando o prazo prescricional das dívidas civis estabelecido no art. 206, § 5º, I, do Código Civil. Dizemos contudo que este prazo é decadencial, pois após decorrido o prazo de 5 anos o credor perderá o direito de pleitear tal importância.

A ação cambial (execução) diferencia-se das demais ações de cobrança unicamente porque apresenta a impossibilidade de arguição, por parte do devedor, de particularidades ou vícios referentes à obrigação que originou aquele título de crédito, (podendo discutir caso garanta o juízo com depósito judicial da quantia ou nomeie bens à penhora) devendo, por conseguinte, o devedor principal, efetuar a quitação do título de crédito e, após, ingressar com ação contra quem lhe causou prejuízo, objetivando a reparação do dano. Exemplo:

---

25. CPC: *"Art. 585.* São títulos executivos extrajudiciais: *I* – *a letra de câmbio, a nota promissória, a duplicata, a debênture e o cheque; (...)."*
26. CPC: *"Art. 1.102-A.* A ação monitória compete a quem pretender, com base em prova escrita sem eficácia de título executivo, pagamento de soma em dinheiro, entrega de coisa fungível ou de determinado bem móvel."*
    "Art. 1.102-B. Estando a petição inicial devidamente instruída, o Juiz deferirá de plano a expedição do mandado de pagamento ou de entrega da coisa no prazo de quinze dias.*
    "Art. 1.102-C. No prazo previsto no art. 1.102-B, poderá o réu oferecer embargos, que suspenderão a eficácia do mandado inicial. Se os embargos não forem opostos, constituir-se-á, de pleno direito, o título executivo judicial, convertendo-se o mandado inicial em mandado executivo e prosseguindo-se na forma prevista no Livro I, Título VIII, Capítulos X, desta Lei. § 1º. Cumprindo o réu o mandado, ficará isento de custas e honorários advocatícios. § 2º. Os embargos independem de prévia segurança do juízo e serão processados nos próprios autos, pelo procedimento ordinário. § 3º. Rejeitados os embargos, constituir-se-á, de pleno direito, o título executivo judicial, intimando-se o devedor e prosseguindo-se na forma prevista no Livro I, Título VIII, Capítulos X, desta Lei."*
27. Lei nº 9.099/1995 – Juizado Especial Cível: *"Art. 3º* O Juizado Especial Cível tem competência para conciliação, processo e julgamento das causas cíveis de menor complexidade, assim consideradas: (...)."* c/c *"Art. 14.* O processo instaurar-se-á com a apresentação do pedido, escrito ou oral, à Secretaria do Juizado. (...)."*

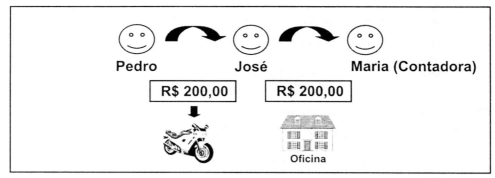

(*) No exemplo, Pedro levou sua moto para conserto e pagou, através de um título de crédito, R$ 200,00 (duzentos reais) para José. Por sua vez José devia a mesma quantia à Maria, que é contadora da sua oficina. Acontece que o serviço prestado não resolveu o problema no veículo de Pedro. Como neste exemplo houve a circulação do título, opera sobre ele o princípio da autonomia e, por conseguinte, não poderá Pedro alegar esse vício contra Maria que é terceira de boa-fé, devendo quitar o referido título e entrar com uma ação de reparação de dano contra José e exigindo a devolução do valor ou o efetivo conserto do veículo. Caso Pedro deseje opor exceções pessoais contra Maria deverá garantir o juízo.

7.5. VERIFICAÇÃO DO APRENDIZADO

01. O protesto do cheque é: (Magistratura/RN 1998)

(A) dispensável para a cobrança executiva contra o emitente.

(B) indispensável para a cobrança executiva contra o avalista do emitente.

(C) facultativo para o requerimento da falência do emitente.

(D) facultativo para o requerimento de falência do endossante.

(E) indispensável para a cobrança executiva contra o endossante e seu avalista.

02. Quanto ao protesto de títulos de crédito, é CORRETO afirmar que: (OAB/MG Ago/2006)

(A) o protesto para fins falimentares é procedimento cautelar específico previsto no Código de Processo Civil Brasileiro, com finalidade de legitimar o credor a pedir falência do empresário devedor em razão do não pagamento, no prazo, de obrigação líquida materializada em título(s) executivo(s) protestado(s), conforme exige a Lei de Falência.

(B) protesto cambial é meio de cobrança de título de crédito vencido e não pago, que se faz através de pedido dirigido ao Tabelião de Protestos de Títulos.

(C) a duplicata sem aceite pode ser executada pelo sacador, mesmo sem protesto, desde que o exequente apresente junto à inicial o comprovante de entrega da mercadoria.

(D) a verdadeira finalidade do protesto cambial é probatória, servindo tal instituto para munir o credor de declaração autêntica de falta de devolução, aceite ou pagamento de título de crédito.

03. Assinale a alternativa INCORRETA. (Magistratura/SP nº 171)

(A) O protesto da letra de câmbio dentro do prazo da lei é condição necessária para a cobrança contra o sacador, endossantes e seus avalistas, mas não contra o aceitante e respectivo avalista.

(B) É indispensável o protesto da letra de câmbio para a cobrança executiva contra o sacador.

(C) Em cobrança de cambial, o devedor não pode opor exceção pessoal.

(D) A letra de câmbio é um título causal e na ação de cobrança pode ser arguida a ausência de causa.

Capítulo VIII
Letra de Câmbio

8.1. CONCEITO E REQUISITOS

A Letra de Câmbio é uma ordem de pagamento,[28] feita pelo sacador (emitente) que ordena ao sacado (geralmente uma instituição financeira) que liquide aquele título a alguém (beneficiário) por ele.[29] Esse título pode ser à vista ou a prazo. Apesar de ser uma ordem de pagamento há um exercício unilateral de vontade por parte do emitente, ao criar o título.

Nos dias atuais esse título é pouco utilizado, tendo em vista que a legislação aplicável ao mesmo baseia-se em uma convenção internacional, a Convenção de Genebra – Decreto nº 57.663/1966 (derrogando no que lhe cabe o antigo Decreto nº 2.044/2008) –, o mesmo, como veremos no Capítulo seguinte, que rege a Nota Promissória.

Para que esse título se caracterize como sendo uma Letra de Câmbio deve atender a determinados requisitos essenciais previstos no Decreto nº 57.663/1966,[30] que passamos a estudar logo abaixo.

---

28. Por ser uma ordem de pagamento, observa-se, nesta relação obrigacional, três situações jurídicas distintas uma das outras. Assim uma mesma pessoa poderá ocupar duas situações jurídicas ao mesmo tempo, não descaracterizando, por conseguinte, o título de crédito.

29 Encontramos uma definição muito completa na obra *Direito Empresarial Brasileiro*, volume 3, do Professor Gladston Mamede que conceitua este título da seguinte forma: *"A Letra de Câmbio é um instrumento de declaração unilateral de vontade, enunciada em tempo e lugar certos (nela afirmados), por meio da qual uma certa pessoa (chamada sacador) declara que uma certa pessoa (chamada sacado) pagará, pura e simplesmente, a certa pessoa (chamada tomador), uma quantia certa, num local e numa data – ou prazo – especificados ou não."*

30. Decreto nº 57.663/1966 – Lei Uniforme – Anexo I: *"**Art. 1º** A letra contém: **1** – a palavra "letra" inserta no próprio texto do título e expressa na língua empregada para a redação desse título; **2** – o mandato puro e simples de pagar uma quantia determinada; **3** – o nome daquele que deve pagar (sacado); **4** – a época do pagamento; **5** – a indicação do lugar em que se deve efetuar o pagamento; **6** – o nome da pessoa a quem ou a ordem de quem deve ser paga; **7** – a indicação da data em que, e do lugar onde a letra é passada; **8** – a assinatura de quem passa a letra (sacador)."*

8.1.1. Identificação como Letra de Câmbio

A inserção desse requisito legal identificando a cártula para caracterizá-la como letra de câmbio, deve ser feita no próprio documento, não se admitindo qualquer menção em separado. A identificação *"letra de câmbio"* deve ser feita no próprio texto, e expressa no idioma do país onde está sendo criada. Com isso, o sacado, ao aceitar pagar o título, terá plena consciência de seu ato, prevenindo que o mesmo não seja enganado por qualquer grafia estranha, inserida na cártula posteriormente à sua assinatura. Do mesmo modo o beneficiário ou possíveis avalistas e endossatários saberão, de forma expressa e clara, qual título de crédito estão recebendo.

Confere ainda uma segurança jurídica maior à esfera cambiária servindo de identificação da natureza jurídica e consequentemente a sujeição das rormas pertinentes à matéria.

8.1.2. Ordem de Pagar Quantia Determinada

Assim como os demais títulos de crédito, a letra de câmbio não se sujeita a nenhuma condição para que seja cumprida a obrigação nela prevista. Devemos lembrar que as obrigações literalizadas nos títulos de crédito são autônomas.

Porém, caso a pessoa a quem é dada a ordem "incondicional" de pagar a letra julgue que não deve aceitá-la por entender que se realizaram situações estranhas, deve recusar o aceite de plano, podendo assim o credor exigi-la de imediato do devedor.

8.1.2.1. Aceite da Letra de Câmbio

A pessoa que aceitar pagar determinada letra, deverá fazer sem condicionar o pagamento a nada, esse aceite a transforma na principal pagadora do título, ou seja, o beneficiário da letra ou seu portador, na data do vencimento, deverá exigi-la única e exclusivamente do aceitante,[31] podendo, apenas após o descumprimento da obrigação assumida, acionar os co-obrigados para quitação da mesma. Exemplo:

---

31. Decreto nº 57.663/1966 – Lei Uniforme – Anexo I:*"Art. 28. O sacado obriga-se pelo aceite pagar a letra à data do vencimento. Na falta de pagamento, o portador, mesmo no caso de ser ele o sacador, tem contra o aceitante um direito de ação resultante da letra, em relação a tudo que pode ser exigido nos termos dos arts. 48 e 49."*

MANUAL PRÁTICO DOS TÍTULOS DE CRÉDITO

LETRA DE CÂMBIO

EDIPRO

A posição do sacado na relação jurídica é facultativa, pois o mesmo não se encontra obrigado a aceitar pagar uma letra de câmbio que não quer, sendo assim, poderá recusá-la no momento em que for procurado pelo apresentante.

8.1.2.2. Recusa do Aceite

O sacado é livre para recusar total ou parcialmente a letra; porém, se a recusa, em qualquer das modalidades acima, opera-se o vencimento extraordinário. Por exemplo, Pedro emite, em 1º de novembro de 2007, uma letra ordenando que Joaquim pague a Carlos no dia 06 de dezembro de 2007. Carlos procura Joaquim para que ele lance seu aceite na cártula, mas Joaquim se recusa. Neste caso, Carlos poderá de imediato exigir de Pedro o pagamento. A saída para este caso seria a inserção no corpo do texto da "cláusula não aceitável",[32] que permite a recusa do aceitante, porém, só se torna exigível após a data do seu verdadeiro vencimento (no caso 6.12.2007), não ocorreria o vencimento extraordinário.

Fazemos questão de explicitar o dito acima através das gravuras abaixo, sendo a primeira forma convencional e a segunda com a presença da cláusula não aceitável, vejamos:

Forma Convencional

---

32. Decreto nº 57.663/1966 – Lei Uniforme – Anexo I: "*Art. 22. O sacador pode, em qualquer letra, estipular que ela será apresentada ao aceite, com ou sem fixação de prazo. Pode proibir na própria letra a sua apresentação ao aceite, salvo se se tratar de uma letra pagável em domicílio de terceiro, ou de uma letra pagável em localidade diferente da do domicílio do sacado, ou de uma letra sacada a certo termo de vista. O sacador pode também estipular que a apresentação ao aceite não poderá efetuar-se antes de determinada data. Todo endossante pode estipular que a letra deve ser apresentada ao aceite, com ou sem fixação de prazo, salvo se ela tiver sido declarada não aceitável pelo sacador.*"

Com a Cláusula Não Aceitável

Vencimento....06.. de ..... dezembro ..... de .2007..

Nº 01/01   Valor: # R$ 4.000,00 #

Ao(s) Seis dias do mês de dezembro do ano de dois mil e sete ----------------------

---------------------------- pagar ....ei..... por esta única via de **LETRA DE CÂMBIO**

não aceitável à Carlos .... ou à sua ordem, a importância de

Quatro mil reais ------------------------------------ e no dia do vencimento fará............

pronto pagamento em moeda nacional, na praça de............. ....

Joaquim
SACADO - NOME

222.5555.777-00
CPF/CNPJ

Rua Marechal Deodoro, nº 165 - Centro
ENDEREÇO

Jaú/SP, 1º de novembro de 2007

Pedro
SACADOR - NOME
333.444.666-99
CPF/CNPJ

(À esquerda, verticalmente:) LETRA DE CÂMBIO — ACEITO: — NOME — CPF/CNPJ — ENDEREÇO

O sacado pode se recusar a pagar no todo ou em parte, porém, caso isso ocorra, ensejará o vencimento extraordinário, mas, se for parcial a recusa, o sacador poderá exigir do sacado o pagamento do que por ele foi aceito.[33]

8.1.3. Nome do Sacado

No título Letra de Câmbio não se admite o saque da mesma sem a identificação da pessoa a quem é dada a ordem para pagamento. Esse requisito, quanto aos demais constantes no art. 1º da Lei Uniforme de Genebra, é essencial para a existência do título.

Vale dizer que embora a lei coloque "o nome daquele que deve pagar", essa expressão não vincula o sacado, ali discriminado, a não ser que o mesmo anua com a afixação de sua assinatura na cártula.

8.1.4. Nome do Beneficiário

Tal requisito também é essencial, não podendo ser simplesmente omitido e, assim, a cártula, via de regra, não comporta a modalidade "ao portador", mesmo com os demais requisitos presentes na mesma.

Essa vedação não implica na impossibilidade de torná-lo ao portador através do instituto do *endosso em branco*, pois o mesmo comporta o referido instituto, existin-

---

33. Vamos usar o caso em questão. Joaquim é procurado por Carlos e recusa 50% do valor do título (aceite limitativo) e poderá pagá-lo em dia diverso do acordado (aceite modificativo). Com essa recusa, Carlos poderá exigir de Pedro o valor integral do título imediatamente, pois vencerá o título automaticamente. Mas segundo o art. 26, o aceitante se obriga no importe aceitado, neste caso, Pedro (sacador) poderá, em regresso, acionar Joaquim pelo valor que ele aceitou paçar, ou seja, 50%.

do apenas a necessidade de identificar o credor originário. Este título poderá ser circulado pela cessão civil de crédito, onde o próprio sacador poderá inserir no seu texto tal menção.[34] Exemplo:

8.1.5. Data e Local de Emissão

A Lei Uniforme de Genebra faz a exigência de que este título de crédito deva trazer a data de sua emissão, que é de extrema valia para se efetuar a localização do ato no tempo, permitindo a resolução de diversas dúvidas jurídicas, como conflitos de normas, prescrição, entre outras. Este é um requisito necessário, pois perderá sua validade o título que for apresentado em eventual ação de execução sem que os mesmos estejam presentes.

Contudo, não podemos esquecer do terceiro de boa-fé (mandatário) que ao receber a letra incompleta poderá completá-la. Esta autorização se encontra no art. 10 do Decreto nº 57.663/1966[35] e também podemos nos valer do art. 891 do Código Civil Brasileiro.[36]

Havendo a possibilidade posterior de complemento da letra, esta pode ser automaticamente sanada, caso que se considerará local da emissão o mesmo designado ao lado do nome do sacador, apenas se este não existir, é que se confere poderes ao possuidor para que a complete.

---

34. Decreto nº 57.663/1966 – Lei Uniforme: *"Art. 11. Toda a letra de câmbio, mesmo que não envolva expressamente a cláusula a ordem, é transmissível por via de endosso. Quando o sacador tiver inserido na letra as palavras "não à ordem", ou uma expressão equivalente, a letra só é transmissível pela forma e com os efeitos de uma cessão ordinária de créditos. O endosso pode ser feito mesmo a favor do sacado, aceitando ou não, do sacador, ou de qualquer outro coobrigado. Estas pessoas podem endossar novamente a letra."*

35. Decreto nº 57.663/1966 – Lei Uniforme – Anexo I: *"Art. 10. Se uma letra incompleta no momento de ser passada tiver sido completada contrariamente aos acordos realizados, não pode a inobservância desses acordos ser motivo de oposição ao portador, salvo se este tiver adquirido a letra de má-fé ou, adquirindo-a, tenha cometido uma falta grave."*

36. Código Civil: *"Art. 891. O título de crédito, incompleto ao tempo da emissão, deve ser preenchido de conformidade com os ajustes realizados."*

8.1.6. Época de Pagamento

Esse requisito nos contempla o momento exato em que o crédito documentado naquela cártula passa a ser juridicamente exigível. Tal procedimento está previsto no art. 33 do Decreto.[37] As letras de câmbio podem ser emitidas visando quatro situações que são: à vista, a um certo termo de vista, a um certo termo de data e pagável num dia fixado, os quais fazemos questão de explicar abaixo:

- **À vista:** É aquele título que poderá ser apresentado imediatamente para pagamento. Contudo, o art. 34 da Lei Uniforme[38] prevê a possibilidade do credor/possuidor da letra efetuar a apresentação para pagamento dentro do prazo de 1 (um) ano, a contar da data de emissão. O próprio sacador tem a faculdade de aumentar ou diminuir o referido prazo ou até mesmo designar uma data específica para apresentação, passando a contar o prazo a partir desta data. Esta modalidade de emissão também é conhecida no meio jurídico sob a nomenclatura *pro soluto*, ou seja, exigível de imediato.

- **A um certo termo de vista:** Essa modalidade de letra faz menção à hipótese de título a prazo. No meio jurídico também poderemos encontrá-la sob a nomenclatura *pro solvendo*, esta sendo condicionada a um fato futuro e incerto, geralmente condicionada ao cumprimento de algum contrato. Quaisquer destas modalidades previstas pela lei estão sujeitas ao aceite do sacado, podendo o mesmo aceitar ou recusar, conforme visto anteriormente. Sendo assim, caso a letra seja criada com a previsão do pagamento em 45 dias, tal prazo será contado da data em que o sacado aceitar realizar tal pagamento. Em caso de recusa do aceite pelo sacado, o prazo para vencimento se iniciará a partir da data do protesto por falta de aceite, conforme art. 35 da Lei Uniforme.[39]

- **A um certo termo da data:** Esta modalidade também está sujeita às hipóteses da modalidade anterior, porém, aqui, encontraremos um "termo" determinado, como 6 de dezembro de 2007, ou determinável, no dia do natal, que subentende-se ser dia 25 de dezembro daquele ano. Caso seja impossível prever a data designada ou a mesma faça menção a fatos futuros ou incertos, serão consideradas letras nulas.

---

37. Continuação do Decreto acima citado, onde prescreve as formas de emissão da letra: *"(...) Art. 33. Uma letra pode ser sacada: — à vista; — a um certo termo de vista; — a um certo termo de data; — pagável num dia fixado. As letras, quer com vencimentos diferentes, quer com vencimentos sucessivos, são nulas."*

38. Decreto nº 57.663/1966 – Lei Uniforme – Anexo I: *"Art. 34. A letra à vista é pagável à apresentação. Deve ser apresentada a pagamento dentro do prazo de um ano, a contar da sua data. O sacador pode reduzir este prazo ou estipular um outro mais longo. Estes prazos podem ser encurtados pelos endossantes. O sacador pode estipular que uma letra pagável à vista não deverá ser apresentada a pagamento antes de uma certa data. Nesse caso, o prazo para a apresentação conta-se dessa data."*

39. Decreto nº 57.663/1966 – Lei Uniforme: *"Art. 35. O vencimento de uma letra a certo termo de vista determina-se, quer pela data do aceite, quer pela do protesto. (...)".*

- **Pagável num dia fixado:** Nesta modalidade, devemos atentar-nos para a contagem do dia, seguindo as orientações do art. 132 do Código Civil.[40] Isso porque o art. 37[41] autoriza que a letra seja liquidada em lugar diverso do lugar do saque. Em caso de calendários diferentes, utilizar-se-á esta regra, pois o vencimento será determinado pelo calendário da praça de pagamento.

8.1.6.1. Incidência de Juros

Cabe-nos mencionar neste ponto, após vistas as hipóteses de emissão de uma letra de câmbio, a incidência dos juros, que está prevista no art. 5º da Lei Uniforme.[42] Isto é uma particularidade deste título de crédito, pois na própria emissão do título o sacador já faz menção e determina a taxa de incidência de juros, procedimento em consonância com o previsto no arts. 903 (regra)[43] e 890 do Código Civil (exceção).[44] Apesar desta possibilidade de inserção de juros, a mesma tem que estar devidamente adequada à legislação pertinente à matéria, pois caso desrespeite, será reduzida à taxa legal de acordo com o art. 591 do Código Civil, sem que o título seja invalidado.

8.1.7. Lugar de Pagamento

Este requisito é totalmente dispensável, pois a lei faculta ao sacador da letra designar lugar diverso ao da emissão para que se efetue o pagamento, pois o art. 2º da Lei Uniforme[45] é claro ao considerar como lugar de pagamento o mesmo do saque, determinando com isso a necessidade de inserção de lugar especial caso o sacador prefira.

---

40. Código Civil: *"Art. 132. Salvo disposição legal ou convencional em contrário, computam-se os prazos, excluído o dia do começo, e incluído o do vencimento."*
41. Estes artigos se encontram no mesmo Decreto citado acima, a Lei Uniforme de Genebra: *"Art. 37. Quando uma letra é pagável num dia fixo num lugar em que o calendário é diferente do lugar de emissão, a data do vencimento é considerada como fixada segundo o calendário do lugar de pagamento. (...)".*
42. Decreto nº 57.663/1966 – Lei Uniforme: *"Art. 5º Numa letra pagável à vista ou a um certo termo de vista, pode o sacador estipular que a sua importância vencerá juros. Em qualquer outra espécie de letra a estipulação de juros será considerada como não escrita. A taxa de juros deve ser indicada na letra; na falta de indicação, a cláusula de juros é considerada como não escrita. Os juros contam-se da data da letra, se outra data não for indicada."*
43. Código Civil: *"Art. 903. Salvo disposição diversa em lei especial, regem-se os títulos de crédito pelo disposto neste Código."*
44. *"Art. 890. Consideram-se não escritas no título a cláusula de juros, a proibitiva de endosso, a excludente de responsabilidade pelo pagamento ou por despesas, a que dispense a observância de termos e formalidade prescritas, e a que, além dos limites fixados em lei, exclua ou restrinja direitos e obrigações."*
45. Este artigo se encontra no decreto acima mencionado, Lei Uniforme de Genebra – Anexo I: *"Art. 2º O escrito em que faltar algum dos requisitos indicados no artigo anterior não produzirá efeito como letra, salvo nos casos determinados nas alíneas seguintes: A letra em que se não indique a época do pagamento entende-se pagável à vista. Na falta de indicação especial, o lugar designado ao lado do nome do sacado considera-se como sendo o lugar do pagamento e, ao mesmo tempo, o lugar do domicílio do sacado. A letra sem indicação do lugar onde foi passada considera-se como tendo-o sido no lugar designado, ao lado do nome do sacador."*

8.1.8. Assinatura do Sacador

É o último requisito essencial. É através dela que se constitu o crédito cambiário. O devedor assina e ordena que o sacado pague a terceiro aquele título de crédito, constituindo-se como co-devedor do título e garantidor do pagamento, já que é o sacado que, em tese, deverá liquidar o título pelo sacador. Por isso, caso o sacado aceite e não cumpra ou recuse a aceitação da mesma, o possuidor poderá cobrá-la do sacador, observando as exigências da esfera cambiária.

Podemos dizer que este título, apesar de já estar em desuso, é o que melhor serve para exemplificação de todos os atos de constituição e exigibilidade estudados anteriormente.

8.2. PRAZO PRESCRICIONAL

É de extrema valia ressaltarmos que a Convenção de Genebra estabelece um prazo de 3 (três) anos para que o credor acione o devedor principal (sacado) ou então, estabelece o prazo de 1 (um) ano para que o mesmo acione o sacador e seus endossantes. Cabe mencionarmos que o início do prazo em cada hipótese é diferente, pois o primeiro inicia-se na data do vencimento e o segundo começa a fluir a partir da data do protesto.

Sabemos que os endossantes são garantidores do pagamento do título, por esta razão a Convenção de Genebra previu a possibilidade da cobrança entre eles e, dos endossantes contra o sacador, que deverá ser no prazo de seis meses, a contar da data em que cada um pagou a letra ou o mesmo foi acionado em virtude dela.[46]

8.3. VERIFICAÇÃO DO APRENDIZADO

01. **Em relação ao aceite nas letras de câmbio, é INCORRETO afirmar.** (OAB/RJ nº 31)

(A) A letra pode ser apresentada até o vencimento pelo portador ou até por um simples detentor.

(B) É vedado ao sacado riscar o aceite já dado, mesmo antes da restituição da letra.

(C) O sacador pode determinar que a apresentação ao aceite não poderá efetuar-se antes de determinada data.

(D) O sacado pode limitar o aceite a uma parte da importância sacada.

---

46. Decreto nº 57.663/1966 – Lei Uniforme – Anexo I: *"**Art. 70.** Todas as ações contra o aceitante relativas a letras prescrevem em três anos a contar do seu vencimento. As ações do portador contra os endossantes e contra o sacador prescrevem num ano, a contar da data do protesto feito em tempo útil ou da data do vencimento, se se trata de letra que contenha cláusula "sem despesas". As ações dos endossantes uns contra os outros e contra o sacador prescrevem em seis meses a contar do dia em que o endossante pagou a letra ou em que ele próprio foi acionado."*

MANUAL PRÁTICO DOS TÍTULOS DE CRÉDITO   **63**

LETRA DE CÂMBIO   *EDIPRO*

02. Em relação aos títulos de crédito, assinale a assertiva incorreta. (OAB/RS nº 1/2006)

(A) Para que o portador de um cheque devolvido pelo banco sacado, por insuficiência de fundos, possa demandar ação cambiária executiva contra o emitente, é indispensável o prévio protesto por falta de pagamento, a ser efetivado perante o Tabelionato de Protestos.

(B) Na letra de câmbio, o sacado torna-se obrigado cambiário ao apor na cártula o aceite; antes disso, ele é apenas a pessoa designada pelo sacador para cumprir a ordem de pagar, não estando obrigado por qualquer forma.

(C) O portador de uma nota promissória pode exercer sua pretensão aos direitos emergentes da cártula contra o avalista do emitente, mesmo antes de exigir deste, porque o avalista, se obrigando nas mesmas condições do avalizado, é também devedor direto e principal.

(D) O endosso próprio transfere a propriedade do título e, portanto, legitima o portador ao exercício de todos os direitos emergentes da cártula.

03. A letra de câmbio, que não contenha expressamente a cláusula à ordem: (OAB/RJ nº 31)

(A) é transmissível por via de endosso, só não o sendo em caso do sacador ter inserido no título as palavras "não à ordem".

(B) não pode ser transmitida por via de endosso, sendo transmissível apenas pela forma e com os efeitos de uma cessão ordinária de créditos.

(C) só pode ser endossada com a aceitação expressa do sacador.

(D) é transmissível por endosso, mas o endossante, via de regra, não se torna garantidor do pagamento da letra.

04. Marque a alternativa correta no que se refere à letra de câmbio que não contém a indicação do lugar em que deve se efetuar o pagamento. (OAB/RJ nº 30)

(A) Não produz efeitos quanto título de crédito.

(B) Considera-se como pagável à vista, no domicílio do tomador.

(C) Considera-se pagável no lugar designado ao lado do nome do sacador.

(D) Considera-se pagável no lugar designado ao lado do nome do sacado.

05. Em relação ao aceite nas letras de câmbio, é INCORRETO afirmar. (OAB/RJ nº 31)

(A) A letra pode ser apresentada até o vencimento pelo portador ou até por um simples detentor.

(B) É vedado ao sacado riscar o aceite já dado, mesmo antes da restituição da letra.

(C) O sacador pode determinar que a apresentação ao aceite não poderá efetuar-se antes de determinada data.

(D) O sacado pode limitar o aceite a uma parte da importância sacada.

06. Assinale a alternativa correta. (OAB/PR nº 3/2004)

(A) A letra de câmbio, mesmo que não envolva expressamente a cláusula à ordem, é transmissível por via de endosso.

(B) Embora o endosso deva ser puro e simples, admite-se que seja parcial.

(C) O portador é obrigado a deixar nas mãos do aceitante a letra de câmbio apresentada para aceite.

(D) Salvo cláusula em contrário, o endossante é garantidor tanto da aceitação como do pagamento da letra de câmbio.

07. Sobre as declarações cambiais nos títulos de crédito, assinale a alternativa INCORRETA. (OAB/MG abr/2006)

(A) O saque de uma letra de câmbio é o ato unilateral de vontade, através do qual o sacador dá uma ordem de pagamento ao sacado em favor do tomador.

(B) Na letra de câmbio, o endossante, salvo cláusula em contrário, é garante tanto da aceitação como do pagamento do título de crédito.

(C) O aceite na letra de câmbio importa responsabilidade direta e principal do aceitante, sendo necessário o protesto do título para cobrança da dívida apenas em relação aos co-devedores.

(D) Na letra de câmbio, a responsabilidade do avalista sempre será direta ou principal, uma vez que sua função é garantir o pagamento do título.

Capítulo IX
Nota Promissória

9.1. CONCEITO E REQUISITOS

Sabemos que a nota promissória é um título de crédito pelo qual documenta-se a existência de um crédito líquido e certo, que poderá ser exigido a partir do seu vencimento, no caso de emissão que não seja à vista. Este título de crédito é autônomo, com característica abstrata, a qual há, por parte do devedor-subscritor, a confissão de uma dívida, feita de forma unilateral e incondicionada (não sendo subordinada a nenhum fato futuro para que possa ser exigida), vinculando seu próprio patrimônio ao pagamento da promessa de quantia em dinheiro que deve estar especificada no momento de assinatura do título. É bom lembrar que este título não necessita de uma investigação de sua causa (*causa debendi*), pois a simples apresentação do título serve como prova do ato unilateral de confissão do crédito que se obrigou a pagamento no momento de sua assinatura. Portanto, há uma separação entre o ato jurídico unilateral de emissão e o negócio jurídico subjacente ao qual tenha se fundado, bastando a apresentação do título no dia do vencimento para que se possa exigir a satisfação do crédito, literalizado, anotado na cártula.

Neste título de crédito documenta-se uma confissão de dívida, ou seja, o próprio devedor (subscritor) promete fazer um determinado pagamento a favor de um credor nomeado inicialmente ou não, e que, para quitação daquele referido crédito, o credor-possuidor realizará a simples apresentação do documento. Esse crédito concretiza-se com sua emissão, pois neste título de crédito não há que se falar em aceite, pois existem apenas duas situações jurídicas (subscritor e tomador). Para isso basta que sejam preenchidos os requisitos assinados pela Lei Uniforme, em seu art. 75,[47] no ato de sua criação.

---

47. Decreto nº 57.663/1966 – Lei Uniforme – Anexo I: *"Art. 75. A nota promissória contém: 1 – Denominação "Nota Promissória" inserta no próprio texto do título e expressa na língua empregada para a redação desse título; 2 – A promessa pura e simples de pagar uma quantia determinada; 3 – A época do pagamento; 4 – A indicação do lugar em que se deve efetuar o pagamento; 5 – O nome da pessoa a quem ou a ordem de quem deve ser paga; 6 – A indicação da data em que e do lugar onde a nota promissória é passada; 7 – A assinatura de quem passa a nota promissória (subscritor)."*

Esses requisitos constituem a base essencial para a formalização da existência válida do crédito mencionado na cártula. É salutar a previsão do art. 76 da L.U.,[48] que vislumbra a hipótese de omissão de algum dos requisitos do art. 75, não produzindo efeitos como nota promissória, salvo o que a própria lei indicar.

Diante disso devemos mencionar também o previsto no art. 888 do Código Civil[49] que prevê a desnaturação do título, ou seja, retirando-o da esfera cambiária. Porém, o vício formal do título de crédito não atinge o negócio subjacente, que será válido mesmo que o título seja nulo.

9.1.1. Denominação *Nota Promissória*

O preenchimento desse requisito legal identificando o papel quando se trata de nota promissória, deve ser feito na própria cártula, não sendo válida qualquer menção em separado. A identificação *"nota promissória"* deve estar no próprio texto, fazendo parte da declaração de promessa firmada pelo subscritor. Com isso, há a garantia de o subscritor ter a plena consciência de seu ato, prevenindo o mesmo para que não seja enganado por qualquer grafia estranha inserida na cártula posteriormente à sua assinatura. Diante disso, confere-se uma segurança maior ao mercado, identificando a natureza jurídica da cártula, quando da leitura da mesma.

9.1.2. Promessa de Pagar Quantia Determinada

O nome jurídico deste título traz referências fundamentais para a compreensão do instituto jurídico, conforme explicação de Gladston Mamede em sua obra,[50] que são:

Nota: refere-se ao papel (cártula), que funciona como indicativo de um ato específico.

Promessa: originou-se do latim *"Promittere"*, que significa lançar longe, atirar, consequentemente, estender, alongar. É ato originário apenas do ser humano, pois vislumbra o futuro, no qual realizará um ato (pagamento).

Pela emissão de uma nota promissória, o subscritor contrai juridicamente a obrigação de efetuar um pagamento a favor do tomador nomeado no título ou a quem ordenar, sendo permitida a circulação por endosso, caso não exista cláusula que

---

48. *"Art. 76. O título em que faltar algum dos requisitos indicados no artigo anterior não produzirá efeito como nota promissória, salvo nos casos determinados das alíneas seguintes. A nota promissória em que não se indique a época do pagamento será considerada à vista. Na falta de indicação especial, o lugar onde o título foi passado considera-se como sendo o lugar do pagamento e, ao mesmo tempo, o lugar do domicílio do subscritor da nota promissória. A nota promissória que não contenha indicação do lugar onde foi passada considera-se como tendo-o sido no lugar designado ao lado do nome do subscritor."*

49. Código Civil: **"Art. 888.** A omissão de qualquer requisito legal, que tire ao escrito a sua validade como título de crédito, não implica a invalidade do negócio jurídico que lhe deu origem."*

50. *Direito Empresarial Brasileiro.* v. 3, p. 225.

MANUAL PRÁTICO DOS TÍTULOS DE CRÉDITO   **67**
NOTA PROMISSÓRIA   EDIPRO

obste essa prática. O Decreto faz menção à promessa pura e simples, não podendo ser suscitado obrigações condicionadas em eventos futuros e incertos, através deste título. Lembrando que a definição exata dos direitos conferidos pela nota promissória pressupõe a validade deste título de crédito, servindo para a preservação dos interesses e direitos das partes constantes no negócio jurídico subjacente e, da mesma forma, para toda esfera cambiária, a qual o título de crédito deverá circular.

9.1.3. Época do Pagamento

Esse título contempla o modo temporal, permitindo ao subscritor, no ato que contrai a obrigação, ter a faculdade de definir um termo futuro para que se torne exigível o crédito. Ressaltando, contudo, as exceções na conjugação dos arts. 76 da Lei Uniforme e o art. 889, § 1º do Código Civil,[51] o qual diz ser dispensável, sendo considerada à vista.

9.1.4. Lugar de Pagamento

Tal requisito também não é essencial, podendo ser simplesmente omitido e, assim, sendo exigível no domicílio do subscritor (emitente). Caso haja o lugar de pagamento na cártula as partes estão vinculadas a tal foro, mas podendo, por mútuo consentimento, eleger foro diverso (art. 840 do CC).[52]

9.1.5. Beneficiário

Esse requisito é essencial, não sendo lícita a emissão deste título ao portador. A indicação do beneficiário não vincula, necessariamente, a satisfação da obrigação e o tomador nomeado, já que este título de crédito comporta o instituto do endosso, permitindo a transferência da titularidade (podendo ser em branco ou em preto). A nota promissória possui a característica de simples apresentação, que poderá ser exercida por pessoa diversa da que se indicou no momento da assinatura do título. Portanto, a quitação poderá ser feita a pessoa estranha ao negócio originário, desde que detentora deste direito de crédito.

9.1.6. Data de Emissão

A Lei Uniforme de Genebra faz a exigência de que este título de crédito deva trazer a data de sua emissão, a qual é de suma importância para se efetuar a localização do ato no tempo, permitindo a resolução de diversas dúvidas jurídicas, como conflitos de normas, prescrição, entre outras. Este é um requisito necessário, pois

---

51. Código Civil: *"Art. 889. Deve o título de crédito conter a data da emissão, a indicação precisa dos direitos que confere, e a assinatura do emitente. § 1º. É à vista o título de crédito que não contenha indicação de vencimento. (...)."*

52. *"Art. 840. É lícito aos interessados prevenirem ou terminarem o litígio mediante concessões mútuas."*

perderá sua validade o título que for apresentado em eventual ação de execução sem que os mesmos estejam presentes.

Porém, não obstante o terceiro de boa-fé (mandatário) poderá fazer a complementação de possível omissão, desde que a faça até o momento do ajuizamento da ação de execução.

9.1.7. Lugar de Emissão

Também não é um requisito essencial, pois a própria lei contempla a hipótese de omissão de tal requisito, considerando o foro do subscritor da mesma como lugar de emissão.

9.1.8. Assinatura do Subscritor

Requisito extremamente vital para sua existência, já que a assinatura do título é ato essencial e personalíssimo, podendo, contudo, ser lançado por quem contemple poderes especiais para tanto (procurador).

9.2. EMISSÃO EM BRANCO

Devemos atentar-nos para a falta de determinados requisitos quando da emissão do título de crédito ao credor, pois alguns deles não traduzem sua invalidade, sendo que a mesma só vai se verificar no momento em que o título for exigido, e não no momento de sua emissão.

Nós estudamos anteriormente que alguns requisitos podem ser deixados em branco para que o beneficiário do título de crédito possa, ao momento de sua exigência, ou antes, de sua execução, preencher tais requisitos (mandato tácito), não deturpando nem extrapolando o que foi acordado entre as partes.

Sabemos que a nota promissória deve identificar o tomador (beneficiário), devendo a mesma circular na esfera cambiária através do instituto do endosso. Porém, ela poderá ser transmitida ao portador, já que a verificação de sua invalidade se dará apenas quando o título for exigido por quem o possua, podendo neste caso preencher devidamente o título, já que é um requisito essencial.

Tendo em vista que a regra da lei é o preenchimento completo do título, caracterizando expressão precisa da vontade do emitente, a qual vincula seu próprio patrimônio. Vale ressaltar que, embora não emitido conforme a regra, o art. 891 do Código Civil[53] preconiza a validade de seu preenchimento respeitando os ajustes firmados no negócio originário, não servindo, portanto, tais lacunas de um espaço de abuso, o qual, se verificado for, e causar dano à parte contrária, aquele que a preencheu deverá reparar o dano. Nesta hipótese, apenas não se encaixará o terceiro

---

53. *"**Art. 891.** O título de crédito, incompleto ao tempo da emissão, deve ser preenchido de conformidade com os ajustes realizados."*

9.3. AUTONOMIA E ABSTRAÇÃO

Nós vimos na teoria geral do título de crédito que existem os princípios da autonomia e da abstração. O instituto da abstração fala sobre a não vinculação do negócio originário ao título de crédito, ou seja, basta o título estar devidamente preenchido para estar valendo na esfera cambiária.

Esta posição de não considerar o negócio originário para que se exija o título de crédito poderia causar dano irreparável ao devedor. Por isso, trago uma posição adotada pelo Superior Tribunal de Justiça do Rio Grande do Sul que diz: *"o garante de contrato bancário que emite nota promissória em novação da dívida correspondente ao saldo devedor pode discutir, nos embargos de executado, o modo pelo qual formou-se a dívida que o título expressa. Essa nota promissória está vinculada ao contrato bancário, e a novação não valida obrigações nulas ou extintas"* –REsp nº 251.007/RS.[54]

Neste caso podemos dizer que o título de crédito emitido e vinculado a um fato futuro e incerto deixa de ser um título de crédito pela sua essência, pois a nota promissória não está condicionada a nenhuma situação posterior para que possa se tornar exigível, sendo neste caso inoperante o instituto da autonomia, ou seja, a existência do título não deve ser vinculada a obrigações de dar, fazer ou não fazer (fatos incertos); para que possa ser exigido de seu subscritor, basta a simples entrega do título ao credor para que o mesmo possa ser exigido em seu vencimento.

9.4. REGIME DA LETRA DE CÂMBIO

O título de crédito nota promissória é disciplinada pela mesma norma jurídica aplicável às letras de câmbio. Porém, há de se fazer alguns ajustes no regime definido para a letra de câmbio às particularidades da nota promissória.

O primeiro ajuste faz-se pelo disposto no art. 77 do Decreto nº 57.663/1966, o qual diz que *"são aplicáveis às notas promissórias, na parte em que não sejam contrárias à natureza deste título..."*,ou seja, a natureza de promessa. No entanto, como visto anteriormente, a letra de câmbio é uma ordem de pagamento, em razão disso, há dispositivos na legislação referentes àquelas que não podem incidir sobre esta, como:

a) apresentação do título ao sacado;

b) aceite e consequências do ato (recusa total ou parcial, ou aceitação à ordem);

c) cláusula não aceitável;

d) prazo de apresentação ao sacado;

e) vencimento antecipado.

---

54. MAMEDE, Gladston. *Direito Empresarial Brasileiro.* 3ª ed., 2006, v. 3, p. 232.

Em segundo lugar, define o art. 78 que se aplica ao subscritor da nota promissória as regras do aceitante da letra de câmbio. Essa equiparação decorre do fato de serem ambos devedores principais dos respectivos títulos. Sendo assim, podemos dizer que:

a) a prescrição da execução da nota contra o subscritor é igual à da execução da letra contra o aceitante (art. 70);[55]

b) o protesto do título é facultativo contra o subscritor da nota promissória, porque assim o é em relação ao aceitante da letra de câmbio;

c) no caso de falência do subscritor (emitente), antecipa-se o vencimento da nota promissória, já que o mesmo procedimento é feito com o aceitante, produzindo os mesmos efeitos em relação à letra de câmbio (art. 19, II do Decreto nº 2.044/2008).[56]

A terceira adequação e ajustamento do regime da letra de câmbio à disciplina da nota promissória, refere-se ao avalizado, na espécie *"em branco"*. Na nota promissória quem se beneficia desta espécie de aval é o subscritor (L.U., art. 77, *in fine*).

A derradeira adequação diz respeito ao disciplinado art. 78 da Lei Uniforme, o qual se admite na nota promissória a modalidade *"a certo termo da vista"*.[57] A distinção com a letra de câmbio se faz, nesta modalidade, no início de sua fluência. Na letra o prazo de vencimento é condicionado ao aceite. Não existindo aceite na nota promissória; o prazo se dá no momento em que o subscritor dá o visto na mesma. Exemplo: *"sessenta dias após o visto, pagarei por essa única via de nota promissória, etc."*. O portador da nota promissória, neste caso, tem prazo de um ano (art. 23),[58] a contar da emissão, para apresentá-la ao subscritor para afixar o visto. Realizado tal procedimento, inicia-se o prazo descrito no título, e, expirando-se este, configura o vencimento. Caso haja recusa do visto, o portador poderá protestar a nota promissória, neste caso, o prazo de vencimento inicia sua contagem a partir da data do protesto (art. 35).[59]

---

55. Decreto nº 57.663/1966 – Lei Uniforme – Anexo I: *"Art. 70. Todas as ações contra ao aceitante relativas a letras prescrevem em três anos a contar do seu vencimento. As ações do portador contra os endossantes e contra o sacador prescrevem num ano, a contar da data do protesto feito em tempo útil ou da data do vencimento, se trata de letra que contenha cláusula "sem despesas". As ações dos endossantes uns contra os outros e contra o sacador prescrevem em seis meses a contar do dia em que o endossante pagou a letra ou em que ele próprio foi acionado."*

56. Decreto 2.044/2008: *"Art. 19. A letra é considerada vencida, quando protestada: (...) II - pela falência do aceitante."*

57. Decreto nº 57663/66 – Lei Uniforme – Anexo I: *"Art. 78. O subscritor de uma nota promissória é responsável da mesma forma que o aceitante de uma letra. As notas promissórias pagáveis a certo termo de vista devem ser presentes ao visto dos subscritores nos prazos fixados no art. 23. O termo de vista conta-se da data do visto dado pelo subscritor. A recusa do subscritor a dar o seu visto é comprovada por um protesto (art. 25), cuja data serve de início ao termo de vista."*

58. *"Art. 23. As letras a certo termo de vista devem ser apresentadas ao aceite dentro do prazo de um ano das suas datas."*

59. *"Art. 35. O vencimento de uma letra a certo termo de vista determina-se, quer pela data do aceite, quer pela do protesto."*

Modelo de Nota Promissória

	Vencimento....25... de ....julho......... de ..2007...
AVALISTAS — CPF/CNPJ / ENDEREÇO / CPF/CNPJ / ENDEREÇO	Nº 01/01 Valor: # R$ 2.000,00 # Ao(s) _Vinte e cinco dias do mês de julho do ano de dois mil e sete_ ---------------- .... pagar ....*ei*..... por esta única via de **NOTA PROMISSÓRIA** a _João Carlos Gomes da Costa_ CPF 222.333.444.55 CNPJ ou a sua ordem, a quantia de *Dois mil reais* --------------------- em moeda corrente deste país, pagável em... _Jaú/SP_ EMITENTE...... _Agostinho Pires de Campos_ _Jaú/SP, 25 de junho de 2007_ CPF 333.444.666-99 CNPJ ENDEREÇO. _Rua Marechal Deodoro, nº 165 - Centro_ **Agostinho Pires de Campos**

*(*) Neste caso não possuímos avalistas. Caso necessite, é só preencher o cam-
po especificado no título. Porém, caso esta cártula (papel) circule na esfera
cambiária (endosso em branco ou em preto), deverá ser colocado no verso
do título, conforme abaixo.*

Exemplo "em branco":

Por endosso

João Carlos Gomes da Costa
João Carlos Gomes da Costa
CPF nº 222.333.444-55

Exemplo "em preto":

Por endosso à José Prado Costa, CPF nº 777.888.999-44

João Carlos Gomes da Costa
João Carlos Gomes da Costa
CPF nº 222.333.444-55

9.5. VERIFICAÇÃO DO APRENDIZADO

**01. A emissão de uma nota promissória, sem a indicação da data do venci-
mento, resulta que:** (OAB/SP nº 132)

(A) será exigível apenas após o favorecido notificar o emitente, indicando o dia
do pagamento.

(B) será inexigível.

(C) seu pagamento ocorrerá à vista da apresentação.

(D) será exigível apenas após o favorecido notificar o emitente, indicando o dia
do pagamento e desde que, não paga, seja tirado o protesto.

02. Em 5.8.2004, Leandro emitiu uma nota promissória no valor de R$ 900,00 em Porto Alegre e entregou-a para Joana, que endossou o título em preto para Cristina. No dia 21.9.2004, Cristina apresentou o título para Leandro, que não pagou. Com base nesses dados, assinale a assertiva correta. (OAB/RS nº 2/2005)

(A) O título é nulo porque nele não constou a data de vencimento.

(B) Cristina somente poderá cobrar o título de Joana se comprovar que Leandro não possui patrimônio suficiente para adimplir a obrigação.

(C) Cristina poderá interpor ação executiva contra Joana no prazo de 1 ano, a contar da data do protesto feito em tempo útil, se comprovar que Leandro não pagou.

(D) Cristina poderá interpor ação executiva contra Leandro no prazo de 3 anos, a contar da data do protesto feito em tempo útil.

03. São requisitos da nota promissória, exceto: (OAB/RJ nº 30)

(A) expressão "nota promissória" e nome do beneficiário da promessa de pagamento.

(B) aval e aceite.

(C) a promessa pura e simples de pagar uma quantia determinada e data do pagamento.

(D) expressão "nota promissória" e assinatura do subscritor.

04. O avalista do emitente de uma nota promissória: (Magistratura/RN 1998)

(A) fica autorizado pelo avalizado a repactuar prazos e condições de pagamento do título.

(B) tem direito de exigir que antes sejam executados os bens do avalizado.

(C) tem direto de exonerar-se do aval a qualquer momento, desde que envie comunicação por escrito ao beneficiado tomador antes do vencimento.

(D) exonera-se do pagamento do título se comprovar que é nula a relação jurídica que lhe deu origem, mesmo se o credor demonstrar boa-fé.

(E) fica sujeito, se comerciante, a ter a falência declarada na hipótese de impontualidade injustificada.

CAPÍTULO X
CHEQUE

10.1. CONCEITO

"Cheque é ordem de pagamento à vista, emitida contra um banco, em razão de provisão que o emitente possui junto ao sacado, proveniente essa de contrato de depósito bancário ou de abertura de crédito." (Fábio Ulhoa Coelho)[60]

"O cheque é uma ordem de pagamento emanada de uma pessoa (emitente ou sacador) que mantém contrato com uma instituição bancária (sacado) para que esta pague, imediatamente (à vista), determinada importância ao beneficiário nomeado, ou a sua ordem ou, não havendo nomeação de beneficiário ou nomeando-se genericamente o portador àquele que apresentar." (Gladston Mamede)[61]

10.2. PRESSUPOSTOS OBJETIVOS

O pressuposto objetivo trazido pela Lei nº 7.357/1985 em seu art. 4º[62] é que ninguém poderá emitir cheque se não possuir: 1º) conta de depósitos em instituição financeira, ou seja, o emitente deve ter 2º) fundos disponíveis junto ao sacado, em virtude de 3º) contrato expresso ou tácito.

A especificidade do cheque fica clara, mesmo consideradas as circunstâncias indispensáveis para sua criação.

---

60. *Curso de Direito Comercial*. v. 1, p. 435.

61. *Direito Empresarial Brasileiro*. v. 3, p. 241.

62. Lei nº 7.357/1985 – Lei do Cheque: "**Art. 4º**. *O emitente deve ter fundos disponíveis em poder do sacado e estar autorizado a sobre eles emitir cheque, em virtude de contrato expresso ou tácito. A infração desses preceitos não prejudica a validade do título como cheque. § 1º. A existência de fundos disponíveis é verificada no momento da apresentação do cheque para pagamento. § 2º. Consideram-se fundos disponíveis: a) os créditos constantes de conta corrente bancária não subordinados a termo; b) o saldo exigível de conta corrente contratual; c) a soma proveniente de abertura de crédito.*"

No cheque o sacado não apenas ocupa a posição correspondente, como também manifesta uma qualidade pessoal específica, o que inclui autorização para o funcionamento, que deve permitir-lhe a participação em determinadas atividades, sendo vedado atuar naquelas que não estejam previstas na autorização (art. 192, I, da CF),[63] além da submissão ao controle específico do Conselho Monetário Nacional e do Banco Central do Brasil.

10.3. CLASSIFICAÇÃO

O cheque é título de crédito de modelo vinculado, só podendo ser eficazmente emitido no papel fornecido pelo banco sacado (em talão ou avulso). Desse modo se afasta totalmente a presunção de falsidade do documento já que seu modelo é vinculado, não excluída a hipótese de cheque clonado.

10.4. REQUISITOS

Como vistos na Nota Promissória, no cheque nós também encontramos alguns requisitos essenciais e facultativos, constantes dos arts. 1º e 2º da Lei nº 7.357, de 2.9.1985,[64] os quais mencionamos a seguir:

I – a denominação "cheque" inscrita no contexto do título na língua em que foi redigido;

Esse primeiro requisito corresponde a cláusula cambial, ou seja, a manifestação da vontade do emitente, no sentido de se obrigar por título cuja circulação e cobrança seguem o regime próprio do direito cambiário.

É preciso que a cártula deixe claro que o ato praticado é a emissão de um cheque e, para isso, considera a lei indispensável a presença da palavra cheque no mesmo idioma em que foi redigido o restante da ordem.

---

63. Constituição Federal: *"Art. 192. O sistema financeiro nacional, estruturado de forma a promover o desenvolvimento equilibrado do País e a servir aos interesses da coletividade, em todas as partes que o compõem, abrangendo as cooperativas de crédito, será regulado por leis complementares que disporão, inclusive, sobre a participação do capital estrangeiro nas instituições que o integram."* (Incisos I a VIII – Revogados pela Emenda Constitucional nº 40, de 29.5.2003).

64. Lei nº 7.357/1985 – Lei do Cheque: *"Art. 1º. O cheque contêm: I – a denominação "cheque" inscrita no contexto do título e expressa na língua em que este é redigido; II – a ordem incondicional de pagar quantia determinada; III – o nome do banco ou da instituição financeira que deve pagar (sacado); IV – a indicação do lugar de pagamento; V – a indicação da data e do lugar de emissão; VI – a assinatura do emitente (sacador), ou de seu mandatário com poderes especiais. Parágrafo único. A assinatura do emitente ou a de seu mandatário com poderes especiais pode ser constituída, na forma de legislação específica, por chancela mecânica ou processo equivalente. Art. 2º. O título, a que falte qualquer dos requisitos enumerados no artigo precedente não vale como cheque, salvo nos casos determinados a seguir: I – na falta de indicação especial, é considerado lugar de pagamento o lugar designado junto ao nome do sacado; se designados vários lugares, o cheque é pagável no primeiro deles; não existindo qualquer indicação, o cheque é pagável no lugar de sua emissão; II – não indicado o lugar de emissão, considera-se emitido o cheque no lugar indicado junto ao nome do emitente."*

Quando alguém assina um cheque, expressa sua concordância com a negociação do crédito, pelo sacado, junto a terceiros desconhecidos, perante os quais não poderão ser opostas exceções pessoais da relação originária. Sendo assim, no momento do saque o emitente concorda com todo o complexo normativo decorrente dos princípios da cartularidade, literalidade e autonomia das obrigações cambiais.

II – a ordem incondicional de pagar quantia determinada;

Como visto anteriormente, não obstante constitua uma declaração unilateral da existência do crédito ou débito, o cheque é, simultaneamente, uma ordem de pagar, declarando-se em um único ato que o crédito existe e ordem à instituição financeira para que pague.

Essas indicações são feitas duas vezes, uma por extenso e outra por algarismos, sendo que a primeira prevalece em caso de divergência, conforme preceitua o art. 12 da Lei do Cheque.[65]

O cheque mesmo sendo uma ordem de pagamento, difere da letra de câmbio no tocante ao aceite, já que não existe aceite no cheque (art. 6º da Lei do Cheque).[66] Daí tem-se uma grande confusão. A ordem de pagar quantia determinada é incondicional ou condicional? A resposta é simples, a incondicionalidade diz respeito a ordem, ou seja, não haverá nenhum fato que obstará a ordem de pagar, mas, o que será condicionado é a liquidação do título, já que o mesmo será pago somente sob a provisão de saldo (condição) suficiente para compensação do mesmo.

Por isso nenhuma operação extra deve ser necessária para a composição do pagamento, não havendo que se falar em juros (art. 10 da Lei do Cheque),[67] correção monetária ou outro acessório financeiro, sendo os mesmos exigidos somente na cobrança judicial do cheque não liquidado (art. 53, II da Lei do Cheque).[68]

III – o nome do banco ou da instituição financeira que deve pagar (sacado);

O sacado é a instituição financeira na qual o emitente mantém uma conta bancária em que haja fundos disponíveis para satisfação do crédito constante do saque. Não sendo possível a confusão entre a instituição (sede) com suas filiais. O saque é feito contra a instituição e não contra a agência.

Deve ser indicado o nome do sacado para saber a qual instituição foi dada a ordem de pagamento, conforme art. 3º da Lei do Cheque,[69] a qual define, em sentido lato, o que é Banco em seu art. 67.[70]

---

65. Lei nº 7.357/1985 – Lei do Cheque: *"Art. 12. Feita a indicação da quantia em algarismos e por extenso, prevalece esta no caso de divergência. Indicada a quantia mais de uma vez, quer por extenso, quer por algarismos, prevalece, no caso de divergência, a indicação da menor quantia."*
66. *"Art. 6º O cheque não admite aceite considerando-se não escrita qualquer declaração com esse sentido."*
67. *"Art. 10. Considera-se não escrita a estipulação de juros inserida no cheque."*
68. *"Art. 53. Quem paga o cheque pode exigir de seus garantes: I – a importância integral que pagou: (...)."*
69. Lei nº 7.357/1985 – Lei do Cheque: *"Art. 3º. O cheque é emitido contra banco, ou instituição financeira que lhe seja equiparada, sob pena de não valer como cheque."*
70. *"Art. 67. A palavra "banco", para os fins desta Lei, designa também a instituição financeira contra a qual a lei admita a emissão de cheque."*

IV – a indicação do lugar de pagamento;

O lugar de pagamento é a sede da instituição financeira, agência ou posto de atendimento, no qual o legítimo portador poderá apresentar o cheque e obter o pagamento ali ordenado. Esse requisito é facultativo já que a lei, em seu art. 2º, I,[71] estabelece que na falta de indicação especial, é considerado lugar de pagamento o designado junto ao nome do sacado; se designados vários lugares, o cheque é pagável no primeiro deles; não existindo qualquer indicação, o cheque é pagável no local de sua emissão.

V – a indicação da data e do lugar de emissão;

A indicação deve ser expressa por dia, mês e ano em que o sacador preencheu o cheque. Como se trata de ordem de pagamento à vista, não caberia, em princípio, a inserção de qualquer outra data no instrumento, embora veremos adiante a prática de cheque com data futura à de emissão (pós-datação). É conveniente ao sacador que preencha apenas o dia e o ano em algarismos e não de forma extensa, como é feito com o mês, coibindo a possibilidade de adulteração.

Já o lugar da emissão é aquele em que se encontra o sacador, no momento em que preenche o cheque. Sua importância é fundamental, porque o prazo para a apresentação do título ao banco sacado varia de acordo com a coincidência, ou não, entre o município do saque e o da agência pagadora. O sacador deve informar o lugar em que se encontra, mas a força do hábito faz com que a maioria lance o município de própria residência, ainda que esteja fora dele. A combinação da data e local de emissão, veremos também, define o prazo de apresentação do mesmo para pagamento. Esse requisito é facultativo, pois o art. 2º, II da Lei do Cheque, prevê sua omissão e a solução quando isso ocorrer.

VI – a assinatura do emitente (sacador), ou de seu mandatário com poderes especiais.

Esse requisito é essencial, pois sem ele não se comprova a emissão pelo sacador de referido título de crédito. Esse título também comporta a figura do mandatário (com poderes especiais para tanto – Parágrafo único do art. 1º da Lei do Cheque),[72] essa condição de mandatário deve ser reconhecida pelo Banco sacado, do contrário, o título será devolvido, transformando-o em principal devedor do mesmo (sanção), conforme art. 14 da Lei do Cheque.[73]

---

71. *"**Art. 2º** O título, a que falte qualquer dos requisitos enumerados no artigo precedente não vale como cheque, salvo nos casos determinados a seguir: I – na falta de indicação especial, é considerado lugar de pagamento o lugar designado junto ao nome do sacado; se designados vários lugares, o cheque é pagável no primeiro deles; não existindo qualquer indicação, o cheque é pagável no lugar de sua emissão; II – não indicado o lugar de emissão, considera-se emitido o cheque no lugar indicado junto ao nome do emitente."*

72. Lei nº 7.357/1985 – Lei do Cheque: *"**Art. 1º** O cheque contêm: (...) **Parágrafo único.** A assinatura do emitente ou a de seu mandatário com poderes especiais será constituída, na forma de legislação específica, por chancela mecânica ou processo equivalente."*

73. *"**Art. 14.** Obriga-se pessoalmente quem assina cheque como mandatário ou representante, sem ter poderes para tal, ou excedendo os que lhe foram conferidos. Pagando o cheque, tem os mesmos direitos daquele em cujo nome assinou."*

MANUAL PRÁTICO DOS TÍTULOS DE CRÉDITO

CHEQUE

EDIPRO

Além desses requisitos acima mencionados, hoje temos mais um trazido pelo art. 69 da Lei nº 9.069/1995,[74] que é essencial, a identificação do tomador (beneficiário – credor) do título em favor de quem é passada a ordem de pagamento nos cheques cujos valores são superiores a R$ 100,00 (cem reais). Assim serão liquidados títulos ao portador apenas iguais ou inferiores a esse valor.

10.5. PRAZO DE APRESENTAÇÃO

O cheque deve ser apresentado, pelo credor, ao banco sacado, para liquidação, dentro do prazo assinalado no art. 33 da Lei do Cheque. Para os da mesma praça, o prazo é de 30 dias e para os de praças diferentes o prazo é de 60 dias, sempre a contar do saque.[75]

Vale fazermos a distinção do que seria "mesma praça" e "praça diversa". Mesma praça será considerada quando o município ou local de emissão for o mesmo da agência pagadora (Sacado); já praça diversa será quando o local de emissão e o município da agência pagadora (Sacado) forem diversos.

A inobservância desses prazos de apresentação acarreta a perda do direito de executar os endossantes e avalistas se o título é devolvido por insuficiência de fundos (art. 47, II),[76] posição contrária à Súmula 600 do STF.[77] Não alcançando a figura do endossatário, o qual perderá o direito de execução contra o emitente numa hipótese particular (art. 47, § 3º).

Contra o avalista do emitente, a falta de apresentação do título ao sacado no prazo prescrito em lei não gera nenhuma consequência, conforme art. 47, II, da Lei do Cheque.

Para fins de liquidação o cheque poderá ser apresentado ao Banco sacado mesmo após decorrido o prazo de apresentação, limitando-se, contudo, ao prazo de 6 meses do término do prazo de apresentação (art. 35 c/c 59 da Lei do Cheque).[78]

---

74. Lei nº 9.069/1995: *"Art. 69. A partir de 1º de julho de 1994, fica vedada a emissão, pagamento e compensação de cheque de valor superior a R$ 100,00 (cem reais), sem identificação do beneficiário."*

75. Lei nº 7.357/1985 – Lei do Cheque: *"Art. 33. O cheque deve ser apresentado para pagamento, a contar do dia da emissão, no prazo de 30 (trinta) dias, quando emitido no lugar onde houver de ser pago; e de 60 (sessenta) dias, quando emitido em outro lugar do País ou no exterior."*

76. *"Art. 47. Pode o portador promover a execução do cheque: (...) II – contra os endossantes e seus avalistas, se o cheque apresentado em tempo hábil e a recusa de pagamento é comprovada pelo protesto ou por declaração do sacado, escrita e datada sobre o cheque, com indicação do dia de apresentação, ou, ainda, por declaração escrita e datada por câmara de compensação. (...) § 3º. O portador que não apresentar o cheque em tempo hábil, ou não comprovar a recusa de pagamento pela forma indicada neste artigo, perde o direito de execução contra o emitente, se este tinha fundos disponíveis durante o prazo de apresentação e os deixou de ter, em razão de fato que não lhe seja imputável. (...),"*

77. Súmula do Supremo Tribunal Federal: *"600. Cabe ação executiva contra o emitente e seus avalistas, ainda que não apresentado o cheque ao sacado no prazo legal, desde que não prescrita a ação cambiária."*

78. Lei nº 7.357/1985 – Lei do Cheque: *"Art. 35. O emitente do cheque pagável no Brasil pode revogá-lo, mercê de contraordem dada por aviso epistolar, ou por via judicial ou extrajudicial, com as razões motivadoras do ato." – "Art. 59. Prescrevem em 6 (seis) meses, contados da expiração do prazo de apresentação, a ação que o art. 47 desta Lei assegura ao portador."*

A pergunta que se faz diante do versado acima é: após decorrido o prazo de apresentação do cheque ao sacado (30 ou 60 dias), o mesmo não sendo compensado, o credor perde o direito de execução? Diante disso, o crédito não pode ser mais cobrado? Poderá ser cobrado através da ação de execução respeitando o prazo de 6 meses (acima). A não observação desse requisito não faz com que o credor perca o seu direito de executar o título e ver satisfeito seu crédito, só não poderá alegar que o devedor agiu de má-fé, já que o credor (possuidor) é quem não cumpriu o prazo correto de apresentação a pagamento, pois se assim o tivesse feito, poderia ter seu débito satisfeito normalmente. Fazemos necessária tal explicação, pois no ínterim do prazo podem ocorrer muitas circunstâncias alheias à vontade do devedor que o leve a não compensação do cheque na data apresentada para pagamento.

10.6. CIRCULAÇÃO DO CHEQUE

No cheque está implícita a cláusula "à ordem", possibilitando a circulação na esfera cambiária através do instituto do endosso. O endossante se transforma em co-devedor do título e está sujeito a execução.

O endosso do cheque comporta a cláusula "sem garantia", o que exclui a responsabilidade cambial do endossante. Encontramos também a figura do endosso-mandato, onde o endossatário é investido como mandatário do endossante, mas não se torna titular do crédito (art. 26 da Lei do Cheque)[79]. Exemplo:

Banco	Agência	Número da conta	Número do Cheque	R$
000	0000	00000-0	XX-0000000	# 1.000,00 #

Pague por este
cheque a quantia de Hum mil reais ==

== e centavos acima

a PEDRO PAULO DA SILVA _____ ou a sua ordem

_____ JAÚ/SP ___ 20 __ de ____ FEVEREIRO ____ de __2007__

BANCO FANTASIA _____ *JOSÉ DA SILVA*

Endereço da Agência

JOSÉ DA SILVA
CPF 111.111.111-11
Cliente Bancário Desde 01/2007

=00000000= 0000000000= 000000000000=

---

79. Lei nº 7.357/1985 – Lei do Cheque: **"Art. 26.** *Quando o endosso contiver a cláusula "valor em cobrança", "para cobrança", "por procuração", ou qualquer outra que implique apenas mandato, o portador pode exercer todos os direitos resultantes do cheque, mas só pode lançar no cheque endosso-mandato. (...)."*

MANUAL PRÁTICO DOS TÍTULOS DE CRÉDITO

CHEQUE

EDIPRO

Pague-se a André, sem garantia,

Pedro Paulo da Silva
RG nº 28.282.828-2
CPF nº 828.282.828-28

Pague-se a André, por procuração,

Pedro Paulo da Silva
RG nº 28.282.828-2
CPF nº 828.282.828-28

O emitente também poderá inserir a cláusula "não à ordem", retirando este título da esfera cambiarieforme, atribuindo ao mesmo a circulação através de cessão civil de crédito. Vale ressaltar as duas diferenças entre endosso e cessão civil de crédito: *1ª)* o transmitente responde pela solvência do devedor quando endossante (art. 21 da Lei do Cheque),[80] mas não responde se é cedente; *2ª)* o recebedor está imune das exceções pessoais se endossatário (art. 25 da Lei do Cheque),[81] mas não está quando cessionário do crédito.

Cabe-nos fazer uma distinção entre cheque "não à ordem" e "não transmissível". O primeiro é proibido de circular na esfera cambiária através do endosso, mas poderá circular e ser transferido através da cessão civil de crédito. Já o segundo, contemplado pelo art. 7º, do Anexo II, da Lei Uniforme de Genebra – Decreto nº 57.595/1966,[82] obsta a circulação do crédito de qualquer maneira (cambiária ou civil), sendo, no mo-

---

80. Lei nº 7.357/1985 – Lei do Cheque: *"Art. 21. Salvo estipulação em contrário, o endossante garante o pagamento."*

81. *"Art. 25. Quem for demandado por obrigação resultante de cheque não pode opor ao portador exceções fundadas em relações pessoais com o emitente, ou com os portadores anteriores, salvo se o portador o adquiriu conscientemente em detrimento do devedor."*

82. Decreto nº 57.595/66 – Lei Uniforme – Anexo I: *"Art. 7º. Se a letra contém assinaturas de pessoas incapazes de se obrigarem por letras, assinaturas falsas, assinaturas de pessoas fictícias, ou assinaturas que por qualquer outra razão não poderiam obrigar as pessoas que assinaram a letra, ou em nome das quais ela foi assinada, as obrigações dos outros signatários nem por isso deixam de ser válidas."*

mento do saque, definida a pessoa beneficiária do crédito. Entretanto essa possibilidade não foi admitida pelo Direito brasileiro, já que o Legislador não contemplou a hipótese em 1985, ao esmiuçar o título de crédito em questão.

10.7. MODALIDADES OU TIPOS

No Direito brasileiro contemplamos as seguintes modalidades ou tipos de cheques: *a)* ao portador; *b)* nominativo à ordem; *c)* nominativo não à ordem; *d)* por conta de terceiro; *e)* visado; *f)* administrativo; *g)* cruzado; *h)* para ser creditado em conta; *i)* cheque pós-datado.

10.7.1. Cheque ao Portador

Previsto pelo art. 8º, III e parágrafo único da Lei do Cheque,[83] o que implica na circulação pela mera tradição (entrega) do título, como estatuído pelo art. 907 do Código Civil.[84] Exemplo:

Não há a identificação do beneficiário do título.

10.7.2. Cheque Nominativo à Ordem

Essa modalidade está prevista no inciso I, do art. 8º da Lei do Cheque, o qual autoriza o sacador identificar o beneficiário, submetendo assim ao regime jurídico dos títulos à ordem do art. 910 do Código Civil.[85] Exemplo:

---

83. Lei nº 7.357/1985 – Lei do Cheque: *"Art. 8º Pode-se estipular no cheque que seu pagamento seja feito: I – a pessoa nomeada, com ou sem cláusula expressa "à ordem"; II – a pessoa nomeada, com a cláusula "não à ordem", ou outra equivalente; III – ao portador."*
84. Código Civil: *"Art. 907. É nulo o título ao portador emitido sem autorização de lei especial."*
85. *"Art. 910. O endosso deve ser lançado pelo endossante no verso ou anverso do próprio título."*

MANUAL PRÁTICO DOS TÍTULOS DE CRÉDITO

CHEQUE — EDIPRO

Banco	Agência	Número da conta	Número do Cheque	R$
000	0000	00000-0	XX-0000000	# 1.000,00 #

Pague por este
cheque a quantia de Hum mil reais ==

=== e centavos acima

a PEDRO PAULO DA SILVA ———————————— ou a sua ordem

JAÚ/SP 20 de FEVEREIRO de 2007

BANCO FANTASIA — *JOSÉ DA SILVA*

JOSÉ DA SILVA
Endereço da Agência — CPF 111.111.111-11
Cliente Bancário Desde 01/2007

=00000000= 0000000000= 000000000000=

Há a identificação do beneficiário do título.

10.7.3. Cheque Nominativo Não à Ordem

É o título que identifica o beneficiário do título, porém é seguido da expressão "não à ordem", retirando o cheque do regime de transferência cambial (endosso) e possibilitando apenas a transferência do mesmo pelo instituto da cessão civil de crédito. Exemplo:

Banco	Agência	Número da conta	Número do Cheque	R$
000	0000	00000-0	XX-0000000	# 1.000,00 #

Pague por este
cheque a quantia de Hum mil reais ==

=== e centavos acima

a PEDRO PAULO DA SILVA (não à ordem) ———————————— ou a sua ordem

JAÚ/SP 20 de FEVEREIRO de 2007

BANCO FANTASIA — *JOSÉ DA SILVA*

JOSÉ DA SILVA
Endereço da Agência — CPF 111.111.111-11
Cliente Bancário Desde 01/2007

=00000000= 0000000000= 000000000000=

Há a identificação do beneficiário do título, seguidamente da
cláusula obstativa da circulação pela esfera cambiária.

10.7.4. Cheque por conta de Terceiro

Previsto no art. 9º, II da Lei do Cheque,[86] aceita a possibilidade do sacador emitir a ordem de pagamento por conta de um terceiro, determinando que o pagamento seja feito utilizando-se os fundos disponíveis na conta de um terceiro, por exemplo: "pague por este cheque, por conta de João da Silva, a quantia de tantos reais". Exemplo:

---

86. Lei nº 7.357/1985 – Lei do Cheque: *"Art. 9º. O cheque pode ser emitido: (...) II – por conta de terceiro; (...)."*

| Banco | Agência | Número da conta | Número do Cheque | R$ |
| 000 | 0000 | 00000-0 | XX-0000000 | # 1.000,00 # |

Pague por este cheque a quantia de Hum mil reais (Por conta de João da Silva)================================
=== e centavos acima

a PEDRO PAULO DA SILVA _____ ou a sua ordem

_____ JAÚ/SP 20 de _____ FEVEREIRO _____ de 2007

BANCO FANTASIA _____ *JOSÉ DA SILVA* _____
Endereço da Agência
JOSÉ DA SILVA
CPF 111.111.111-11
Cliente Bancário Desde 01/2007

=00000000= 0000000000= 000000000000=

Há inserção da cláusula "por conta de terceiro" no corpo do texto, para que a liquidação do título se dê através deste.

10.7.5. Cheque Visado

É aquele que o banco sacado, a pedido do emitente ou do portador legítimo, lança e assina, no verso, declaração confirmando a existência de fundos suficientes para a liquidação do título (art. 7º da Lei do Cheque).[87] Somente o cheque que ainda não foi endossado pode receber o visamento.

O banco sacado ao visar o cheque já efetua o lançamento de saída de tal valor da conta do emitente, devendo ser estornado depois de transcorrido o prazo de apresentação ou pela inutilização do mesmo, apresentado ao banco sacado.

Caso o credor não obedeça ao prazo de apresentação do cheque e o mesmo seja devolvido por insuficiência de fundos, o tomador não poderá responsabilizar o banco-sacado, hipótese que somente ocorrerá caso o sacado não reserve a importância que a lei determina, mas não será responsabilizado pelo direito cambiário e sim pelas normas da responsabilidade civil por ato culposo. Exemplo:

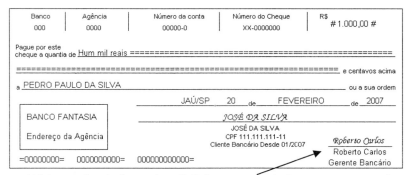

Há inserção da "autorização" do gerente do banco no corpo do título, para que haja a caracterização do mesmo.

---

87. Lei nº 7.357/1985 – Lei do Cheque: *"Art. 7º Pode o sacado, a pedido do emitente ou do portador legitimado, lançar e assinar, no verso do cheque não ao portador e ainda não endossado, visto, certificação ou outra declaração equivalente, datada e por quantia igual à indicada no título."*

10.7.6. Cheque Administrativo

É tipo de cheque disciplinado pelo art. 9º, III da Lei do Cheque, o qual é emitido pelo banco sacado, para liquidação por uma de suas agências. Nele, emitente e sacado são a mesma pessoa, ocupando simultaneamente duas situações jurídicas distintas. O pressuposto desta modalidade é a nominatividade já que não pode ser emitido ao portador, hipótese em que simplesmente se faria substituir o papel moeda.

O banco sempre estará na posição de terceiro em relação aos negócios realizados, cabendo a ele apenas a verificação dos elementos presentes na cártula, como o endosso. Essa modalidade também comporta aval, nas suas duas espécies, podendo ser dado por qualquer pessoa, inclusive a que contratou com o banco sua emissão a favor de terceiro. Exemplo:

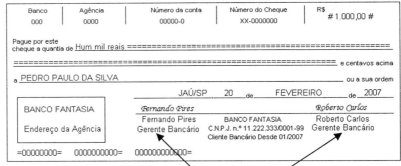

Há necessidade de dois gerentes do banco assinarem o cheque administrativo, já que representam a agência perante terceiros.

10.7.7. Cheque Cruzado

Essa modalidade está prevista no art. 44 da Lei do Cheque,[88] o qual efetuando o cruzamento do cheque, faz surgir uma situação específica para que seja acatada a ordem de pagar a quantia certa, ou seja, o cheque apresentado nessas condições só poderá ser pago pelo sacado a um banco ou a um cliente do sacado, mediante crédito em conta, não podendo o portador apresentá-lo ao caixa do banco para pagamento.

O cruzamento consiste na aposição de dois traços transversais e paralelos no anverso (frente) do título.

O cruzamento do cheque se dá sob duas modalidades:

---

88. Lei nº 7.357/1985 – Lei do Cheque: *"Art. 44. O emitente ou o portador podem cruzar o cheque, mediante a aposição de dois traços paralelos no anverso do título. § 1º. O cruzamento é geral se entre os dois traços não houver nenhuma indicação ou existir apenas a indicação "banco", ou outra equivalente. O cruzamento é especial se entre os dois traços existir a indicação do nome do banco. § 2º. O cruzamento geral pode ser convertido em especial, mas este não pode converter-se naquele."*

1ª) forma geral (em branco) se dá com simples aposição dos dois traços transversais e paralelos na frente do título. Exemplo:

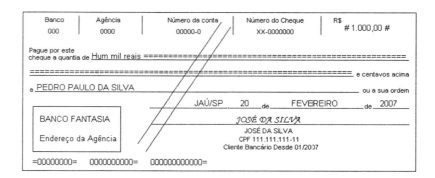

2ª) forma especial (em preto) se dá com a aposição dos dois traços transversais e paralelos na frente do título, porém, entre os traços é identificado o banco que se fará o depósito do mesmo, ou seja, vinculando o banco de depósito. Exemplo:

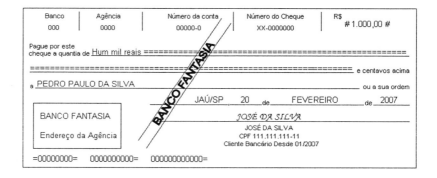

10.7.8. Cheque para ser Creditado em Conta

Está previsto no art. 46 da Lei do Cheque,[89] no qual o emitente ou portador proíbem que o cheque seja pago em dinheiro, exigindo que o mesmo seja, obrigatoriamente, depositado em conta. Essa cláusula é afixada na frente do título e a prática é inseri-la no cruzamento, com expressa menção da conta de depósito, perfazendo,

---

89. Lei nº 7.357/1985 – Lei do Cheque: *"Art. 46. O emitente ou o portador podem proibir que o cheque seja pago em dinheiro mediante a inscrição transversal, no anverso do título, da cláusula "para ser creditado em conta", ou outra equivalente. Nesse caso, o sacado só pode proceder a lançamento contábil (crédito em conta, transferência ou compensação), que vale como pagamento. O depósito do cheque em conta de seu beneficiário dispensa o respectivo endosso. § 1º. A inutilização da cláusula é considerada como não existente. § 2º. Responde pelo dano, até a concorrência do montante do cheque, o sacado que não observar as disposições precedentes."*

nessa modalidade, um revestimento maior de segurança não prestando para nenhuma outra finalidade a não ser crédito naquela conta especificada. Exemplo:

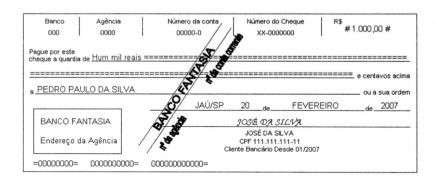

10.8. CHEQUE PÓS-DATADO

O cheque, por lei, é considerado uma ordem de pagamento à vista, já que em seu art. 32[90] considera não escrita qualquer menção em contrário. Foi neste final que surgiu o cheque pós-datado, já que se deu brecha para que colocando uma menção (data futura), o título seria perfeitamente legal.

Este título de crédito tem-se revelado um importante instrumento de concessão de crédito ao consumidor, quando parcela suas compras, pela comodidade para ambas as partes, onde se verifica a entrega pelo consumidor de tantos cheques quantas forem as parcelas, emitidos com data futura.

Embora a pós-datação não produza efeitos perante o banco sacado, na hipótese de apresentação para liquidação, ela representa um acordo entre tomador e emitente, sendo que a apresentação precipitada do cheque significa o descumprimento do acordo.

Na esfera cambiária, o único efeito que produz é a ampliação do prazo de apresentação, que passa a ser contado da data constante da cártula, ainda que futura. Assim, temos a decisão da Quarta Turma do Superior Tribunal de Justiça, examinando o Recurso Especial 16.855/SP,[91] sob a relatoria do Ministro Sálvio de Figueiredo Teixeira: "o cheque pós-datado emitido em garantia de dívida não se desnatura como título cambiariforme, tampouco como título executivo extrajudicial". Exemplo:

---

90. Lei nº 7.357/1985 – Lei do Cheque: *"Art. 32. O cheque é pagável à vista. Considera-se não escrita qualquer menção em contrário."*
91. MAMEDE, Gladston. *Direito Empresarial Brasileiro.* v. 3, p. 277.

Banco	Agência	Número da conta	Número do Cheque	R$
000	0000	00000-0	XX-0000000	# 1.000,00 #

Pague por este
cheque a quantia de Hum mil reais ==

== e centavos acima

a _____ ou a sua ordem

JAÚ/SP   20 de   FEVEREIRO   de 2007

BANCO FANTASIA   *JOSÉ DA SILVA*

JOSÉ DA SILVA
Endereço da Agência   CPF 111.111.111-11
Cliente Bancário Desde 01/2007

Bom p/ 15/03/2007

=00000000= 0000000000= 000000000000=

*A forma mais tradicional de se encontrar a pós-datação
é a inserção de data futura no canto inferior direito da cártula.*

Portanto, as anotações feitas são totalmente válidas no campo cível e criminal. No tocante à obrigação na esfera civil, a contratação feita entre as partes (emitente e beneficiário) para apresentação posterior à data de emissão do cheque, tem validade jurídica, devendo ser, o apresentante, civilmente responsabilizado se apresentou o cheque antes do prazo acordado, respondendo o mesmo por danos materiais e morais que causar (inclusão do nome do sacador na SERASA e SPC).

O cheque pós-datado apresentado anteriormente à data pactuada e devolvido em razão de insuficiência de fundos, numa eventual execução judicial, gera ao devedor o direito de exigir que lhe seja reduzida a quantia dos prejuízos sofridos do valor da cobrança, para compensação.

Esta condenação do devedor que desrespeita o acordo pactuado poderá ser agravada, se o portador-credor tiver realizado o protesto do cheque pós-datado apresentado precipitadamente e, a razão da devolução for a insuficiência de fundos.

Sendo assim, o credor que desrespeita o acordo firmado no momento da emissão do título de crédito, pode ocasionar danos irreparáveis ao devedor-emitente, pois este pode deixar de cumprir alguma outra obrigação em decorrência deste ato, indevidamente praticado.

10.9. HIPÓTESES DE SUSTAÇÃO DO CHEQUE

A ordem para pagamento do cheque pode ser sustada pelo correntista em duas hipóteses: *a)* revogação ou contraordem; e, *b)* oposição. Tem-se como pressuposto que o cheque ainda não tenha sido liquidado, já que aquele que o foi, não poderá ser objeto de revogação ou oposição.

a) **Revogação ou contraordem** – É o ato limitativo do pagamento do cheque ao prazo de apresentação, pois só produzirá efeitos após a expiração do prazo de apresentação. Ou seja, essa hipótese se encaixa naquele cheque emitido há vários meses e ainda não compensado, possibilitando ao sacador revogar a ordem dada

MANUAL PRÁTICO DOS TÍTULOS DE CRÉDITO **87**

CHEQUE *EDIPRO*

anteriormente para pagamento do título. Procedimento este previsto no art. 35 da Lei do Cheque.[92]

b) **Oposição** – É a sustação do cheque, da maneira convencional, pura e simples. Esta produz efeitos desde a data que foi solicitada, devendo ser feita com base em relevante razão de direito, conforme art. 36 da Lei do Cheque.

Em nenhuma das hipóteses cabe, à instituição bancária, averiguar a procedência do alegado pelo emitente (§ 2º, do art. 36 da Lei do Cheque)[93] – devendo, ambas, serem feitas por escrito –, isso caberá ao juiz, numa eventual demanda do prejudicado contra o emitente provando o abuso de direito. A sanção para este tipo de conduta sem fundamentos relevantes de direito possui os mesmos efeitos criminais da emissão de cheque sem provisão de fundos (estelionato – art. 171, § 2º, VI do Código Penal).

O Direito contempla a hipótese do cancelamento do cheque. É um ato que o próprio sacador realiza quando há perda do talonário, não preenchido, e não assinado. Não preenchidas as hipóteses de emissão, completa ou incompleta (caso haja a assinatura), vistas anteriormente, não se deve mencionar em saque, já que a valia que o formulário de cheque possui na sociedade, leva muitas pessoas a receberem tais títulos de crédito tão-somente por se encontrarem materializados de acordo com as normas emanadas do BACEN, permitindo que falsários emitam títulos sem valia alguma e que os mesmos entrem em circulação e criem inúmeros problemas, até mesmo para o próprio correntista, mesmo que não tenha efetuado o saque.

10.10. CHEQUE SEM FUNDOS

O banco-sacado verificando a insuficiência de fundos em conta de depósitos, deverá restituir o título a quem o apresentou para pagamento, com a descrição (carimbo) correspondente. O banco deve respeitar a ordem de apresentação, devendo prevalecer a data de emissão mais antiga, caso sejam coincidentes, prevalece o número inferior do cheque, conforme art. 40 da Lei do Cheque.[94]

---

92. Lei nº 7.357/1985 – Lei do Cheque: *"Art. 35. O emitente do cheque pagável no Brasil pode revogá-lo, mercê de contraordem dada por aviso epistolar, ou por via judicial ou extrajudicial, com as razões motivadoras do ato. Parágrafo único. A revogação ou contraordem só produz efeito depois de expirado o prazo de apresentação e, não sendo promovida, pode o sacado pagar o cheque até que decorra o prazo de prescrição, nos termos do art. 59 desta Lei."*

93. *"Art. 36. Mesmo durante o prazo de apresentação, o emitente e o portador legitimado podem fazer sustar o pagamento, manifestando ao sacado, por escrito, oposição fundada em relevante razão de direito. § 1º. A oposição do emitente e a revogação ou contraordem se excluem reciprocamente. § 2º. Não cabe ao sacado julgar da relevância da razão invocada pelo oponente."*

94. Lei nº 7.357/1985 – Lei do Cheque: *"Art. 40. O pagamento se fará à medida em que forem apresentados os cheques e se 2 (dois) ou mais forem apresentados simultaneamente, sem que os fundos disponíveis bastem para o pagamento de todos, terão preferência os de emissão mais antiga e, se da mesma data, os de número inferior."*

Por determinação do BACEN, cada documento (cheque) comportará duas apresentações, que são facultativas, podendo o credor promover a possível cobrança judicial de plano, sem a necessidade da reapresentação.

A Lei do Cheque, em seu art. 47, II, faculta o protesto do cheque, mas caso queira se praticar tal ato, o mesmo deve respeitar o prazo de apresentação – 30 dias mesma praça e 60 dias praça diversa[95] – mas, a inobservância desses prazos é irrelevante, já que a lei confere os mesmos efeitos com a declaração do sacado atestando a insuficiência de fundos.

Cabe ressaltar que a declaração de insuficiência de fundos não supre o protesto para outros fins, estranhos à esfera cambiária. Este procedimento servirá exclusivamente para conservar o direito do credor de executar os co-devedores e seus avalistas. Agora, para fins de habilitação de crédito em processo falimentar, alicerçada na impontualidade obrigacional do empresário, demonstrada por cheque sem fundos, é imprescindível o protesto do título, não bastando a declaração do sacado ou câmara de compensação.

10.10.1. Cheque sem Fundos e Crime de Estelionato

Nos dias atuais, nós brasileiros reservamos às condutas fraudulentas uma pena por tal ato, sendo disciplinada em nosso Código Penal, o qual, achamos o enquadramento da conduta típica e antijurídica do crime de estelionato com a emissão de cheques sem a suficiência de fundos (CP, art. 171, § 2º, VI).[96] Ocorre que este crime apenas se apresenta na modalidade dolosa, portanto, a pessoa que negligencia no controle do saldo de sua conta de depósito não se enquadra nesta modalidade criminosa, podendo, até o recebimento da denúncia, pagar o título de crédito, obstruindo, por conseguinte, a ação penal, conforme Súmula 554 do STF: *"O pagamento de cheque emitido sem provisão de fundos, após o recebimento da denúncia, não obsta ao prosseguimento da ação penal"*. Podemos concluir que não agindo com fraude na época da emissão do título de crédito, que será devolvido por insuficiência de fundos, o emitente não cometeu a conduta fraudulenta do estelionato, tão pouco outra conduta típica e antijurídica. Esse raciocínio é levado muito em consideração na hipótese de emissão de cheque sem fundos *pós-datado*, já que se presume não haver, o emitente, praticado nenhuma modalidade criminosa, por não se fazer constar o induzimento do credor ao erro de aceitar o título. Neste diapasão, encontramos amparo na Súmula 246 do STF que pacificou entendimento dizendo: *"Comprovado não ter havido fraude, não se configura o crime de emissão de cheques sem fundos"*. Afirma-se tal posição diante da averiguação fática, já que o che-

---

95. *"**Art. 47**. Pode o portador promover a execução do cheque: (...) II – contra os endossantes e seus avalistas, se o cheque apresentado em tempo hábil e a recusa de pagamento é comprovada pelo protesto ou por declaração do sacado, escrita e datada sobre o cheque, com indicação do dia de apresentação, ou, ainda, por declaração escrita e datada por câmara de compensação. (...)."*

96. Código Penal: *"**Art. 171**. Obter, para se ou para outrem, vantagem ilícita, em prejuízo alheio, induzindo ou mantendo alguém em erro, mediante artifício, ardil, ou qualquer outro meio fraudulento: **Pena**: reclusão, de 1 (um) a 5 (cinco) anos, e multa. (...) § 2º. Nas mesmas penas incorre quem: (...) VI – emite cheque, sem suficiente provisão de fundos em poder do sacado, ou lhe frustra o pagamento (...)."*

que emitido *a posteriori*, no momento de sua emissão, não há como comprovar a atitude fraudulenta, já que neste espaço de tempo, entre a data de emissão e a pós-data, pode acontecer algum fato relevante para que na data pré-estabelecida o título não possa ser compensado por insuficiência de fundos.

O devedor pode se dirigir ao banco e sustar o pagamento do referido título, simplesmente para que seu nome não seja inserido no cadastro de restrição ao crédito. Na hipótese de sustação podemos detectar uma hipótese de conduta fraudulenta por parte do devedor, o cheque que é apresentado pela 1ª vez e retorna com a alínea de insuficiência de fundos ("11") e na 2ª retorna com a alínea de sustação ("21"), neste caso o devedor agiu de má-fé, pois vendo que ficará negativado, vai à instituição financeira e maliciosamente susta o pagamento do título. Esta conduta é extremamente usada e deve ser condenada pelos operadores do direito, já que a primeira apresentação não tem força para negativar o correntista, força esta atribuída apenas à segunda apresentação. Exemplo:

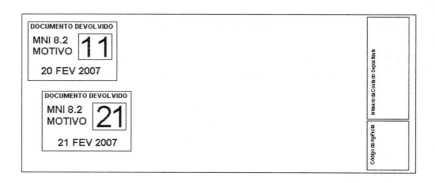

10.11. AÇÕES CAMBIAIS E PRESCRIÇÃO

Sujeito ativo: o portador do cheque (art. 47 da Lei do Cheque).

Sujeito Passivo: emitente e seu(s) avalista(s) (art. 47, I), endossantes e seu(s) avalista(s) (art. 47, II).[97]

A primeira modalidade de ação cambial é aquela em que o devedor (tanto o emitente, quanto os endossantes) não pode suscitar, em matéria de defesa, situações jurídicas estranhas à sua relação com o portador/credor, já que se opera o princípio da inoponibilidade das exceções pessoais a terceiros de boa-fé. As ações cambiais previstas na norma regulamentadora do cheque são duas: a execução, que prescreve em 6 meses seguintes ao término do prazo de apresentação (art. 47 c/c 59 da

---

97. Lei nº 7.357/1985 – Lei do Cheque: *"Art. 47. Pode o portador promover a execução do cheque: I – contra o emitente e seu avalista; II – contra os endossantes e seus avalistas, se o cheque apresentado em tempo hábil e a recusa de pagamento é comprovada pelo protesto ou por declaração do sacado, escrita e datada sobre o cheque, com indicação do dia de apresentação, ou, ainda, por declaração escrita e datada por câmara de compensação."*

Lei do Cheque[98] e a ação de enriquecimento indevido, que tem natureza cognitiva (conhecimento) e pode ser proposta nos 2 (dois) anos seguintes à prescrição da execução (art. 61 da Lei do Cheque[99] – suprida pela ação de cobrança, nos juizados especiais cíveis e pela ação monitória nos juízos ordinários. O emitente ainda terá que pagar os encargos suportados pela outra parte como custas processuais, taxas pagas pelo cheque devolvido, eventual protesto, além de ter seu valor corrigido monetariamente e acrescido de juros, de acordo com o disposto no art. 52 da Lei do Cheque.[100]

10.11.1. Prazo Prescricional

a) Ação de Execução – O prazo máximo para ajuizamento da execução é de 6 (seis) meses, contados da expiração do prazo de apresentação e não da data de emissão; após, o título estará prescrito. É importantíssimo ressaltar que não se trata de prazo de 7 (sete) meses (mesma praça) ou de 8 (oito) meses (praça diversa). Os prazos contados em dias se contam em dias (art. 36 da Lei Uniforme de Genebra – Decreto nº 57.663/1966).[101] Não é correta a afirmação de que cheque de mesma praça está prescrito em 7 (sete) meses e o de praça diversa em 8 (oito) meses. A lei é clara ao impor a contagem dos 30 (trinta) e 60 (sessenta) dias para saber qual é o final do prazo de apresentação, dia por dia, e somente após expirado tal prazo é que há a soma dos 6 (seis) meses. Exemplo:

98. "*Art. 59. Prescrevem em 6 (seis) meses, contados da expiração do prazo de apresentação, a ação que o art. 47 desta Lei assegura ao portador. Parágrafo único. A ação de regresso de um obrigado ao pagamento do cheque contra outro prescreve em 6 (seis) meses, contados do dia em que o obrigado pagou o cheque ou do dia em que foi demandado.*"
99. "*Art. 61. A ação de enriquecimento contra o emitente ou outros obrigados, que se locupletaram injustamente com o não-pagamento do cheque, prescreve em 2 (dois) anos, contados do dia em que se consumar a prescrição prevista no art. 59 e seu parágrafo desta Lei.*"
100. Lei nº 7.357/1985 – Lei do Cheque: "*Art. 52. O portador pode exigir do demandado: I – a importância do cheque não pago; II – os juros legais desde o dia da apresentação; III – as despesas que fez; IV – a compensação pela perda do valor aquisitivo da moeda, até o embolso das importâncias mencionadas nos itens antecedentes.*"
101. Decreto nº 57.663/1966 – Lei Uniforme – Anexo I: "*Art. 36. O vencimento de uma letra sacada a um ou mais meses de data ou de vista será na data correspondente do mês em que o pagamento se deve efetuar. Na falta de data correspondente o vencimento será no último dia desse mês. Quando a letra é sacada a um ou mais meses e meio de data ou de vista, contam-se primeiro os meses inteiros. Se o vencimento for fixado para o princípio, meado ou fim do mês, entende-se que a letra será vencível no primeiro, no dia quinze, ou no último dia desse mês. As expressões "oito dias" ou "quinze dias" entendem-se não como uma ou duas semanas, mas como um prazo de oito ou quinze dias efetivos. A expressão "meio mês" indica um prazo de quinze dias.*"

MANUAL PRÁTICO DOS TÍTULOS DE CRÉDITO 91

CHEQUE EDIPRO

Caso o mesmo seja apresentado antes do prazo, quando começará a correr o prazo prescricional, a partir da apresentação ou do final do prazo que poderia ser apresentado? A meu ver a posição mais sensata é de que a partir do momento que o cheque foi apresentado à câmara de compensação, o portador exerceu seu direito, e desta data inicia-se o prazo prescricional. Ou seja, se o cheque foi apresentado dia 20 e o prazo expirava-se no dia 30, os seis meses deverão ser contados da primeira data. Porém este entendimento não é o mesmo do Superior Tribunal de Justiça, pois o entendimento desta corte é estritamente legalista, mesmo que seja apresentado anteriormente à data final de expiração do prazo, os seis meses se iniciam desta. No exemplo acima o credor, mesmo apresentando o cheque antes do dia 30, deverá iniciar a contagem dos 6 (seis) meses, a partir desta data.

b) Ação de Locupletamento – Após transcorrido o prazo para propositura da ação de execução, o portador/credor do cheque poderá, no prazo de 2 anos a contar da prescrição do título, promover a ação de cognição (conhecimento) contra o emitente, endossantes e avalistas. O credor do título pede, através deste procedimento monitório, a condenação de qualquer dos co-obrigados ao pagamento do valor do cheque, sob o fundamento do locupletamento indevido por parte do emitente/sacador, ou seja, enriqueceu-se sem causa lícita, em prejuízo do demandante. Nesta hipótese, mantêm-se a inoponibilidade de exceções pessoais aos endossatários pelo emitente, mas se a ação é pleiteada pelo tomador, o emitente poderá em sua contestação arguir tais exceções, em conformidade com o art. 61 da Lei do Cheque.[102] Contudo esta modalidade de ação foi suprimida nos dias de hoje pela ação monitória, prevista nos arts. 1.102-A, 1.102-B e 1.102-C do Código de Processo Civil,[103] o qual abrange este prazo de 2 (dois) anos, previsto na Lei do Cheque, mas poderá ser proposta mesmo após transcorrido este prazo, devendo ater-se apenas ao prazo prescricional de 5 (cinco) anos do Código Civil.[104]

---

102. Lei nº 7.357/1985 – Lei do Cheque: *"Art. 61. A ação de enriquecimento contra o emitente ou outros obrigados, que se locupletaram injustamente com o não-pagamento do cheque, prescreve em 2 (dois) anos, contados do dia em que se consumar a prescrição prevista no art. 59 e seu parágrafo desta Lei."*

103. Código de Processo Civil: *"Art. 1.102-A. A ação monitória compete a quem pretender, com base em prova escrita sem eficácia de título executivo, pagamento de soma em dinheiro, entrega de coisa fungível ou de determinado bem móvel.*

Art. 1.102-B. Estando a petição inicial devidamente instruída, o Juiz deferirá de plano a expedição do mandado de pagamento ou de entrega da coisa no prazo de quinze dias.

Art. 1.102-C. No prazo previsto no art. 1.102-B, poderá o réu oferecer embargos, que suspenderão a eficácia do mandado inicial. Se os embargos não forem opostos, constituir-se-á, de pleno direito, o título executivo judicial, convertendo-se o mandado inicial em mandado executivo e prosseguindo-se na forma prevista no Livro I, Título VIII, Capítulo X, desta Lei. § 1º. Cumprindo o réu o mandado, ficará isento de custas e honorários advocatícios. § 2º. Os embargos independem de prévia segurança do juízo e serão processados nos próprios autos, pelo procedimento ordinário. § 3º. Rejeitados os embargos, constituir-se-á, de pleno direito, o título executivo judicial, intimando-se o devedor e prosseguindo-se na forma prevista no Livro I, Título VIII, Capítulo X, desta Lei."

104. Código Civil: *"Art. 206. Prescreve: (...) § 5º. Em cinco anos: I – a pretensão de cobrança de dívidas líquidas constantes de instrumento público ou particular; (...)."*

c) Ação de Cobrança – Essa forma é a derradeira, consagraca no art. 62 da Lei do Cheque,[105] também chamada de ação causal, tendo a finalidade de discussão das obrigações decorrentes da relação originária. A admissão desta modalidade de ação está condicionada à existência do negócio jurídico subjacente ao título emitido, o qual justifica a relação entre os litigantes, que é o objeto da lide, exemplo: mútuo bancário. Porém, entende-se que o prazo da ação de cobrança é de 5 (cinco) anos, pois a mesma se enquadraria no art. 206, § 5º, I, do Código Civil,[106] por se tratar de dívida líquida constante de documentos particulares. Após esse prazo, perderia o direito de ação. Este tipo de ação poderá ser suprimida pela própria ação monitória, anteriormente vista, mas apenas na esfera ordinária, pois a mesma não é admitida nos juizados especiais cíveis. A modalidade aceita nos juizados especiais é a ação de cobrança prevista nos arts. 3º c/c 14 da Lei nº 9.099/1995.[107] Esta ação está subordinada às regras previstas nesta legislação especial, no que toca aos tipos de ações e valores pleiteados.

10.12. ALÍNEAS DE DEVOLUÇÃO DE CHEQUES

Para encerrarmos este capítulo, achamos de extrema valia trazer aos leitores desta obra as nomenclaturas das alíneas empregadas pelas instituições financeiras no verso dos cheques, quando há sua devolução. Este procedimento está disciplinado pelo anexo da Resolução BACEN nº 1.631/1989, pelos seguintes motivos, conforme quadro a seguir:

---

105. Lei nº 7.357/1985 – Lei do Cheque: *"Art. 62. Salvo prova de novação, a emissão cu a transferência do cheque não exclui a ação fundada na relação causal, feita a prova do não-pagamento."*

106. Código Civil: *"Art. 206. Prescreve: (...) § 5º. Em cinco anos: I – a pretensão de cobrança de dívidas líquidas constantes de instrumento público ou particular; (...)."*

107. Lei nº 9.099/1995: *"Art. 3º O Juizado Especial Cível tem competência para conciliação, processo e julgamento das causas cíveis de menor complexidade, assim consideradas: I – as causas cujo valor não exceda a quarenta vezes o salário mínimo; II – as enumeradas no art. 275, inciso II, do Código de Processo Civil; III – a ação de despejo para uso próprio; IV – as ações pcssessórias sobre bens imóveis de valor não excedente ao fixado no inciso I deste artigo. § 1º. Compete ao Juizado Especial promover a execução: I – dos seus julgados; II – dos títulos executivos extrajudiciais, no valor de até quarenta vezes o salário mínimo, observado o disposto no § 1º do art. 8º desta Lei. § 2º. Ficam excluídas da competência do Juizado Especial as causas de natureza alimentar, falimentar, fiscal e de interesse da Fazenda Pública, e também as relativas a acidentes de trabalho, a resíduos e ao estado e capacidade das pessoas, ainda que de cunho patrimonial. § 3º. A opção pelo procedimento previsto nesta Lei importará em renúncia ao crédito excedente ao limite estabelecido neste artigo, excetuada a hipótese de conciliação.*

    Art. 14. O processo instaurar-se-á com a apresentação do pedido, escrito ou oral, à Secretaria do Juizado."

MOTIVOS DE DEVOLUÇÃO DE CHEQUES NA CENTRALIZADORA DA COMPENSAÇÃO DE CHEQUES E OUTROS PAPÉIS (COMPE)	
MOTIVO	**BASE REGULAMENTAR**
Nº | **DESCRIÇÃO**	

Nº	DESCRIÇÃO	BASE REGULAMENTAR
Cheques sem provisão de fundos:		
11	cheque sem fundos – 1ª apresentação	Anexo à Res. 1.682, art. 6º
12	cheque sem fundos – 2ª apresentação	Anexo à Res. 1.682, arts. 6º, 7º
13	conta encerrada	Anexo à Res. 1.682, art. 6º
14	prática espúria (apresentação, no mesmo dia, de mais de 3 cheques sem fundos)	Anexo à Res. 1.682, arts. 6º, 8º e 13; Comunicado 4.014
Impedimentos ao pagamento:		
20	folha de cheque cancelada por solicitação do correntista	Circ. 3.050, art. 1º
21	contraordem (ou revogação) ou oposição (ou sustação) ao pagamento pelo emitente ou pe- lo portador	Anexo à Res. 1.682, art. 6º
22	divergência ou insuficiência de assinatura	Anexo à Res. 1.682, art. 6º
23	cheques emitidos por entidades e órgãos da ad- ministração pública federal direta e indireta, em desacordo com os requisitos constantes do art. 74, § 2º, do Decreto-Lei nº 200, de 25.2.1967	Anexo à Res. 1.682, art. 6º
24	bloqueio judicial ou determinação do Banco Cen- tral do Brasil	Anexo à Res. 1.682, art. 6º
25	cancelamento de talonário pelo banco sacado	Anexo à Res. 1.682, art. 6º; Circ. 3.226 art. 7º inciso II;
26	inoperância temporária de transporte	Anexo à Res. 1.682, art. 6º
27	feriado municipal não previsto	Anexo à Res. 1.682, art. 6º
28	contraordem (ou revogação) ou oposição (ou sustação), ocasionada por furto ou roubo	Circ. 2.655, art. 1º
29	cheque bloqueado por falta de confirmação de recebimento do talonário pelo correntista	Circ. 2.655, art. 3º
30	furto ou roubo de malotes – destinado a amparar a devolução de cheques objeto de furto ou roubo de malotes	Cta-Circ. 3.251, MNI 03-06-04, item 7
Cheque com irregularidade:		
31	erro formal (sem data de emissão, com o mês grafado numericamente, ausência de assina- tura, não registro do valor por extenso)	Anexo à Res. 1.682, art. 6º

32	ausência ou irregularidade na aplicação do carimbo de compensação	Anexo à Res. 1.682, art. 6º
33	divergência de endosso	Anexo à Res. 1.682, art. 6º
34	cheque apresentado por estabelecimento bancário que não o indicado no cruzamento em preto, sem o endosso-mandato	Anexo à Res. 1.682, art. 6º
35	cheque fraudado, emitido sem prévio controle ou responsabilidade do estabelecimento bancário ("cheque universal"), ou ainda com adulteração da praça sacada, e cheques contendo a expressão "PAGÁVEL EM QUALQUER A-GÊNCIA" apresentados em desacordo com o estabelecido na seção 2-1-18	Anexo à Res. 1.682, art. 6º; Circ. 2.313, art. 4º; Cta-Circ. 3.251, MNI 03-06-04, item 7;
37	registro inconsistente – compensação eletrônica	Circ. 2.398, art.15
Apresentação indevida:		
40	moeda inválida	Cta-Circ. 3.251, MNI 03-06-04, item 7
41	cheque apresentado a banco que não o sacado	Anexo à Res. 1.682, art. 6º
42	cheque não compensável na sessão ou sistema de compensação em que apresentado	Anexo à Res. 1.682, art. 6º; Cta.Circ. 3.251, MNI 03-06-04, item 20
43	cheque, devolvido anteriormente pelos motivos 21, 22, 23, 24, 31 e 34, não passível de reapresentação em virtude de persistir o motivo da devolução	Anexo à Res. 1.682, art. 6º; Cta-Circ. 3.251, MNI 03-06-04, item 7
44	cheque prescrito	Anexo à Res. 1.682, art. 6º
45	cheque emitido por entidade obrigada a realizar movimentação e utilização de recursos financeiros do Tesouro Nacional mediante Ordem Bancária	Anexo à Res. 1.682, art. 6º
46	CR, quando o cheque correspondente não for entregue ao banco sacado nos prazos estabelecidos	Cta-Circ. 3.251, MNI 03-06-04, item 7
47	CR com ausência ou inconsistência de dados obrigatórios referentes ao cheque correspondente	Cta-Circ. 3.251, MNI 03-06-04, item 7
48	cheque de valor superior a R$ 100,00 (cem reais), emitido sem a identificação do beneficiário, acaso encaminhado a Compe, devendo ser devolvido a qualquer tempo	Res. 2.090; Circ. 2.444, art.1º; Cta-Circ. 3.251, MNI 03-06-04, item 7
49	remessa nula, caracterizada pela reapresentação de cheque devolvido pelos motivos 12, 13, 14, 20, 25, 28, 30, 35, 43, 44 e 45, podendo a sua devolução ocorrer a qualquer tempo	Anexo à Res. 1.682, art. 6º; Cta-Circ. 3.251, MNI 03-06-04, item 7

59	informação essencial faltante ou inconsistente não passível de verificação pelo banco remetente e não enquadrada no motivo 31	Cta-Circ. 3.255 art. 1º
60	instrumento inadequado para a finalidade	Cta-Circ. 3.255 art. 1º
61	papel não compensável	Circ. 1.584 art. 2º; Circ. 2.557 art. 1º; Cta-Circ. 3.251, MNI 03-06-04, item 19
64	Arquivo lógico não processado / processado parcialmente	Circ. 2.398 RA art. 10º; Cta-Circ. 3.251, MNI 03-06-04, item 21
71	inadimplemento contratual da cooperativa de crédito no acordo de compensação	Circ. 3.226, art. 6º, inciso I
72	contrato de compensação encerrado	Circ. 3.226, art. 6º, inciso II

Nota 1: Taxa de devolução – Anexo à Resolução nº 1.682, de 31.1.1990, art. 14; MNI 03-06-04, anexo à Carta-Circular 3.251, de 30.11.2006, itens 28 e 30.

Nota 2: Taxa de exclusão do CCF – Resolução nº 1.682, de 31.1.1990; Comunicado nº 4.014, de 30.6.1994, fixa a taxa de exclusão do Cadastro de Emitentes de Cheques sem Fundos (CCF) em R$ 6,82.

Nota 3: Banco remetente – é o banco que recebe o cheque em depósito e o remete para a troca na Compe;

Nota 4: Banco sacado – é o banco que tem a conta-corrente do cliente emitente do cheque;

Nota 5: A Comunicação de Remessa é conhecida comumente como CR;

Nota 6: No motivo 11, caso se refira a cheque emitido por instituição autorizada a funcionar pelo Banco Central do Brasil, há cobrança de taxa de R$ 6,82 (Circular 1.856, art. 1º, Resolução nº 1.682, RA art. 20 e Comunicado nº 4.014);

Nota 7: A taxa de R$ 6,82 (valor conforme Comunicado nº 4.014) nos motivos 11 a 14 é transferível ao cliente emitente do cheque nos termos da Resolução nº 1.682, RA art. 20.

• *Fonte: www3.bcb.gov.br/normativo/detalharNormativo*

10.13. VERIFICAÇÃO DO APRENDIZADO

01. **A ação para promover a execução do cheque contra o emitente e seu avalista prescreve em:** (OAB/SP nº 115)

(A) 12 meses, contados da data de sua emissão.

(B) 6 meses, contados da expiração do prazo de apresentação.

(C) 6 meses, contados da data de sua emissão.

(D) 24 meses, contados da expiração do prazo de apresentação.

02. O cheque sacado contra o próprio emitente é: (OAB/DF 2/2006)

(A) ordem de pagamento a certo termo de vista.

(B) promessa de pagamento ineficaz por identidade de credor e devedor.

(C) ordem de pagamento contra apresentação.

(D) promessa de pagamento sacada contra o caixa.

03. O portador do cheque pode promover-lhe execução contra os endossantes e seus avalistas se ele: (OAB/SP nº 121)

(A) não for apresentado em tempo hábil, e sem comprovação da recusa do seu pagamento.

(B) for apresentado em tempo hábil e a recusa de pagamento for comprovada pela declaração do sacado, escrita e datada sobre o cheque, com indicação do dia de apresentação.

(C) for apresentado em tempo hábil e a recusa de pagamento for comprovada por declaração do emitente, escrita e datada sobre o cheque, com indicação do dia de pagamento.

(D) for apresentado em qualquer tempo e a recusa do pagamento for comprovada pelo protesto contra o cessionário.

04. Assinale a alternativa INCORRETA. (OAB/PR nº 1/2004)

(A) O cheque é uma ordem incondicional de pagar quantia determinada.

(B) O cheque não admite aceite, considerando-se não-escrita qualquer declaração com esse sentido.

(C) Considera-se não escrita a estipulação de juros inserida no cheque.

(D) O pagamento do cheque não pode ser garantido, no todo ou em parte, por aval prestado por terceiro, exceto o sacado, ou mesmo por signatário do título.

05. O cheque: (Magistratura/SP nº 168)

(A) pode ser objeto de execução até um ano após sua emissão.

(B) não admite aval mas apenas endosso.

(C) admite avais dados por várias pessoas.

(D) admite aceite, desde que obtido antes de seis meses, em se tratando de mesma praça.

06. Sobre o cheque, assinale a INCORRETA. (OAB/PR nº 1/2005)

(A) O cheque é emitido contra banco, ou instituição financeira que lhe seja equiparada, sob pena de não valer, de forma alguma, como cheque.

(B) Pode-se estipular no cheque que seu pagamento seja feito com cláusula "não à ordem" a pessoa nomeada, ou mesmo, com ou sem cláusula expressa "à ordem" e, ainda, ao portador.

(C) Aquele que assina cheque como mandatário ou representante, sem poderes para tal, ou excedendo os que lhe foram conferidos, obriga-se pessoalmente.

(D) A morte do emitente ou sua incapacidade superveniente invalidam os efeitos do cheque.

07. Sobre o cheque, de acordo com a Lei nº 7.357/1985, é correto afirmar. (OAB/SC/ 2/2005)

(A) O cheque pagável a pessoa nomeada, com cláusula "não à ordem", ou outra equivalente, só é transmissível pela forma e com os efeitos de endosso.

(B) O sacado não pode exigir, ao pagar o cheque, que este lhe seja entregue quitado pelo portador.

(C) O cheque apresentado para pagamento antes do dia indicado como data de emissão é pagável no dia da apresentação.

(D) O emitente garante o pagamento, considerando-se válida a declaração pela qual se exima dessa garantia.

08. A ação de enriquecimento contra o emitente ou outros obrigados, que se locupletaram injustamente com o não pagamento do cheque, prescreve: (OAB/SP nº 131)

(A) em 02 (dois) anos, contados do dia em que se consumar a prescrição para o exercício da ação de execução.

(B) em 03 (três) anos, contados do dia em que se consumar a prescrição para o exercício da ação de execução.

(C) em 02 (dois) anos, contados do dia em que se consumar a prescrição para a apresentação do cheque.

(D) em 03 (três) anos, contados do dia em que se consumar a prescrição para a apresentação do cheque.

Capítulo XI
Duplicata

11.1. CONCEITO

A duplicata é um título de crédito sacado pelo próprio credor, que neste ato, declara a existência, em benefício próprio, de um valor determinado expresso em moeda corrente, originado, necessariamente, de um negócio empresarial, anterior, de compra e venda de mercadorias ou de prestação de serviços.

A duplicata é um título de crédito totalmente brasileiro, criado na década de 30, para que possibilitasse a circulação do crédito e atendesse às exigências fiscais.

Só no fim de 1960, com a atual lei, muito defasada e pouco utilizada, surge uma nova Lei, sob o nº 5.474/1968, que foi alterada parcialmente pelo Decreto-Lei nº 436/1969. Passando a partir deste instante o título a ter funções exclusivamente de natureza comercialista, se fazendo presentes as matérias concernentes à constituição, exigibilidade, circulação e execução, se desvinculando dos aspectos fiscais.

11.2. PRESSUPOSTOS OBJETIVOS

Os pressupostos objetivos trazidos pela Lei nº 5.474/1968 em seu art. 2º são que: ninguém poderá emitir uma duplicata se não for para *primeiro* documentar uma compra e venda mercantil ou prestação de serviços, e que *segundo* seja emitida uma fatura anteriormente a emissão da duplicata.[108]

11.2.1. Fatura

Segundo expressa o art. 1º da LD, em qualquer contrato de compra e venda mercantil entre partes residentes no território brasileiro, com prazo igual ou superior

---

108. Lei nº 5.474/1968 – Lei da Duplicata: *"Art. 2º No ato da emissão da fatura, dela poderá ser extraída uma duplicata para circulação com efeito comercial, não sendo admitida qualquer outra espécie de título de crédito para documentar o saque do vendedor pela importância faturada ao comprador."*

a 30 dias, iniciando a contagem da data de entrega ou despacho (conhecimento de transporte) das mercadorias, exige-se que o credor emita uma fatura para apresentação a pagamento, ao devedor.

Nesta fatura deverá conter as discriminações de todas as mercadorias vendidas como quantidade, qualidade, valor ou o serviço prestado. Não há que se confundir nota fiscal com fatura, já que, o art. 1º, § 1º da LD, evidencia a possibilidade da fatura trazer os números e valores das notas parciais, sendo emitidas por consequência da venda, despacho ou entrega das mercadorias.[109] É claro que nada impede de usar um único instrumento para documentar ambas as exigências – a nota fiscal fatura – que por sinal, é a mais usada nas compras e vendas mercantis atualmente no Brasil.

Importante, contudo, salientar que a fatura não é título de crédito, ela apenas documenta a realização de um negócio empresarial, caracterizando assim que o contrato mercantil foi concluído e poderá ser exigido. O título é a duplicata emitida a partir dela, sendo assim, a duplicata mercantil, sendo facultativa sua emissão, já que as operações de crédito com vencimento à vista ou com menos de 30 dias não exigem a confecção da fatura.

11.3. CLASSIFICAÇÃO

A duplicata é título de crédito de natureza causal, de modelo vinculado, sob a estrutura de ordem de pagamento, cuja emissão será sempre à ordem e estará diretamente fundada a um negócio empresarial subjacente e sem ele, a mesma, não teria como existir (art. 2º, *caput*, da LD).[110] Sendo classificada quanto ao seu modelo de forma vinculada, a mesma deve atender as disposições emanadas do Banco Central do Brasil, o qual regulamentou suas formas, modelos e dimensões através da Resolução nº 102/1968, fazendo instituir 06 (seis) modelos, taxativos, diferentes, sendo 03 (três) para compras mercantis e 03 (três) para prestações de serviços, os quais trazemos a seguir:

---

109. Lei nº 5.474/1968 – Lei da Duplicata: *"**Art. 1º** Em todo o contrato de compra e venda mercantil entre partes domiciliadas no território brasileiro, com prazo não inferior a 30 (trinta) dias, contado da data da entrega ou despacho das mercadorias, o vendedor extrairá a respectiva fatura para apresentação ao comprador. § 1º. A fatura discriminará as mercadorias vendidas ou, quando convier ao vendedor, indicará somente os números e valores das notas parciais expedidas por ocasião das vendas, despachos ou entregas das mercadorias. (...)."*

110. *"**Art. 2º** No ato da emissão da fatura, dela poderá ser extraída uma duplicata para circulação como efeito comercial, não sendo admitida qualquer outra espécie de título de crédito para documentar o saque do vendedor pela importância faturada ao comprador."*

Modelo 1 – Venda Mercantil com pagamento único
(Resolução BACEN nº 102/1968)

NESTE ESPAÇO DEVERÁ CONTER
A LOGOMARCA DA PESSOA JURÍDICA
SACADORA (EMITENTE)

ENDEREÇO DO SACADOR
MUNICÍPIO   ESTADO
N.º DO CADASTRO NACIONAL DE PESSOA JURÍDICA (CNPJ)
Nº DA INSCRIÇÃO ESTADUAL

DATA DA EMISSÃO

N.º DA FATURA	FATURA/DUPLICATA	DUPLICATA	VENCIMENTO	PARA USO DA INSTITUIÇÃO FINANCEIRA
	VALOR - R$	N.º DE ORDEM		

DESCONTO DE   ATE
CONDIÇÕES ESPECIAIS

NOME DO SACADO
ENDEREÇO
MUNICÍPIO   ESTADO
PRAÇA DE PAGAMENTO
INSCRIÇÃO NO CNPJ N.º   INSCRIÇÃO ESTADUAL N.º

VALOR POR EXTENSO

Reconheço(cemos) a exatidão desta duplicata de VENDA MERCANTIL na importância acima que pagarei(emos) a (nome do sacador) ou à sua ordem na praça e vencimento indicados.

EM _____ / _____ / _____
DATA DO ACEITE   ASSINATURA DO SACADO

ASSINATURA DO EMITENTE

Modelo 1-A – Prestação de Serviços com pagamento único
(Resolução BACEN nº 102/1968)

NESTE ESPAÇO DEVERÁ CONTER
A LOGOMARCA DA PESSOA JURÍDICA
SACADORA (EMITENTE)

ENDEREÇO DO SACADOR
MUNICÍPIO   ESTADO
N.º DO CADASTRO NACIONAL DE PESSOA JURÍDICA (CNPJ)
Nº DA INSCRIÇÃO ESTADUAL

DATA DA EMISSÃO

N.º DA FATURA	FATURA/DUPLICATA	DUPLICATA	VENCIMENTO	PARA USO DA INSTITUIÇÃO FINANCEIRA
	VALOR - R$	N.º DE ORDEM		

DESCONTO DE   ATE
CONDIÇÕES ESPECIAIS

NOME DO SACADO
ENDEREÇO
MUNICÍPIO   ESTADO
PRAÇA DE PAGAMENTO
INSCRIÇÃO NO CNPJ N.º   INSCRIÇÃO ESTADUAL N.º

VALOR POR EXTENSO

Reconheço(cemos) a exatidão desta duplicata de PRESTAÇÃO DE SERVIÇOS na importância acima que pagarei(emos) a (nome do sacador) ou à sua ordem na praça e vencimento indicados.

EM _____ / _____ / _____
DATA DO ACEITE   ASSINATURA DO SACADO

ASSINATURA DO EMITENTE

Modelo 2 – Venda Mercantil com pagamento parcelado (uma duplicata por parcela) (Resolução BACEN nº 102/1968)

	ENDEREÇO DO SACADOR
NESTE ESPAÇO DEVERÁ CONTER A LOGOMARCA DA PESSOA JURÍDICA SACADORA (EMITENTE)	MUNICÍPIO ESTADO N.º DO CADASTRO NACIONAL DE PESSOA JURÍDICA (CNPJ) Nº DA INSCRIÇÃO ESTADUAL DATA DA EMISSÃO

FATURA		DUPLICATA		VENCIMENTO	PARA USO DA INSTITUIÇÃO FINANCEIRA
VALOR - R$	NÚMERO	VALOR R$	N.º DE ORDEM		

DESCONTO DE   ATE
CONDIÇÕES ESPECIAIS

NOME DO SACADO
ENDEREÇO
MUNICÍPIO   ESTADO
PRAÇA DE PAGAMENTO
INSCRIÇÃO NO CNPJ N.º   INSCRIÇÃO ESTADUAL N.º

VALOR POR
EXTENSO

Reconheço(cemos) a exatidão desta duplicata de VENDA MERCANTIL na importância acima que pagarei(emos) a (nome do sacador) ou à sua ordem na praça e vencimento indicados.

EM _____/_____/_____
DATA DO ACEITE   ASSINATURA DO SACADO

ASSINATURA DO EMITENTE

Modelo 2-A – Prestação de Serviços com pagamento parcelado (uma duplicata por parcela) (Resolução BACEN nº 102/1968)

	ENDEREÇO DO SACADOR
NESTE ESPAÇO DEVERÁ CONTER A LOGOMARCA DA PESSOA JURÍDICA SACADORA (EMITENTE)	MUNICÍPIO ESTADO N.º DO CADASTRO NACIONAL DE PESSOA JURÍDICA (CNPJ) Nº DA INSCRIÇÃO ESTADUAL DATA DA EMISSÃO

FATURA		DUPLICATA		VENCIMENTO	PARA USO DA INSTITUIÇÃO FINANCEIRA
VALOR - R$	NÚMERO	VALOR R$	N.º DE ORDEM		

DESCONTO DE   ATE
CONDIÇÕES ESPECIAIS

NOME DO SACADO
ENDEREÇO
MUNICÍPIO   ESTADO
PRAÇA DE PAGAMENTO
INSCRIÇÃO NO CNPJ N.º   INSCRIÇÃO ESTADUAL N.º

VALOR POR
EXTENSO

Reconheço(cemos) a exatidão desta duplicata de PRESTAÇÃO DE SERVIÇOS na importância acima que pagarei(emos) a (nome do sacador) ou à sua ordem na praça e vencimento indicados.

EM _____/_____/_____
DATA DO ACEITE   ASSINATURA DO SACADO

ASSINATURA DO EMITENTE

Modelo 3 – Venda Mercantil com pagamento parcelado (uma duplicata várias parcelas)
(Resolução BACEN nº 102/1968)

	NESTE ESPAÇO DEVERÁ CONTER A LOGOMARCA DA PESSOA JURÍDICA SACADORA (EMITENTE)	ENDEREÇO DO SACADOR MUNICÍPIO ESTADO N.º DO CADASTRO NACIONAL DE PESSOA JURÍDICA (CNPJ) Nº DA INSCRIÇÃO ESTADUAL	

DATA DA EMISSÃO

PARA USO DA INSTITUIÇÃO FINANCEIRA

FATURA		DUPLICATA
VALOR R$	N.º DE ORDEM	N.º DE ORDEM

NOME DO SACADO
ENDEREÇO
MUNICÍPIO   ESTADO
PRAÇA DE PAGAMENTO
INSCR. NO CNPJ N.º   INSCR. ESTADUAL N.º

LETRA	VENCIMENTO	VALOR

VALOR POR EXTENSO

Reconheço(cemos) a exatidão desta duplicata de VENDA MERCANTIL COM PAGAMENTO PARCELADO na importância acima que pagarei(emos) a (nome do sacador) ou à sua ordem na praça e vencimento indicados.

EM _____ / _____ / _____
DATA DO ACEITE   ASSINATURA DO SACADO

ASSINATURA DO EMITENTE

Modelo 2-A – Prestação de Serviços
com pagamento parcelado (uma duplicata várias parcelas)
(Resolução BACEN nº 102/1968)

	NESTE ESPAÇO DEVERÁ CONTER A LOGOMARCA DA PESSOA JURÍDICA SACADORA (EMITENTE)	ENDEREÇO DO SACADOR MUNICÍPIO ESTADO N.º DO CADASTRO NACIONAL DE PESSOA JURÍDICA (CNPJ) Nº DA INSCRIÇÃO ESTADUAL	

DATA DA EMISSÃO

PARA USO DA INSTITUIÇÃO FINANCEIRA

FATURA		DUPLICATA
VALOR R$	N.º DE ORDEM	N.º DE ORDEM

NOME DO SACADO
ENDEREÇO
MUNICÍPIO   ESTADO
PRAÇA DE PAGAMENTO
INSCR. NO CNPJ N.º   INSCR. ESTADUAL N.º

LETRA	VENCIMENTO	VALOR

VALOR POR EXTENSO

Reconheço(cemos) a exatidão desta duplicata de PRESTAÇÃO DE SERVIÇOS COM PAGAMENTO PARCELADO na importância acima que pagarei(emos) a (nome do sacador) ou à sua ordem na praça e vencimento indicados.

EM _____ / _____ / _____
DATA DO ACEITE   ASSINATURA DO SACADO

ASSINATURA DO EMITENTE

Segundo Fábio Ulhoa Coelho "a consequência imediata da causalidade é, portanto, a insubsistência da duplicata originada de ato ou negócio jurídico diverso".[111]

11.4. REQUISITOS

Como vistos na Letra de Câmbio, Nota Promissória e no Cheque nós também encontramos alguns requisitos, porém, neste título de crédito, ao contrário dos anteriores, todos eles são essenciais, constantes do art. 2º, § 1º da Lei nº 5.474/1968, que mencionamos a seguir:

I – a denominação "duplicata", a data de sua emissão e o número de ordem;

Esse primeiro inciso dispõe sobre três requisitos da duplicata o qual *primeiro* correspondente à natureza jurídica do título de crédito emitido, fazendo-se constar a indicação, no próprio texto da declaração do aceite; *segundo*, a data, assim como nos títulos anteriormente mencionados, é essencial para várias situações jurídicas (exigibilidade, prescrição, apresentação a pagamento, etc.); e *terceiro*, do seu número de ordem, obedecendo a uma sequência numérica, já que a mesma deve seguir a obrigatoriedade de registro em livro específico (art. 19 da LD).[112]

II – número da fatura;

Já que a duplicata só pode ser emitida com a existência anterior de uma fatura e a mesma deve se fazer lançar em livro específico, nada mais evidente e sensato, que o número da duplicata esteja inserido no título de crédito. Sendo assim, o art. 2º, § 2º, da LD, impede que seja emitida uma duplicata para várias faturas, devendo cada uma ser emitida em separado da outra. Usualmente o número da duplicata é o mesmo da nota fiscal fatura, já que este é o documento mais utilizado no mercado, atualmente, para documentar compra e venda mercantil, cumprindo ambas as funções em um único documento.

III – a data certa do vencimento ou a declaração de ser a duplicata à vista;

É indispensável a menção da data de vencimento, porém, a lei nos fala em data e não em prazo determinado, nos obrigando, por conseguinte, a mencionar, no ato de emissão do título, a data do seu pagamento, já que, costumeiramente, as obrigações são contraídas em prazos (de 30 dias, 30 e 60 dias, 30, 60 e 90 dias, etc.), mas isso não será aposto neste título de crédito, devendo se fazer constar as datas certas, por exemplo: 24.4.1981.

---

111. *Curso de Direito Comercial*. v. 1, p. 456.

112. Lei nº 5.474/1968 – Lei da Duplicata: *"Art. 19. A adoção do regime de vendas de que trata o art. 2º desta Lei obriga o vendedor a ter e a escriturar o Livro de Registro de Duplicatas."*

IV – o nome e domicílio do vendedor e do comprador;

Esse é um requisito trazido pela lei onde se deve mencionar no título o nome e domicílio de ambas as partes da relação (sacador e sacado). Porém, foi reforçada a identificação das partes pela Resolução nº 102/1968 do Banco Central, que introduziu nos modelos de duplicatas definidos por ela a inserção do nome, seguido do CNPJ ou CPF, inscrição estadual (para as que possuam) e endereços completos.

Diante desses requisitos acima apresentados podemos afirmar que a mesma (duplicata) nunca poderá ser emitida ao portador, devendo ser considerada nula de pleno direito, já que não há a previsão legal que autorize a não inserção do nome das partes.

V – a importância a pagar, em algarismos e por extenso;

A indicação do valor total da fatura se fará constar do título por força do art. 3º da LD,[113] mesmo que o comprador vier a ser beneficiado por algum abatimento no valor da mesma (desconto) pelo pagamento no dia ou antecipadamente. Caso haja concessão de desconto, a resolução do Banco Central prevê campo específico para esse preenchimento, sendo fixado valor ou porcentagem, ou alguma outra hipótese específica.

Vale destacar que os descontos concedidos sobre as mercadorias compradas não se confundem com os descontos do pagamento em dia ou antecipado. Imaginemos a seguinte relação: João comprou R$ 1.000,00 em mercadorias de Pedro. No ato da compra Pedro concedeu um desconto de 10% a João, perfazendo um valor a pagar de R$ 900,00. Esse desconto será anotado na própria nota fiscal e fatura ou na nota fiscal fatura, porém, em se tratando de *fatura correspondente a várias notas fiscais,* esse procedimento será feito apenas na fatura.

Diante disso, os descontos constantes na duplicata serão sobrepostos aos concedidos na compra e venda da mercadoria. No mesmo exemplo acima, caso conste um percentual de 10% na duplicata mercantil, o mesmo será concedido sobre o saldo de R$ 900,00, uma vez que já havia sido concedido um desconto anterior na mesma proporção, ficando, assim, João com obrigação de pagar R$ 810,00, por esta compra de mercadoria.

VI – a praça de pagamento;

Neste requisito, fazemo-nos valer, em regra, do que consta no art. 327 do Código Civil: "efetuar-se-á o pagamento no domicílio do devedor, salvo as partes convencionarem diversamente, ou se o contrário resultar da lei, da natureza da obrigação ou das circunstâncias". Caso a mesma seja preenchida com lugar diverso, essa situação deverá ser provada pelo emitente, já que contraria a regra (arts. 329 e 330

---

113. Lei 5.474/1968 – Lei da Duplicata: *"**Art. 3º** A duplicata indicará sempre o valor total da fatura, ainda que o comprador tenha direito a qualquer rebate, mencionando o vendedor o valor líquido que o comprador deverá reconhecer como obrigação de pagar."*

do Código Civil),[114] fazendo surgir, para o devedor, a possibilidade de recusar duplicata que não conste o seu domicílio.

VII – a cláusula à ordem;

Com a previsão expressa da Lei das Duplicatas da cláusula à ordem, faz com que a mesma se submeta ao regime geral do Código Civil, não sendo possível a inserção, por nenhuma das partes constantes do título de crédito (sacador, endossantes), da cláusula não à ordem, a qual remeteria esse título às normas atinentes à cessão civil de créditos.

VIII – a declaração do reconhecimento de sua exatidão e da obrigação de pagá-la, a ser assinada pelo comprador, como aceite cambial;

Essa declaração criada pela Resolução nº 102/1968 do BACEN será transcrita da seguinte forma: "Reconheço(emos) a exatidão desta duplicata de VENDA MERCANTIL (PRESTAÇÃO DE SERVIÇOS) na importância acima que pagarei(emos) a NOME DO EMITENTE ou à sua ordem na praça e vencimento ind cados".

Porém, essa declaração não basta para a execução do título de crédito, devendo o sacador (credor) instruir a devida petição com a nota fiscal, seguida do comprovante de entrega das mercadorias (conhecimento de transporte ou canhoto da nota fiscal), servindo apenas para facilitação de sua circulação e afastando qualquer dúvida sobre a exigência do título.

IX – a assinatura do emitente;

A assinatura do emitente será indispensável, sendo possível neste caso ainda ser aposta por representante do emitente que possua poderes para tanto.

Vale ressaltar que não se fala em assinatura do devedor, se obrigando ao pagamento. Isso porque, nos dias atuais, em todos os casos as vendas são feitas e as duplicatas não são apresentadas conjuntamente às mercadorias, podendo o credor emiti-las posteriormente à entrega das mercadorias, justamente para que o comprador tenha a opção de devolução das mercadorias. Neste título de crédito nós temos a comprovação de aceitação por documentos esparsos, como o canhoto da nota fiscal e o conhecimento de transporte, que fazem as vezes da assinatura do devedor no título de crédito. Mesmo assim, não podemos deixar de lado o que diz os arts. 6º e 7º da LD, que preveem a remessa da duplicata para aceitação ou recusa do sacado (devedor), nos prazos estabelecidos.[115]

---

114. Código Civil: *"**Art. 329.** Ocorrendo motivo grave para que se não efetue o pagamento no lugar determinado, poderá o devedor fazê-lo em outro, sem prejuízo para o credor.*

    ***Art. 330.** O pagamento reiteradamente feito em outro local faz presumir renúncia do credor relativamente ao previsto no contrato."*

115. Lei nº 5.474/1968 – Lei da Duplicata: *"**Art. 6º.** A remessa de duplicata poderá ser feita diretamente pelo vendedor ou por seus representantes, por intermédio de instituições financeiras, procuradores ou correspondentes que se incumbam de apresentá-la ao comprador na praça ou no lugar de seu estabelecimento, podendo os intermediários devolvê-la, depois de assinada, ou conservá-la em seu poder até o momento do resgate, segundo as instruções de quem lhes cometeu o encargo. §*

11.5. ACEITE DA DUPLICATA MERCANTIL

Segundo o art. 6º, § 1º, da LD, o sacador (credor) tem 30 dias, a contar da data de emissão, para enviar a duplicata para aceitação pelo sacado (devedor), que deverá devolvê-la no prazo de 10 (dez) dias, com a sua aceitação ou recusa, porém esta última deverá ser devidamente fundamentada, conforme art. 7º, § 1º, da LD.

Cabe-nos mencionar que a recusa da duplicata não poderá ser feita por mera liberalidade do devedor. Diferentemente do que acontece na letra de câmbio, onde o aceitante é terceira pessoa estranha à relação jurídica originária, e com o seu aceite no título ele passa a ser o principal devedor, já que não é obrigado a se comprometer perante terceiros de boa-fé, já que é um aceite facultativo.

Essa prerrogativa não se aplica à duplicata, pois o aceitante deste título já é o principal devedor, podendo apenas na forma prescrita na lei recusar-se ao aceite, caso contrário a vinculação por parte do sacado ao título de crédito é obrigatória e independe de sua vontade de ser ou não.

Recebida a duplicata para que o sacado aponha sua assinatura declarando e reconhecendo a sua exatidão, compromete-se a pagá-la ao emitente (sacador) ou à sua ordem, no local e no vencimento nela indicados, tornando lícito ao sacado recusá-la, obedecida as três situações possíveis trazidas pelo art. 8º da LD, em caso de mercadoria, e o art. 21, nas hipóteses de devolução da duplicata de serviços prestados, que são:

Art. 8º. Venda de mercadorias	Art. 21. Prestação de serviços
1) avaria ou não recebimento das mercadorias, quando não expedidas ou não entregues por sua conta e risco;	1) não correspondência com os serviços efetivamente contratados;
2) vícios, defeitos e diferenças na qualidade ou na quantidade das mercadorias, devidamente comprovados;	2) vícios ou defeitos na qualidade dos serviços prestados, devidamente comprovados;
3) divergência nos prazos ou nos preços ajustados.	3) divergência nos prazos ou nos preços ajustados.

Portanto, cabe-nos mencionar que por mais que esta modalidade de aceite seja obrigatória, não quer dizer que não se possa recusá-lo. Caso haja sido satisfeita a

---

1º. O prazo para remessa da duplicata será de 30 (trinta) dias, contado da data de sua emissão. § 2º. Se a remessa for feita por intermédio de representantes, instituições financeiras, procuradores ou correspondentes, estes deverão apresentar o título, ao comprador dentro de 10 (dez) dias, contados da data de seu recebimento na praça de pagamento.

Art. 7º. A duplicata, quando não for à vista, deverá ser devolvida pelo comprador ao apresentante dentro do prazo de 10 (dez) dias, contado da data de sua apresentação, devidamente assinada ou acompanhada de declaração, por escrito, contendo as razões da falta do aceite. § 1º. Havendo expressa concordância da instituição financeira cobradora, o sacado poderá reter a duplicata em seu poder até a data do vencimento, desde que comunique, por escrito, à apresentante o aceite e a retenção. § 2º. A comunicação de que trata o parágrafo anterior substituirá, quando necessário, no ato do protesto ou na execução judicial, a duplicata a que se refere." (§ 2º com redação dada pela Lei nº 6.458, de 1º.11.1977)

execução do contrato pelo sacador (emitente), a simples emissão da duplicata já é suficiente para vincular o sacador ao seu pagamento, pois o mesmo comprova a realização da transação através de documentos diversos, como o canhoto da nota fiscal ou conhecimento de transporte, dispensando assim a assinatura do sacado na cártula (papel).

Cabe atentarmo-nos à seguinte situação.

Diferentemente da Letra de Câmbio, o aceite não é dado por terceira pessoa, estranha à relação jurídica originária comprometendo-se ao pagamento, e sim pelo próprio devedor principal do título. Também, é de extrema importância mencionarmos que neste título, ao contrário do cheque, o sacado não é a instituição financeira e sim o próprio devedor original (aceitante), servindo a mesma, neste título, como mera "apresentadora" do respectivo título a pagamento ao sacado/aceitante. Por isso reforçamos aqui a ideia de se mencionar, em todos os títulos que contenham, em sua estrutura, a modalidade "ordem de pagamento", as diversas situações jurídicas, já que a a própria pessoa pode ocupar mais de uma posição ao mesmo tempo.

A nosso ver, a melhor divisão feita no aceite de duplicatas foi a do doutrinador Fábio Ulhoa Coelho,[116] que divide, de forma muito didática, essa espécie de aceite em três tipos: ordinário, presumido e por comunicação.

Ordinário: É a forma que será aplicada, como nos títulos anteriores, todas as regras do direito cambiário. Nesta modalidade é facultativo o protesto. Se a assinatura encontra-se no título, a responsabilidade é dos co-devedores, obedecendo ao disposto no art. 15, I, da LD,[117] já que esta espécie será feita atendidas as normas do CMN e apostas em uma cártula (papel). Essa modalidade não é muito utilizada nos dias de hoje, tendo em vista que a grande maioria dos créditos comerciais é registrada em meios magnéticos.

Presumido: O próprio nome já diz, presume-se que o aceite ocorreu, já que não houve recusa, formal, por parte do sacado. Essa é a modalidade mais utilizada no direito comercial brasileiro nos dias de hoje, tendo em vista a utilização dos meios magnéticos a que são submetidas as relações jurídicas comerciais, podemos dizer, que já substituiu a espécie ordinária. Essa espécie vincula o sacado na relação, pois caso queira se desvincular da mesma deve comunicar de forma explícita ao emitente, para que não surta efeitos jurídicos incompatíveis com a realidade fática.

Por comunicação: Esta modalidade está praticamente extinta também por conta da desmaterialização do título de crédito. Essa espécie de aceitação por parte do devedor se dá através de um dos meios de comunicação que possa documentar em cártula a sua concordância (nos dias de hoje existe a carta, o telegrama, a telecópia e até mesmo o fax). Cabe-nos chamar a atenção para o e-mail concordando (aceitando) com aquele título, ainda não é levado em

---

116. *Curso de Direito Comercial.* v. 1, p. 460/461.

117. Lei nº 5.474/1968 – Lei da Duplicata: *"**Art. 15.** A cobrança judicial de duplicata ou triplicata será efetuada de conformidade com o processo aplicável aos títulos executivos extrajudiciais, de que cogita o Livro II do Código de Processo Civil, quando se tratar: I – de duplicata ou triplicata aceita, protestada ou não; (...)."*

MANUAL PRÁTICO DOS TÍTULOS DE CRÉDITO

DUPLICATA

conta já que em caso de protesto ou execução, não poderá ser utilizado, sendo apenas possível aquela aceitação afixada em papel, posicionamento extremamente legalista, já que alguns dos meios admitidos são muito pouco utilizados, como é o caso de carta, hoje usa-se mais o envio de informações através de e-mail do que até mesmo pelo fax, tendo em vista que os documentos podem ser escaneados e assim transmitidos em forma de arquivos, mas ainda se autorizam apenas o disposto no art. 7º, § 2º, da LD.[118]

11.6. TRIPLICATA

Ao contrário do que muitos possam pensar, a triplicata não é um novo título de crédito, é assim chamada a segunda via da duplicata, pois pode ocorrer o envio da duplicata ao sacado e este não proceder a devolução do título, por perda, extravio ou até mesmo pela retenção indevida por parte do mesmo, para que obste o direito do emitente de mandar a via à protesto no cartório competente. A triplicata está prevista no art. 23 da LD,[119] sendo confeccionada com base nos dados escriturados em livro próprio.

11.7. PROTESTO DA DUPLICATA

A Lei das Duplicatas, em seu art. 13, autoriza o protesto em três situações:

Falta de Aceite: É, entre as hipóteses autorizadas em lei, a mais interessante, pois vem a atender a afirmação de que a obrigação do sacado é firmar o reconhecimento daquela duplicata. Contudo, não há licitude no protesto cujo qual o sacado tiver se recusado, na forma da lei, caso em que, ocorrendo, surgirá para o sacado o direito de pleitear contra o emitente a reparação de danos morais pelo protesto indevido.[120]

Devolução: Esta situação vem atender a possibilidade do sacado reter indevidamente a cártula e não obedecer ao prazo de devolução devidamente assi-

---

118. Retrógrado tal posicionamento, já que o e-mail pode ser impresso em papel, e já que o direito deve acompanhar a sociedade, o e-mail deveria ser aceito como prova da recusa do aceite, pois o avanço tecnológico não pode servir de empecilho para o mundo jurídico, o qual fazemos questão de trazer abaixo o referido artigo:

Lei nº 5.474/1968 – Lei da Duplicata: *"**Art. 7º**. A duplicata, quando não for à vista, deverá ser devolvida pelo comprador ao apresentante dentro do prazo de 10 (dez) dias, contado da data de sua apresentação, devidamente assinada ou acompanhada de declaração, por escrito, contendo as razões da falta do aceite. (...) § 2º. A comunicação de que trata o parágrafo anterior substituirá, quando necessário, no ato do protesto ou na execução judicial, a duplicata a que se refere."*

119. *"**Art. 23**. A perda ou extravio da duplicata obrigará o vendedor a extrair triplicata, que terá os mesmos efeitos e requisitos e obedecerá às mesmas formalidades daquela."*

120. Hoje este modo de proceder o protesto não é muito utilizado, já que as duplicatas não são mais enviadas para que o devedor confirme a sua aceitação expressa, pois a forma mais comum é o aceite presumido, sendo comprovado pela ausência da recusa expressa e com os comprovantes da entrega das mercadorias.

nada ao emitente. Podemos dizer que estamos diante do protesto utilizado pela emissão da triplicata, pois essa é a sua essência.[121]

Falta de Pagamento: Essa modalidade é a mais usual, pois é apresentada, ao contrário das demais, ao cartório somente após o seu vencimento e, necessariamente, será lavrado o protesto por este motivo (art. 21, §§ 1º e 2º da Lei nº 9.492/1997).[122]

A própria Lei nº 5.474/1968, em seu art. 13, § 3º define que o lugar do pagamento será o do protesto, sendo assim obrigação do cartório verificar se este requisito foi atendido, pois, caso contrário o mesmo será responsabilizado por perdas e danos caso o emitente não consiga executar o sacado e os co-devedores (art. 33 da Lei nº 9.492/1997).[123]

O prazo estabelecido no art. 13, § 4º não serve para determinar a prescrição ou a decadência do direito que o emitente tem em relação ao devedor, e sim para estabelecer o direito que o mesmo pode ter de satisfação do referido crédito através dos co-obrigados. Neste caso deverá se ater a esse prazo.[124]

---

121. Podemos dizer que esta Lei pensou em todas as possibilidades possíveis para que a relação jurídica empresarial se concretizasse com a mais absoluta legalidade. Esse instituto hoje também é muito pouco utilizado, mas quando for, com certeza poderá ajudar em muito ao sacador (credor), pois além de ser-lhe permitida a emissão da triplicata, o credor poderá proceder ao protesto por falta de devolução do título, nos moldes do art. 7º.

122. Essa é a forma mais utilizada. Como o sacado recebeu a mercadoria e não recusou expressamente o seu recebimento, ao sacador resta aguardar o seu devido pagamento para finalizar o seu contrato empresarial. Não ocorrendo tal procedimento pelo sacado, surge ao sacador a possibilidade de protestar o título, devendo fazê-lo pela modalidade "falta de pagamento". Como nos utilizamos em 100% da forma "virtual", ou seja, não temos o título materializado em papel, o referido protesto será feito por "indicações". Nesse procedimento não há apresentação da cártula e sim a indicação que a mesma existe. Isso porque quem autoriza o protesto é o sacador, mas quem encaminha o título de crédito ao cartório competente é a instituição financeira responsável pela confecção do boleto ou ficha de compensação entregue ao sacado para pagamento, de acordo com o previsto abaixo:

    Lei nº 5.474/1968 – Lei da Duplicata: *"Art. 14. Nos casos de protesto, por falta de aceite, de devolução ou de pagamento, ou feitos por indicações do portador do instrumento de protesto deverá conter os requisitos enumerados no art. 29 do Decreto nº 2.044, de 31 de dezembro de 1908, exceto a transcrição mencionada no inciso II, que será substituída pela reprodução das indicações feitas pelo portador do título."*

    Decreto nº 2.044/1908 – Lei da Letra de Câmbio: *"Art. 29. O instrumento de protesto deve conter: I – a data; II – a transcrição literal da letra e das declarações nela inseridas pela ordem respectiva; III – a certidão da intimação ao sacado ou ao aceitante ou aos outros sacados, nomeados na letra para aceitar ou pagar, a resposta dada ou a declaração da falta da resposta. (...)."*

123. *"Art. 38. Os Tabeliães de Protesto de Títulos são civilmente responsáveis por todos os prejuízos que causarem, por culpa ou dolo, pessoalmente, pelos substitutos que designarem ou Escreventes que autorizarem, assegurado o direito de regresso."*

124. Neste artigo parece-nos, à primeira vista, que existe um procedimento diverso do pretendido, caso a interpretação se faça de modo literal. A lei trata da inscrição do protesto como "tiragem", caso em que, a primeiro contato, o procedimento seria protestar e "tirar" do protesto no prazo estabelecido no parágrafo indicado. Mas não é isso que a lei quer transmitir a nós e sim que o protesto da mesma seja feito neste prazo de 30 dias, o qual, podemos dizer, que é decadencial, pois perde-se o direito, já que o tinha anteriormente, de cobrar dos co-obrigados, conforme a seguir:

    Lei nº 5.474/1968 – Lei da Duplicata: *"Art. 13. A duplicata é protestável por falta de aceite, de devolução ou de pagamento. (...) § 4º. O portador que não tirar o protesto da duplicata, em forma regular e dentro do prazo da 30 (trinta) dias, contado da data de seu vencimento, perderá o direito de regresso contra os endossantes e respectivos avalistas."*

Importante salientarmos que o protesto é indispensável (art. 15, II, da LD),[125] tendo em vista que a maioria das duplicatas são feitas em meios magnéticos (Internet) nos sites ou sistemas fornecidos pelas próprias instituições financeiras, para maior comodidade de seus clientes, podendo o mesmo se concretizar através da simples indicação do credor (neste caso, a instituição financeira), sem a necessidade de apresentação do título ao cartório.

11.8. EXECUÇÃO DA DUPLICATA

Sabemos que a primeira ação cabível em qualquer título executivo extrajudicial (art. 585, I, do CPC) é a ação de execução, podendo ocorrer contra o emitente ou seus co-obrigados (avalistas e endossatários).

Devemos, contudo, mencionar que para instruir uma ação de execução fundada neste título de crédito precisaremos além do título, outros documentos indispensáveis para a comprovação do crédito (nota fiscal, conhecimento de transporte e fatura).

Diante das modalidades de aceite da duplicata, podemos afirmar que a ação de execução do emitente (sacador) contra o devedor (sacado e aceitante) pode ser feita de duas maneiras. A primeira maneira é aquela execução feita somente com a apresentação da duplicata, desde que ela esteja devidamente assinada pelo devedor (aceite ordinário, art. 15, I, da LD), caso em que será dispensável o protesto. A segunda maneira, e mais usual nos dias de hoje, é a execução feita com a apresentação ou não (virtual) da duplicata acompanhada do instrumento de protesto (por indicações), nota fiscal, fatura e conhecimento de transporte ou documento equivalente para comprovação do recebimento da mercadoria por parte do sacado (aceite presumido – art. 15, II, da LD).

Caso o credor deseje executar o avalista do sacado, deverá instruir a inicial apenas com o título onde esteja a assinatura do aval, dispensando-se o protesto. Porém, caso a intenção seja exigir o título de algum dos endossantes ou seus respectivos avalistas deverá o possuidor-credor apresentar o título onde conste a assinatura do executado e apresentar o instrumento de protesto, desde que o faça no prazo de 30 dias, a contar do vencimento, caso contrário perderá o direito de cobrar essas pessoas, restando apenas o direito de cobrar o devedor principal (sacado aceitante) ou seu avalista, conforme art. 13, § 4º, da LD.

---

125. Dizemos que o mesmo é indispensável porque não se utiliza mais o envio do documento, muito menos a sua confecção material nos dias de hoje, para que se pudesse proceder a cobrança de tal crédito com a apresentação da cártula em juízo devidamente aceita pelo sacado. Essa era a forma ordinária de aceite, conforme vista anteriormente, sendo que a mais utilizada é a forma presumida, devendo reforçá-la através do protesto, conforme dispositivo legal: *"Art. 15. A cobrança judicial de duplicata ou triplicata será efetuada de conformidade com o processo aplicável aos títulos executivos extrajudiciais, de que cogita o Livro II do Código de Processo Civil, quando se tratar: (...) II – de duplicata ou triplicata não aceita, contanto que, cumulativamente: a) haja sido protestada; b) esteja acompanhada de documento hábil comprobatório da entrega e recebimento da mercadoria; c) o sacado não tenha, comprovadamente, recusado o aceite, no prazo, nas condições e pelos motivos previstos nos arts. 7º e 8º desta Lei."*

Podemos concluir que o protesto não seria uma condição para executividade do título e sim um comprovante de constituição e da posição, pelo co-obrigado, de devedor daquele título de crédito e, que o protesto e comprovantes de entrega e recebimento das mercadorias se fazem necessários apenas e tão somente no caso de execução contra o sacado (devedor principal).

Por fim, mencionamos o disposto no art. 18 da LD,[126] que determina o tempo hábil para cobrança executiva e determina o prazo prescricional da duplicata perante seus devedores principais (sacado e seus avalistas) e seus co-obrigados (endossantes e avalistas), respectivamente, 3 anos e 1 ano, a contar do vencimento do mesmo.

11.9. ATUALIZAÇÃO MONETÁRIA E INCIDÊNCIA DE JUROS

A duplicata é um título de crédito que possui suas particularidades, e uma delas é o momento de incidência de juros (art. 40 da Lei nº 9.492/1997). Isso porque o Decreto nº 57.663/1966 que disciplina os títulos de crédito letra de câmbio e nota promissória (Anexo I, art. 48, 2) estabelece o dia do vencimento para o início da incidência dos juros, e a Lei nº 7.357/1985 que disciplina o cheque (art. 52, II) estabelece que os juros incidirão sobre o título a partir de sua apresentação para pagamento à instituição financeira.[127]

Mesmo tendo essa particularidade, a incidência de correção monetária, atualizando o valor do título de crédito, não está sujeita à lei do protesto (Lei nº 9.492/1997, art. 40) porque a mesma não é aplicável a títulos executivos, os quais se sujeitam à aplicação da Lei nº 6.899/1981, art. 1º, § 1º,[128] que estabelece a data de vencimento para a correção integral do valor do título executivo, quando o mesmo servir de objeto de cobrança judicial.

---

126. Lei nº 5.474/1968 – Lei da Duplicata: *"**Art. 18.** A pretensão à execução da duplicata prescreve: I – contra o sacado e respectivos avalistas, em três anos, contados da data do vencimento do título; II – contra endossante e seus avalistas, em um ano, contado da data do protesto; III – de qualquer dos coobrigados, contra os demais, em um ano, contado da data em que haja sido efetuado o pagamento do título."*

127. Esses procedimentos são importantíssimos e totalmente desrespeitados pelos profissionais do direito em suas peças, já que não respeitam, pelo menos nas cobranças dos títulos cheque e duplicata, (como na Lei nº 5.464/1968 não faz menção à incidência de juros e tendo em vista a indispensabilidade do protesto nos dias de hoje para cobrança do crédito, utilizamos a previsão constante na Lei do Protesto) o momento de incidência de juros e correção monetária, que possuem particularidades relevantes para o início da incidência dos mesmos, conforme previsto abaixo:

    Lei nº 9.492/1997 – Lei do Protesto: *"**Art. 40.** Não havendo prazo assinado, a data do registro do protesto é o termo inicial da incidência de juros, taxa e atualização sobre o valor da obrigação contida no original ou documento de dívida."*

    Decreto nº 57.663/1966 – Lei Uniforme – Anexo I: *"**Art. 48.** O portador pode reclamar daquele contra quem exerce o seu direito de ação: (...) 2 – Os juros à taxa de 6 por cento desde a data do vencimento; (...)."*

    Lei nº 7.357/1985 – Lei do Cheque: *"**Art. 52.** O portador pode exigir do demandado: (...) II – os juros legais desde o dia da apresentação; (...)."*

128. Lei nº 6.899/81 – Correção Monetária: *"**Art. 1º.** (...) § 1º. Nas execuções de títulos de dívida líquida e certa, a correção será calculada a contar do respectivo vencimento. (...)."*

Quadro Prático

	Letra de Câmbio	Nota Promissória	Cheque	Duplicata
Correção Monetária	dia do vencimento (art. 1º, § 1º, da Lei nº 6.899/1981)	dia do vencimento (art. 1º, § 1º, da Lei nº 6.899/1981)	dia do vencimento (art. 1º, § 1º, da Lei nº 6.899/1981)	dia do vencimento (art. 1º, § 1º, da Lei nº 6.899/1981)
Juros	dia do vencimento (art. 48, 2, do Decreto nº 57.663/1966)	dia do vencimento (art. 48, 2, do Decreto nº 57.663/1966)	dia da apresentação (art. 52, II, da Lei nº 7.357/1985)	data do protesto (art. 40, da Lei nº 9.492/1997)

11.10. FORMA ORDINÁRIA DE COBRANÇA – AÇÃO MONITÓRIA OU DE COBRANÇA

A cobrança através de uma ação de conhecimento ocorrerá quando a duplicata não estiver devidamente formalizada, ou seja, quando alguns de seus requisitos legais não estiverem preenchidos.

Neste caso, o credor deverá propor uma ação de conhecimento, que também será utilizada para a cobrança do referido crédito, representado pelo título, depois de passado o tempo hábil para a propositura de ação de execução (título prescrito).

Cabe-nos, contudo, esclarecer que no caso de ação de conhecimento apenas a nota fiscal serve para a propositura da mesma, servindo como comprovante de realização do negócio jurídico.

O direito brasileiro consagra duas ações de conhecimento possíveis neste caso, uma é a ação monitória, disciplinada pelo Código de Processo Civil em seus arts. 1.102-A, 1.102-B e 1.102-C[129] e, ainda, no juizado especial cível, criado e disciplinado pela Lei nº 9.099/1995, podemos contar com a ação de cobrança, estabelecida em seu art. 3º, I, c/c art. 14 do mesmo diploma legal, nos casos que versem sobre valores inferiores a 40 salários mínimos.[130]

---

129. Código de Processo Civil: *"Art. 1.102-A. A ação monitória compete a quem pretender, com base em prova escrita sem eficácia de título executivo, pagamento de soma em dinheiro, entrega de coisa fungível ou de determinado bem móvel.*

Art. 1.102-B. Estando a petição inicial devidamente instruída, o Juiz deferirá de plano a expedição do mandado de pagamento ou de entrega da coisa no prazo de quinze dias.

Art. 1.102-C. No prazo previsto no artigo anterior, poderá o réu oferecer embargos, que suspenderão a eficácia do mandado inicial. Se os embargos não forem opostos, constituir-se-á, de pleno direito, o título executivo judicial, convertendo-se o mandado inicial em mandado executivo e prosseguindo-se na forma prevista no Livro I, Título VIII, Capítulo X, desta Lei. § 1º. Cumprindo o réu o mandado, ficará isento de custas e honorários advocatícios. 2º. Os embargos independem de prévia segurança do juízo e serão processados nos próprios autos, pelo procedimento ordinário. 3º. Rejeitados os embargos, constituir-se-á, de pleno direito, o título executivo judicial, intimando-se o devedor e prosseguindo-se na forma prevista no Livro I, Título VIII, Capítulo X, desta Lei."

130. Lei nº 9.099/1995 – Juizado Especial: *"Art. 3º O Juizado Especial Cível tem competência para conciliação, processo e julgamento das causas cíveis de menor complexidade, assim consideradas: (...) § 1º. Compete ao Juizado Especial promover a execução: (...) II – dos títulos executivos extrajudiciais, no valor de até quarenta vezes o salário mínimo, observado o disposto no § 1º do art. 8º desta Lei. (...)." — "Art. 14. O processo instaurar-se-á com a apresentação do pedido, escrito ou oral, à Secretaria do Juizado."*

Ressaltamos aqui que a cobrança feita através da ação de conhecimento deve respeitar o prazo prescricional de 5 anos do art. 206, § 5º, I, do Código Civil.[131]

11.11. DA PRESTAÇÃO DE SERVIÇOS

Como visto anteriormente, o prestador de serviço pode utilizar-se da emissão de duplicatas para recebimento de seu crédito.

Porém, é preciso explicar que há uma distinção na figura do prestador de serviço muito importante a ser feita neste momento que é o da sociedade empresária (art. 982, do CC) ou empresário individual (art. 966, do CC)[132] e do profissional liberal ou prestador não habitual de serviços. Os dois primeiros poderão utilizar-se do procedimento previsto nos arts. 20 e 21 da LD e os últimos, do disposto no art. 22 do mesmo diploma legal.[133]

Trata-se de diferenciar o documento em duplicata de prestação de serviços (primeiros casos) e conta (últimos casos).

Na duplicata de prestação de serviços deverão ser observadas em especial a-penas duas situações, já que as demais previstas à duplicata mercantil se aplicam integralmente, que são:

a) a natureza a ser documentada e exigida por ela (serviços); e

b) o protesto somente será realizado com a apresentação de comprovante da realização do contrato e do serviço (nota fiscal).

Já a conta de serviços é um título emitido por profissionais que prestaram servi-ços de forma não habitual, o qual não se exige o mesmo registro contábil previsto

---

131. Código Civil: *"Art. 206. Prescreve: (...) § 5º. Em cinco anos: I – a pretensão de cobrança de dívidas líquidas constantes de instrumento público ou particular; (...)."*

132. Código Civil: *"Art. 966. Considera-se empresário quem exerce profissionalmente atividade econô-mica organizada para a produção ou a circulação de bens ou de serviços. (...)."*

   "Art. 982. Salvo as exceções expressas, considera-se empresária a sociedade que tem por ob-jeto o exercício de atividade própria de empresário sujeito a registro (art. 967); e, simples, as de-mais."

133. Lei nº 5.474/1968 – Lei da Duplicata: *"Art. 20. As empresas, individuais ou coletivas, fundações ou sociedades civis, que se dediquem à prestação de serviços, poderão, também, na forma desta Lei, emitir fatura e duplicata. § 1º. A fatura deverá discriminar a natureza dos serviços prestados. § 2º. A soma a pagar em dinheiro corresponderá ao preço dos serviços prestados. § 3º. Aplicam-se à fa-tura e à duplicata ou triplicata de prestação de serviços, com as adaptações cabíveis, as disposi-ções referentes à fatura e à duplicata ou triplicata de venda mercantil, constituindo documento há-bil, para transcrição do instrumento de protesto, qualquer documento que comprove a efetiva pres-tação, dos serviços e o vínculo contratual que a autorizou."*

   "Art. 21. O sacado poderá deixar de aceitar a duplicata de prestação de serviços por motivo de: I – não correspondência com os serviços efetivamente contratados; II – vícios ou defeitos na qualidade dos serviços prestados, devidamente comprovados; III – divergência nos prazos ou nos preços ajustados."

   "Art. 22. Equiparam-se às entidades constantes do art. 20, para os efeitos da presente Lei, ressalvado o disposto no Capítulo VI, os profissionais liberais e os que prestam serviço de natureza eventual desde que o valor do serviço ultrapasse a NCr$ 100,00 (cem cruzeiros novos). (...)."

MANUAL PRÁTICO DOS TÍTULOS DE CRÉDITO

DUPLICATA

EDIPRO

nas emissões de duplicatas, mas o procedimento de discriminar os serviços, valor, local e data de pagamento, além de mencionar a espécie de vínculo originário da mesma. A conta não obedece padrão específico como a duplicata, devendo ser encaminhado a Cartório de Títulos e Documentos, para que seja registrada e assim possa ser entregue ao devedor.

Caso o adquirente do serviço não a pague ao prestador de serviços, surge a possibilidade de executá-la nos moldes do art. 585, I do CPC, já que a conta é tida como título executivo extrajudicial, conforme art. 22, § 4º, desde que esteja devidamente registrada, a qual também não será dispensada a apresentação do protesto e a respectiva nota fiscal assinada comprovando a realização do serviço cobrado.[134]

11.12. VERIFICAÇÃO DO APRENDIZADO

01. É possível a ação de execução de uma duplicata de venda mercantil, desde que: (OAB/SP nº 129)

(A) não aceita, protestada e acompanhada da respectiva fatura.

(B) não aceita e protestada.

(C) aceita, protestada ou não.

(D) não aceita e não protestada, porém acompanhada da prova da entrega e recebimento da mercadoria.

02. De acordo com a Lei nº 5.474, de 18 de julho de 1968 – Lei da Duplicata –, é correto afirmar. (OAB/SC nº 3/2006)

(A) A pretensão à execução da duplicata prescreve em relação a qualquer dos coobrigados, contra os demais, em 6 meses, contados da data em que haja sido efetuado o pagamento do título.

(B) A pretensão à execução da duplicata prescreve contra endossante e seus avalistas, em 1 (um) ano, contado da data do protesto.

(C) Os coobrigados da duplicata não respondem solidariamente pelo aceite e pelo pagamento.

(D) A pretensão à execução da duplicata prescreve contra o sacado e respectivos avalistas, em 5 (cinco) anos, contados da data do vencimento do título.

03. Em relação à duplicata, assinale a assertiva correta. (OAB/RS nº 1/2007)

(A) O título não pode ser devolvido ao vendedor com expressa recusa de aceite pelo comprador se as mercadorias vendidas foram entregues avariadas.

---

134. Lei nº 5.474/1968 – Lei da Duplicata: *"Art. 22. (...) § 4º. O instrumento do protesto, elaborado com as cautelas do art. 14, discriminando a fatura ou conta original ou a certidão do Cartório de Títulos e Documentos, autorizará o ajuizamento do competente processo de execução na forma prescrita nesta Lei."*

Em tal caso, a providência a ser tomada pelo comprador é reter a cártula e ajuizar ação de resolução de contrato, visando desfazer o contrato de compra e venda.

(B) A emissão do título é facultativa nas operações de compra e venda mercantil celebradas no Brasil, já que o vendedor pode optar por sacar uma letra de câmbio como título de crédito a documentar o saque pela importância faturada ao comprador.

(C) Diversas faturas comerciais podem ser representadas por uma única duplicata desde que o pagamento do preço das mercadorias vendidas seja convencionado em parcela única.

(D) A duplicata não aceita e não devolvida pelo comprador ao vendedor não constitui óbice à ação executiva desde que o vendedor tenha documento hábil à comprovação da entrega da mercadoria e o comprador não tenha alegado nenhuma das razões legais que autorizam a recusa do aceite.

04. **Sobre as duplicatas, assinale a alternativa INCORRETA.** (OAB/PR nº 2/2006)

(A) O portador que não tirar o protesto da duplicata, em forma regular e dentro do prazo de 30 (trinta) dias, contado da data de vencimento, perderá o direito de regresso contra os endossantes e respectivos avalistas.

(B) A cobrança judicial de duplicata ou triplicata será efetuada de conformidade com o processo aplicável aos títulos executivos extrajudiciais, nos termos da legislação processual civil, quando se tratar de duplicata ou triplicata não aceita, desde que, cumulativamente, tenha sido protestada, esteja acompanhada de documento hábil comprobatório da entrega e recebimento da mercadoria e o sacado não tenha, comprovadamente, recusado o aceite, no prazo, nas condições e pelos motivos previstos pela lei.

(C) Não é lícito ao comprador resgatar a duplicata antes de aceita-la ou antes da data do vencimento.

(D) As empresas, individuais ou coletivas, fundações ou sociedades civis, que se dediquem à prestação de serviços, poderão, também, na forma da lei, emitir fatura e duplicata. A fatura deverá discriminar a natureza dos serviços prestados. A soma a pagar em dinheiro corresponderá ao preço dos serviços prestados.

05. **A duplicata de prestação de serviços:** (OAB/SP nº 123)

(A) não poderá ser protestada.

(B) pode ser sacada por profissionais liberais.

(C) não admite a devolução em caso de negativa de aceite.

(D) nunca é admitida como título executivo extrajudicial.

MANUAL PRÁTICO DOS TÍTULOS DE CRÉDITO 117

DUPLICATA EDIPRO

06. **Assinale a alternativa correta a respeito dos efeitos da duplicata.** (Magistratura/SP nº 178)

(A) É título de crédito causal, porque sempre está vinculada a uma causa que é um negócio comercial.

(B) Não pode ser transferida por endosso.

(C) Pode ser transferida por endosso, mas é incabível a garantia do aval.

(D) Não pode ser protestada sem o aceite do comprador.

Capítulo XII
Títulos de Crédito Impróprios

Em regra geral, os títulos de crédito denominados impróprios não se sujeitam a todos os princípios dos títulos de crédito (cartularidade, literalidade, autonomia), muito embora estejam sofrendo uma grande transformação com a era digital. Dentre todos os títulos considerados impróprios podemos, ainda, classificá-los em quatro modalidades diferentes:

12.1. TÍTULOS REPRESENTATIVOS

São aqueles que representam a custódia de mercadorias, estando sob a guarda de terceiros. Esses títulos podem ser negociados com terceiros e se diferenciam dos títulos de crédito convencionais justamente por não documentarem obrigações pecuniárias e sim custódia de mercadorias. Nesta modalidade de títulos estão presentes o conhecimento de frete (Código Civil, art. 744, parágrafo único)[135] e o conhecimento de depósito e *warrant*.

12.1.1. Conhecimento de Frete

O conhecimento de frete ou de transporte é título à ordem emitido por empresa de transporte e serve para provar o recebimento da mercadoria e a obrigação de

---

135. Código Civil: *"**Art. 744.** Ao receber a coisa, o transportador emitirá conhecimento com a menção dos dados que a identifiquem, obedecido o disposto em lei especial. **Parágrafo único.** O transportador poderá exigir que o remetente lhe entregue, devidamente assinada, a relação discriminada das coisas a serem transportadas, em duas vias, uma das quais, por ele devidamente autenticada, ficará fazendo parte integrante do conhecimento."* – Vide também Código Comercial, Lei nº 556, de 25.6.1850, arts. 566 a 589.

entregá-la no lugar de destino. Representa a mercadoria, de modo que seu portador é o presumível proprietário daquela. É, pois, título que representa o transporte de mercadorias.

Como prevê em seu art. 2º, deve conter vários requisitos essenciais para sua emissão e circulação perfeita, além de ser emitido na forma nominativa, comportando o instituto do endosso, contraindo neste caso, o endossatário e o portador, os direitos e obrigações do consignatário perante a empresa emitente.

Dessa forma, o portador do conhecimento de frete poderá, exibindo o mesmo, exigir a entrega da referida mercadoria desde que pague o referido frete e as eventuais despesas acessórias.

12.1.2. Conhecimento de Depósito e *Warrant*

Temos em nosso ordenamento jurídico alguns documentos que representam o direito à determinadas mercadorias, podendo, com isso, ser negociados com terceiros, os quais denominamos conhecimento. O terceiro adquirente do conhecimento de depósito (disciplinado pelo Decreto nº 1.102 de 1903) tem o direito à retirada das mesmas no respectivo armazém geral, onde foram depositadas e guardadas.

Os armazéns gerais tem como finalidade a guarda e conservação das mercadorias que lhes foram confiadas pelos seus donos. Essas "empresas" devem estar devidamente registradas nas juntas comerciais e obedecerem às regras atinentes a sua atividade, a qual podemos considerar como a mais importante o receber mercadorias para guarda ou conservação, o responsável pelo armazém geral assume a posição de depositário fiel dos bens confiados a ele, sendo-lhe aplicado todas as normas civis[136] pertinentes à sua posição, caso o mesmo não as restitua quando tiver sido feita a sua solicitação.

Como dito anteriormente, os armazéns gerais necessitam ter seu registro na junta comercial, pois o mesmo, ao receber as mercadorias de terceiros, deve, em contrapartida, fornecer um recibo ao proprietário da mercadoria depositada, o qual conterá todas as discriminações necessárias para identificação daquela mercadoria, assemelhando-se a uma Nota Fiscal. O proprietário das mercadorias confiadas pode, mediante entrega do recibo, solicitar ao armazém que emita um conhecimento de depósito e o *warrant* representativos daquela mercadoria.

O conhecimento de depósito e o *warrant* são fornecidos conjuntamente, mas podem circular separadamente, conforme preferir o possuidor. Muito embora ambos os documentos façam menção à mesma coisa, ou seja, à obrigação de devolver as mercadorias quando solicitadas, possuem uma diferença apenas na finalidade da entrega, sendo o conhecimento destinado à transferência da propriedade das mercadorias depositadas e o *warrant* servindo apenas como documento representativo da existência das mesmas, servindo como uma "autenticação" de que as mercado-

---

136. Código Civil: **"Art. 652**. *Seja o depósito voluntário ou necessário, o depositário que não o restituir quando exigido será compelido a fazê-lo mediante prisão não excedente a um ano, e ressarcir os prejuízos."*

rias estão naquele armazém, sendo-lhe, ainda, atribuído a possibilidade de ser dado em penhor através do lançamento do endosso no documento.

O *warrant* traduz-se como garantia, e nada mais é do que isso mesmo, um título representativo de uma garantia pignoratícia. A sua estrutura pode parecer um pouco estranha, mas na prática é muito interessante, pois um proprietário de mercadorias depositadas em um armazém geral pode precisar de um empréstimo, onde poderá garanti-lo com o *warrant* e ainda promover a negociação daquela mesma mercadoria com terceiros com o conhecimento de depósito. Porém quem os adquire tem a ciência de que as mesmas estão sendo garantia de um contrato de mútuo e poderão ser reclamadas, leiloadas ou penhoradas, caso o mesmo não seja integralmente cumprido.

Não poderia ser de outra maneira, sendo os armazéns gerais devidamente registrados nos órgãos competentes, possuem documentos fiscais que são o conhecimento de depósito e o *warrant*, extraídos de um talonário numerado, por isso a semelhança com uma nota fiscal comum. No entanto, uma peculiaridade desses títulos é que eles devem fazer menção ao prazo em que as mercadorias ficarão depositadas no armazém, não podendo ser depositada por prazo indeterminado, sob pena de serem tidas como abandonadas. Neste caso, o depositário deverá comunicar a expiração do prazo ao depositante, ainda, concedendo ao mesmo um prazo improrrogável de oito dias, sendo-lhe devolvido o recibo pelo mesmo entregue ou os possíveis títulos emitidos. Ultrapassado o prazo mencionado, ao armazém surge a possibilidade de leiloar, publicamente, as mercadorias após serem devidamente seguradas e com o valor recebido promover o depósito judicial.

Assim como mencionado acima, esses títulos comportam o instituto do endosso, sendo aplicado em sua totalidade e formas (em branco ou em preto) mas, em se tratando de dois títulos distintos, embora emitidos conjuntamente, podem aparecer as seguintes situações jurídicas:

a) sendo o endosso lançado nos títulos de forma conjunta, ao endossatário cabe o direito de disposição das mercadorias depositadas de forma totalmente livre;

b) o endosso lançado apenas no *warrant* confere ao endossatário somente o direito de oferecê-los como garantia pignoratícia (penhor), não havendo a transferência da propriedade das mesmas. Por isso caso seja dado em garantia, o valor da mesma deverá ser lançado no documento, constando ainda a taxa de juros e a data do vencimento; se não bastasse, a mesma declaração feita no *warrant* é feita pelos endossatários no conhecimento de depósito;

c) já o caso de endosso apenas no conhecimento de depósito confere ao endossatário a opção de dispor das mercadorias, salvaguardados os direitos do credor, possuidor do *warrant*.

As mercadorias só poderão ser retiradas com a entrega de ambos os documentos (conhecimento e *warrant*) correspondentes. Caso não sejam apresentados ambos os documentos, o possuidor do *warrant*, em regra, não poderá retirar as mercadorias, somente no caso das dívidas descritas no título ainda não estarem vencidas, e queira quitá-las junto ao armazém. Sendo assim, o armazém lhe entregará o recibo correspondente ao pagamento e de pronto comunicará o depositante. Porém, vencida a obrigação garantida pelo *warrant* sem o devido pagamento, o próprio portador deverá realizar o protesto, nas mesmas condições da Letra de Câmbio, podendo, ainda, se valer da venda das mercadorias em leilão, buscando-se a satisfação do crédito do portador do *warrant*, inclusive nas despesas extraordinárias e se houver valor excedente, esse deverá ser entregue ao proprietário do conhecimento de depósito.

12.2. TÍTULOS DE FINANCIAMENTO

Esses títulos são emitidos apenas em situações que envolvam instituições financeiras para documentar um crédito derivado de financiamentos, podendo ser das formas comerciais, industriais e até mesmo rurais.

12.2.1. Cédula de Crédito Bancário

A criação da cédula de crédito bancário foi realizada para servir como título representativo das operações realizadas junto às instituições financeiras, apresentando algumas distinções: é um título emitido pelo próprio devedor em favor de uma instituição financeira ou entidade a esta equiparada, na realização de operações de crédito de qualquer natureza, inclusive em contrato de cheque especial. Ela pode ser emitida estabelecendo ou não uma garantia real ou fidejussória, bem como pode ser modificada posteriormente através de documento escrito, com a respectiva data, passando esse documento a fazer parte da cédula para todos os fins de direito. O valor da cédula deverá ser demonstrado por planilha de cálculo ou através de extratos da respectiva conta corrente, os quais evidenciarão, de forma clara, precisa e de fácil entendimento e compreensão, o valor principal da dívida, os respectivos encargos e despesas contratuais devidos, a parcela dos juros e os critérios usados em sua incidência, a atualização monetária ou de câmbio, a parcela equivalente às multas e demais sanções contratuais, as despesas com as cobranças e os honorários advocatícios devidos até a data do cálculo, perfazendo o valor total da dívida. Percebemos o desuso desta modalidade de título pelas instituições financeiras, pois elas mesmas são reais credoras destes títulos e por promoverem a cobrança rotineira de juros compostos, os quais são condenáveis no meio jurídico, elas se utilizam da nota promissória em branco para realização da cobrança desse crédito. Ao promover a ação judicial em desacordo com o expresso na cédula de crédito bancário, o credor fica obrigado a pagar em dobro o valor cobrado a maior, sendo concedida a possibilidade de na própria ação ser realizada a compensação com o valor realmente devido, sem prejuízo do credor ser responsabilizado por perdas e danos. Por esse motivo é que nos dias de hoje não há uma utilização deste título pelas instituições financeiras, pois sabem que os valores que cobram são absurdos e descabidos e não querem ser responsabilizados pelos excessos, já que na prática pede-se a utilização do art. 42 do CDC, mas a maioria dos magistrados não costumam conceder o pedido, e no caso da cédula de crédito bancário teriam que penalizar as instituições por esta prática abusiva. Como o art. 1º da Lei do Pro-

MANUAL PRÁTICO DOS TÍTULOS DE CRÉDITO

TÍTULOS DE CRÉDITO IMPRÓPRIOS

EDIPRO

testo assegura tal procedimento e a cédula de crédito bancário se encaixa na lei, poderá ser protestada na modalidade *por indicação*, com a simples apresentação da declaração de posse da sua única via negociável, inclusive no caso de protesto parcial. Assim como os demais títulos representativos de crédito, a sua validade e eficácia não dependem de registro algum, mas as eventuais garantias reais, por ela constituídas, deverão ser registradas no órgão competente para que possam tornar-se públicas e de conhecimento de terceiros.

12.3. TÍTULOS DE INVESTIMENTO

Esta modalidade de título impróprio destina-se exclusivamente a captação de recursos por parte do emitente. Dentro desta modalidade estão a Letra de Crédito Imobiliário (LCI), Certificado de Recebíveis Imobiliários (CRI), Letras Imobiliárias, Cambial Financeira e Certificado de Depósito Bancário (CDB).

12.3.1. Cédula de Crédito Imobiliário

Esta espécie de título impróprio está disciplinada pela Lei nº 10.931/2004. Essa espécie de cédula foi criada para representar financiamentos de unidades imobiliárias, sendo emitida pela própria incorporadora credora, tendo como atributo a negociabilidade sem a anuência do devedor do crédito por ela representado. Essa espécie se parece bastante com os títulos de crédito reconhecidos pelo ordenamento jurídico como tais, pela possibilidade de emissão parcial (através de parcelas) ou pela integralidade do crédito, constando em todas as suas frações a totalidade do crédito, assim como é feita na duplicata mercantil, anteriormente estudada. Esse título impróprio pode ser emitido a qualquer tempo, antes do vencimento do crédito representado, comportando a faculdade de se garantir, de forma real ou fidejussória, a obrigação contraída. Esses títulos são considerados jurídicos, porém impróprios, pois não se aplicam todos os princípios do Direito Cambiário, comportando apenas a emissão e representatividade através de uma cártula (documento) ou de forma simplesmente escrita, sem representar-se através de instrumento, desobedecendo ao princípio da cartularidade. Resta mencionar que a quitação da dívida presume-se com a declaração da quitação feita pelo credor ou através de outros meios admitidos em direito, como, por exemplo, o pagamento com cheque nominativo à ordem e devidamente compensado.

12.4. TÍTULOS DE LEGITIMAÇÃO

Essa modalidade de título impróprio é a mais simples de ser entendida, pois a-pesar de não ser exigível como um título de crédito convencional, expressa um determinado valor e assegura de qualquer forma que seu portador adquira o que ele representa, podendo ser um serviço ou um prêmio. Embora nesta modalidade estejam presentes os princípios norteadores do direito cambiário (cartularidade, literalidade e autonomia), o mesmo não é título executivo, fator que não lhe possibilita fazer parte do regime jurídico cambial. Nesta modalidade podemos mencionar o passe de ônibus, o bilhete do metrô, as famosas "raspadinhas", ingresso de cinema e teatro, cupons premiáveis, etc.

12.5. VERIFICAÇÃO DO APRENDIZADO

01. O emitente de um "conhecimento de transporte" será o: (OAB/SP nº 126)

(A) remetente da mercadoria, que dá conhecimento do transporte e das condições para tanto pactuadas.

(B) destinatário da mercadoria, que dá conhecimento da entrega, atestando a condição em que as recebeu.

(C) transportador da mercadoria, que assume a obrigação de transportá-la.

(D) depositário da mercadoria, quando da entrega da mesma ao transportador, tomando ciência da ordem para tanto emitida pelo depositante.

02. Acerca de conhecimento de depósito e *warrant*, assinale a opção incorreta. (OAB/RJ nº 34)

(A) São títulos de crédito representativos de direitos sobre mercadorias.

(B) O *warrant* é título de crédito que confere direito de penhor sobre a mercadoria depositada em armazém geral.

(C) O conhecimento de depósito e o *warrant* são títulos unidos, emitidos simultaneamente pelo depositário, a pedido do depositante, podendo ser transmitidos unidos ou separadamente, mediante endosso.

(D) Em relação ao conhecimento de depósito, tem o portador desse título direito de regresso contra endossantes anteriores, desde que efetivado o protesto cambial no prazo legal.

Capítulo XIII
Petições
Sobre Títulos de Crédito

13.1. AÇÃO DE EXECUÇÃO DE NOTA PROMISSÓRIA

13.1.1. Juizado Especial Cível

EXCELENTÍSSIMO(A) SENHOR(A) DOUTOR(A) JUIZ(A) DE DIREITO DO JUÍ-ZADO ESPECIAL CÍVEL DA COMARCA DE JAÚ/SP.

(Deixar espaço de +/- 10 linhas)

AÇÃO DE EXECUÇÃO DE TÍTULO EXTRAJUDICIAL

        EMPRESA CREDORA LTDA. – ME, microempresa devidamente constituída sob CNPJ nº 11.111.111/0001-11, estabelecida na Rua José Joaquim Melo, nº 10, Vila Ivan, Jaú/SP, representada por seu sócio **Sr. Xxxxx**, brasileiro, casado, industrial, portador do CPF/MF nº 222.222.222-22 e RG/SSP nº 33.333.333, residente e domiciliado na rua Princesa Isabel, nº 835, Vila Netinho Prado, Jaú/SP, por seus advogados ao final subscritos, com instrumento de procuração incluso (Doc. 1), vem perante Vossa Excelência para, com fundamento no art. 53 da Lei nº 9.099/1995 e art. 74 da Lei Complementar nº 123/2006, sem prejuízo das demais disposições pertinentes à matéria, promover a presente

AÇÃO DE EXECUÇÃO DE TÍTULO EXTRAJUDICIAL

em face de **DEVEDOR**, brasileiro, com o CPF/MF nº 777.777.777-77 e RG nº 88.888.888-8, residente e domiciliado na Rua Augusto Roscani, nº 550, nesta comarca de Jaú/SP, pelos motivos que expõe:

DOS FATOS:

A Exequente é credora do Executado da quantia de R$ 1.000,00 (Um mil reais) – **não atualizada**, representada pela Nota Promissória em anexo (Doc. 02).

Ocorre que o Executado, até o momento, não liquidou o respectivo título de crédito. Em contato com o mesmo, este, embora insistentemente cobrado, disse não ter intenção de pagar os referidos títulos.

Esgotados todos os meios suasórios para o recebimento amigável de seu crédito, não resta à Exequente outro caminho a não ser a propositura da presente Execução.

Nos termos do art. 614, inciso II do Código de Processo Civil, a Exequente apresenta em anexo "Demonstrativo de Cálculo", contendo o débito atualizado até esta data (05/2008), acrescido dos juros moratórios de 1% a.m., perfazendo o saldo devedor de **R$ 1.418,23** (Um mil, quatrocentos e dezoito reais e vinte e três centavos).

DOS PEDIDOS:

Diante do Exposto, a Exequente requer à Vossa Excelência se digne determinar a citação do Executado para que pague no prazo de 03 dias, em conformidade com o art. 652 do CPC e seguintes, sob pena de incorrer no art. 655-A, desde já requerido, a quantia de **R$ 1.418,23** (Um mil, quatrocentos e dezoito reais e vinte e três centavos), acrescida da atualização monetária de acordo com a Lei nº 6.889/1981, de juros de mora de 1% a.m., calculados sobre o capital atualizado, que deverão incidir a partir desta data até o efetivo pagamento, custas e despesas processuais, honorários advocatícios no importe de 20% sobre o valor da causa e demais cominações de direito ou, em igual prazo, nomeie bens passíveis de penhora, sob pena de não o fazendo, lhe ser penhorados livremente bens bastantes para garantir a Execução.

Protesta provar o alegado por todos os meios de prova em direito admitidos, especialmente pelo depoimento pessoal do Executado, através de seu representante legal, sob pena de confesso, oitiva de testemunhas e juntada de documentos, sempre à altura de eventuais Embargos.

Requer sejam publicadas as intimações em nome dos advogados Fulano de Tal, OAB/SP xxx.xxx e Ciclano, OAB/SP xxx.xxx, sob pena de nulidade do ato processual.

Os subscritores desta inicial declaram que são autênticas todas as cópias juntadas nesta ocasião, responsabilizando-se por essa afirmação, ficando dispensada a juntada de cópias autenticadas.

VALOR DA CAUSA:

Dá-se à presente o valor de **R$ 1.418,23** (Um mil, quatrocentos e dezoito reais e vinte e três centavos).

Termos em que

P. deferimento.

Jaú/SP, 15 de maio de 2008.

Fulano de Tal   *Ciclano*

OAB/SP xxx.xxx   OAB/SP xxx.xxx

13.1.2. Justiça Comum

EXCELENTÍSSIMO(A) SENHOR(A) DOUTOR(A) JUIZ(A) DE DIREITO DE UMA DAS VARAS CÍVEIS DA COMARCA DE BAURU/SP.

(Deixar espaço de +/- 10 linhas)

**Ação de Execução de Título Extrajudicial
Pedido de Assistência Judiciária Gratuita**

MARCOS ROGÉRIO DE OLIVEIRA, brasileiro, casado, portador do CPF nº 999.888.777-66, residente e domiciliado na Avenida Frederico Ozanan, nº 608, Vila Nova, Bauru/SP, CEP 17.205-000, por seu advogado infra-assinado vem, respeitosamente, à presença de Vossa Excelência para, com fundamento nos arts. 580, 585, inciso I, 646 e seguintes do Código de Processo Civil, sem prejuízo das demais disposições pertinentes à matéria, promover a presente

AÇÃO DE EXECUÇÃO DE TÍTULO EXTRAJUDICIAL

em face de **Sebastião Alceu Campos Mello**, brasileiro, comerciante, portador do CPF nº 061.002.003-04, residente e domiciliado na Rua Edgard Ferraz, nº 910, Centro, nesta cidade e comarca de Bauru/SP e seu avalista **Pedro Ântonio Gentil**, brasileiro, comerciante, portador do CPF nº 888.888.777-55 e RG nº 2.222.222-2, residente e domiciliado na Avenida José Padre Anchieta, nº 450, Centro, na cidade e comarca de Mineiros do Tietê/SP, pelos motivos que expõe:

O Exequente é credor dos Executados na importância de R$ 27.000,00 (Vinte e sete mil reais), **não atualizada,** representada pelas notas promissórias em anexo, vencidas e não quitadas: **1/12**, emitida em 20/01/2007, no valor de R$ 2.250,00 (Dois mil, duzentos e cinquenta reais), com vencimento em 20/02/2007; **2/12**, emitida em 20/01/2007, no valor de R$ 2.250,00 (Dois mil, duzentos e cinquenta reais), com vencimento em 20/03/2007; **3/12**, emitida em 20/01/2007, no valor de R$ 2.250,00 (Dois mil, duzentos e cinquenta reais), com vencimento em 20/04/2007; **4/12**, emitida em 20/01/2007, no valor de R$ 2.250,00 (Dois mil, duzentos e cinquenta reais), com vencimento em 20/05/2007; **5/12**, emitida em 20/01/2007, no valor de R$ 2.250,00 (Dois mil, duzentos e cinquenta reais), com vencimento em 20/06/2007; **6/12**, emitida em 20/01/2007, no valor de R$ 2.250,00 (Dois mil, duzentos e cinquenta reais), com vencimento em 20/07/2007; **7/12**, emitida em 20/01/2007, no valor de R$ 2.250,00 (Dois mil, duzentos e cinquenta reais), com vencimento em 20/08/2007; **8/12**, emitida em 20/01/2007, no valor de R$ 2.250,00 (Dois mil, duzentos e cinquenta reais), com vencimento em 20/09/2007; **9/12**, emitida em 20/01/2007, no valor de R$ 2.250,00 (Dois mil, duzentos e cinquenta reais), com vencimento em 20/10/2007; **10/12**, emitida em 20/01/2007, no valor de R$ 2.250,00 (Dois mil, duzentos e cinquenta reais), com vencimento em 20/11/2007; **11/12**, emitida em 20/01/2007, no valor de R$ 2.250,00 (Dois mil, duzentos e cinquenta reais), com vencimento em 20/12/2007 e **12/12**, emitida em 20/01/2007, no valor de R$ 2.250,00 (Dois mil, duzentos e cinquenta reais), com vencimento em 20/01/2008.

Ocorre que os Executados, embora insistentemente cobrados, não pagaram as notas promissórias referidas ao Exequente.

Esgotados todos os meios suasórios para o recebimento amigável de seu crédito, não resta ao Exequente outro caminho a não ser a propositura da presente Execução.

Nos termos do art. 614, inciso II, do Código de Processo Civil, o Exequente apresenta em anexo, "Demonstrativo de Cálculo", contendo o débito atualizado até esta data (1º.7.2008), acrescido dos juros moratórios de 1% a.m., perfazendo o saldo devedor de R$ R$ 33.384,39 (Trinta e três mil, trezentos e oitenta e quatro reais e trinta e nove centavos).

Diante do Exposto, o Exequente requer à Vossa Excelência se digne determinar a citação dos Executados para que paguem no prazo de 03 (três) dias a quantia de **R$ 33.384,39 (Trinta e três mil, trezentos e oitenta e quatro reais e trinta e nove centavos)**, acrescida da atualização monetária de acordo com a Lei nº 6.889/1981, de juros de mora de 1% a.m., calculados sobre o capital atualizado, que deverão incidir a partir desta data até o efetivo pagamento das custas e despesas processuais, honorários advocatícios e demais cominações de direito ou, em igual prazo, nomeie bens passíveis de penhora, sob pena de não o fazendo, lhe ser penhorados livremente bens bastantes a garantir a Execução, requerendo, ainda, se digne Vossa Excelência determinar que as diligências a serem realizadas pelo Sr. Oficial de Justiça se efetuem de acordo com as faculdades previstas no art. 172 e seus parágrafos do Código de Processo Civil.

Protesta provar o alegado por todos os meios de prova em direito admitidos, especialmente pelo depoimento pessoal do Executado, sob pena de confesso, oitiva de testemunhas e juntada de documentos, sempre à altura de eventuais Embargos.

Requer-se, outrossim, os benefícios da Assistência Judiciária Gratuita, em conformidade com a legislação vigente, conforme inclusa documentação, não havendo nenhum óbice à concessão do pretendido benefício, conforme jurisprudência que segue:

O instituto da gratuidade de acesso à Justiça, numa interpretação teleológica, invocando-se o princípio da isonomia, pode ser aplicado à pessoa jurídica sem ferir seus objetivos. Ao contrário, interpretando-se a Lei Federal nº 1.050/1960 desta forma, extrai-se dela, salvo melhor entendimento, suas reais finalidades. Desta forma, o acesso à Justiça gratuita é extensível às pessoas jurídicas. Neste sentido já decidiu, em 10.3.1999, a Colenda 15ª Câmara Cível do Egrégio Tribunal de Justiça do Rio Grande do Sul, no Agravo de Instrumento nº 599076718, tendo como Relator o Desembargador Manoel Martinez Lucas:

"É cabível a concessão do benefício da justiça gratuita a pessoa jurídica, mormente quando de trata de microempresa – cabe a parte contrária a impugnação – agravo provido." O mesmo Desembargador, em 2.9.1998, já houvera decidido no mesmo sentido: *"É cabível a concessão do benefício da justiça gratuita a pessoa jurídica, mormente quando se trata de microempresa e não houve prova da parte adversa a demonstrar ter o pretendendo boa situação financeira. Agravo desprovido."* (TJRS – AI 598126753 – RS – 15ª C.Cív. – Rel. Des. Manuel Martinez Lucas – J. 2.9.1998). No mesmo sentido é o entendimento da Colenda 16ª Câmara Cível do Egrégio Tribunal de Justiça do Rio de Janeiro, através do Ínclito Relator Desembargador Jayro Ferreira, em 30.4.1999, decidiu: *"Justiça gratuita. Pessoa jurídica. Microempresa. Não há qualquer óbice de ordem legal para que a pessoa jurídica em dificuldade financeira também seja beneficiária da gratuidade de justiça. Agravo provido".* (LCR) (TJRJ – AI 65/99 – (Reg. 110.599) – 16ª C.Cív. – Rel. Des. Jayro S. Ferreira – J. 30.4.1999)

ASSISTÊNCIA JUDICIÁRIA – *PESSOA JURÍDICA – POSSIBILIDADE –* "Pessoa Jurídica – Assistência judiciária. O acesso ao Judiciário é amplo, voltado também para as pessoas jurídicas. Tem, como pressuposto, a carência econômica, de modo a impedi-los de arcar com as custas e despesas processuais. Esse acesso deve ser recepcionado com liberalidade. Caso contrário, não será possível o próprio acesso, constitucionalmente garantido. O benefício não é restrito às entidades pias, ou sem interesse de lucro. O que conta é a situação econômico-financeira no momento de postular em juízo (como autora, ou ré)" (STJ – 6ª T.; Resp. n° 1217.330-RJ; Rel.Min.Luiz Vicente Cernecchiaro; j. 23.6.1997) RJ 241/63, in *AASP*, Pesquisa Monotemática, n° 2104/93.

ASSISTÊNCIA JUDICIÁRIA – PESSOA JURÍDICA – POSSIBILIDADE – "Assistência judiciária – Microempresa – Admissibilidade. É admissível que a microempresa logre os benefícios da assistência judiciária, sob pena de tornar-se letra morta a disposição contida no inciso LXXIV, do art. 5º da Carta Magna." (2º TACIVIL – AI 543.725 – 8ª Câm., Rel.Juiz Renzo Leonardi – j. 27.8.1998) AASP, *Ementário*, 2108/4.

Requer sejam publicadas as intimações em nome dos advogados Fulano de Tal OAB/SP xxx.xxx e Ciclano OAB/SP xxx.xxx, sob pena de nulidade do ato processual.

Os subscritores desta inicial declaram que são autênticas todas as cópias juntadas nesta ocasião, responsabilizando-se por essa afirmação, ficando dispensada a juntada de cópias autenticadas.

Termos em que, D. R. e A. esta com os documentos inclusos e o valor de **R$ 33.384,39 (Trinta e três mil, trezentos e oitenta e quatro reais e trinta e nove centavos)**.

P. deferimento.

Bauru/SP, 18 de outubro de 2008.

Fulano de Tal   Ciclano

OAB/SP xxx.xxx   OAB/SP xxx.xxx

13.2. AÇÃO DE EXECUÇÃO DE CHEQUE

13.2.1. Juizado Especial Cível

EXCELENTÍSSIMO(A) SENHOR(A) DOUTOR(A) JUIZ(A) DE DIREITO DO JUÍ-ZADO ESPECIAL CÍVEL DA COMARCA DE CASA BRANCA/SP.

(Deixar espaço de +/- 10 linhas)

AÇÃO DE EXECUÇÃO DE TÍTULO EXTRAJUDICIAL

JOÃO MIGUEL DA SILVA CORREIA, brasileiro, casado, operador de máquina, residente e domiciliado na Rua Rui Barbosa, nº 530, CEP 13720-000, Casa Branca/SP, portador do CPF/MF nº 111.111.111-11 e RG/SSP /SP nº 22.222.222-2, por seus advogados ao final subscritos, com instrumento de procuração incluso (Doc. 01), vem perante Vossa Excelência para, com fundamento no art. 53 da Lei nº 9.099/1995 e art. 74 da Lei Complementar nº 123/2006, sem prejuízo das demais disposições pertinentes à matéria, promover a presente

AÇÃO DE EXECUÇÃO DE TÍTULO EXTRAJUDICIAL

em face de **JOSÉ PEREIRA DIAS**, brasileiro, portador do RG nº 33.333.333 SSP/SP, inscrito no CPF sob o nº 999.999.999-99, residente e domiciliado na Rua Roque João Tumulo, nº 341, Vila Industrial, na cidade de Casa Branca/SP, pelos motivos que expõe:

DOS FATOS:

O Exequente é credor do Executado da quantia de R$ 1.170,00 (Um mil, cento e setenta reais) – não atualizada, representada pelo cheque em anexo, devolvido sob as alíneas 11 e 12 (Doc. 02).

Ocorre que o Executado, até o momento, não liquidou o título. Em contato com o mesmo, este, embora insistentemente cobrado, disse não ter intenção de pagar o referido título.

DA TEMPESTIVIDADE:

O exequente se encontra dentro do requisito da Lei nº 9.357/1985, art. 33 c/c art. 59, que rezam:

Art. 33. O cheque deve ser apresentado para pagamento, a contar do dia da emissão, no prazo de 30 (trinta) dias, quando emitido no lugar onde houver de ser pago; e de 60 (sessenta) dias, quando emitido em outro lugar do País ou no exterior. – (grifos nossos)

Art. 59. Prescrevem em 6 (seis) meses, contados da expiração do prazo de apresentação, a ação que o art. 47 desta Lei assegura ao portador. – (grifos nossos)

DOS PEDIDOS:

Esgotados todos os meios suasórios para o recebimento amigável de seu crédito, não resta ao Exequente outro caminho a não ser a propositura da presente Execução.

Nos termos do art. 614, inciso II, do Código de Processo Civil, o Exequente apresenta em anexo, "Demonstrativo de Cálculo", contendo o débito atualizado até esta data (08/2008), acrescido dos juros moratórios de 1% a.m., perfazendo o saldo devedor de **R$ 1.211,24** (Um mil, duzentos e onze reais e vinte e quatro centavos).

Diante do Exposto, o Exequente requer à Vossa Excelência se digne determinar a citação do Executado para que pague no prazo de 03 dias, em conformidade com o artigo 652 do C.P.C. e seguintes, sob pena de incorrer no art. 655-A, desde já requerido, a quantia de **R$ 1.211,24** (Um mil, duzentos e onze reais e vinte e quatro centavos), acrescida da atualização monetária de acordo com a Lei nº 6.889/1981, de juros de mora de 1% a.m., calculados sobre o capital atualizado, que deverão incidir a partir desta data até o efetivo pagamento, custas e despesas processuais, honorários advocatícios no importe de 20% sobre o valor da causa e demais cominações de direito ou, em igual prazo, nomeie bens passíveis de penhora, sob pena de não o fazendo, lhe ser penhorados livremente bens bastantes a garantir a Execução.

Protesta provar o alegado por todos os meios de prova em direito admitidos, especialmente pelo depoimento pessoal do Executado, sob pena de confesso, oitiva de testemunhas e juntada de documentos, sempre à altura de eventuais Embargos.

Requer, sejam publicadas as intimações em nome dos advogados Fulano de Tal OAB/SP xxx.xxx e Ciclano OAB/SP xxx.xxx, sob pena de nulidade do ato processual.

Os subscritores desta inicial declaram que são autênticas todas as cópias juntadas nesta ocasião, responsabilizando-se por essa afirmação, ficando dispensada a juntada de cópias autenticadas.

VALOR DA CAUSA:

Dá-se à presente o valor de **R$ 1.211,24 (Um mil, duzentos e onze reais e vinte e quatro centavos).**

Termos em que

P. deferimento.

Casa Branca/SP, 29 de agosto de 2008.

Fulano de Tal   *Ciclano*

OAB/SP xxx.xxx   OAB/SP xxx.xxx

Exequente: **JOÃO MIGUEL DA SILVA CORREIA**

Executado: **JOSÉ PEREIRA DIAS**

DEMONSTRATIVO DE MEMÓRIA DE CÁLCULO

Tabela de atualização de débitos judiciais, DOE Justiça de 26.8.2008, caderno 1, Parte I, p. 1.

Juros legais em conformidade com o art. 406 do Código Civil Brasileiro.

1) **Cheque nº 000014 (apresentação: 27.6.2008)**	**R$ 1.170,00**
Valor atualizado monetariamente de 06/08 a 08/08	R$ 1.187,49
Juros de Mora de 1% a.m. de 06/08 a 08/08 (2%)	R$ 23,75
Total	**R$ 1.211,24**

Casa Branca/SP, 29 de agosto de 2008.

Fulano de Tal   *Ciclano*

OAB/SP xxx.xxx   OAB/SP xxx.xxx

13.2.2. Justiça Comum

EXCELENTÍSSIMO(A) SENHOR(A) DOUTOR(A) JUIZ(A) DE DIREITO DE UMA DAS VARAS CÍVEIS DA COMARCA DE LIMEIRA/SP.

(Deixar espaço de +/- 10 linhas)

Ação de Execução de Título Extrajudicial

Pedido de Assistência Judiciária Gratuita

METALÚRGICA LTDA. – EPP, empresa de pequeno porte com sede na Rua Vereador Manoel Galvão, nº 230, Jardim Sanzovo, nesta cidade e Comarca de Limeira/SP, inscrita no CNPJ sob o nº 77.777.777/0001-77, neste ato representada por seu sócio João Donizete Grillo, brasileiro, casado, portador do RG nº 13.131.313 e inscrito no CPF/MF sob o nº 015.015.015-51, por seu advogado infra-assinado vem, respeitosamente, à presença de Vossa Excelência para, com fundamento nos artigos 580, 585, inciso I, 646 e seguintes do Código de Processo Civil, sem prejuízo das demais disposições pertinentes à matéria, promover a presente

AÇÃO DE EXECUÇÃO DE TÍTULO EXTRAJUDICIAL

em face de **Comércio Metalúrgico Ltda. – ME**, microempresa com sede na Rua Rui Barbosa, nº 2.078, Jardim Ferreira Dias, nesta cidade e Comarca de Limeira/SP, inscrita no CNPJ sob o nº 07.070.707/0001-07, pelos motivos que expõe:

A Exequente é credora da Executada da quantia de R$ 5.885,87 (Cinco mil, oitocentos e oitenta e cinco reais e oitenta e sete centavos) – não atualizada, representada pelos cheques: **1)** 010102, do Banco Sudameris, agência 1529, no valor de R$ 1.924,50 (Um mil, novecentos e vinte e quatro reais e cinquenta centavos), emitido em 22.6.2006; **2)** 010101, do Banco Sudameris, agência 1529, no valor de R$ 1.953,37 (Um mil, novecentos e cinquenta e três reais e trinta e sete centavos), emitido em 30.6.2006 e **3)** 010100, do Banco Sudameris, agência 1529, no valor de R$ 2.008,00 (Dois mil e oito reais), emitido em 15.7.2006.

MANUAL PRÁTICO DOS TÍTULOS DE CRÉDITO

PETIÇÕES SOBRE TÍTULOS DE CRÉDITO

Ocorre que a Exequente, ao efetuar a compensação dos mencionados cheques, teve o pagamento destes recusados pelo banco sacado, sendo recusados e devolvidos com base nas alíneas 11 (cheque sem fundos – 1ª apresentação) e 12 (cheque sem fundos – 2ª apresentação). Em contato com a Executada, esta, embora insistentemente cobrada, não pagou os referidos cheques, alegando que a Exequente deveria esperar a melhora de mercado para que estivesse sendo liquidado este débito, mas, *durante meio ano não melhorou em nada!!!!*.

Esgotados todos os meios amigáveis para o recebimento de seu crédito, não resta à Exequente outro caminho a não ser a propositura da presente Execução.

Nos termos do art. 614, inciso II, do Código de Processo Civil, a Exequente apresenta, "Demonstrativo de Cálculo", contendo o débito atualizado até esta data (1º.7.2007), acrescido dos juros moratórios de 1% a.m., perfazendo o saldo devedor de **R$ 6.317,74 (Seis mil, trezentos e dezessete reais e setenta e quatro centavos)**, conforme tabela abaixo:

TABELA DE ATUALIZAÇÃO

Descriminação	Valor
Cheque nº 010102 de 22.6.2006	**R$ 1.924,50**
Valor atualizado monetariamente de 07/06 a 01/07	R$ 1.936,35
Juros de 1% a.m. (7 meses)	R$ 135,54
Cheque nº 010101 de 30.6.2006	**R$ 1.953,37**
Valor atualizado monetariamente de 07/06 a 01/07	R$ 1.965,30
Juros de 1% a.m. (7 meses)	R$ 137,57
Cheque nº 010100 de 15.7.2006	**R$ 2.008,00**
Valor atualizado monetariamente de 08/06 a 01/07	R$ 2.021,68
Juros de 1% a.m. (6 meses)	R$ 121,30
Total	**R$ 6.317,74**

Índices da tabela do DOE Justiça de 14.11.2006, Caderno 1, Parte I, p.1.

Juros legais de acordo com o Código Civil.

Diante do Exposto, a Exequente requer à Vossa Excelência se digne determinar a citação da Executada para que pague no prazo de 3 (três) dias, em conformidade com o art. 652 do C.P.C. e seguintes, sob pena de incorrer no art. 655-A, desde já requerido, a quantia de **R$ 6.317,74 (Seis mil,** trezentos e dezessete reais e setenta e quatro centavos), acrescida da atualização monetária de acordo com a Lei nº 6.889/1981, de juros de mora de 1% a.m., calculados sobre o capital atualizado, que deverão incidir a partir desta data até o efetivo pagamento, custas e despesas processuais, honorários advocatícios e demais cominações de direito ou, em igual prazo, nomeie bens passíveis de penhora, sob pena de não o fazendo, lhe ser penhorados livremente bens bastantes a garantir a Execução, requerendo, ainda, se digne Vossa Excelência determinar que as diligências a serem realizadas pelo Sr. Oficial de Justiça se efetuem de acordo com as faculdades previstas no art. 172 e seus parágrafos do Código de Processo Civil.

Protesta provar o alegado por todos os meios de prova em direito admitidos, especialmente pelo depoimento pessoal da Executada, sob pena de confesso, oitiva de testemunhas e juntada de documentos, sempre à altura de eventuais Embargos.

Requer-se, outrossim, os benefícios da Assistência Judiciária Gratuita, em conformidade com a legislação vigente, conforme inclusa documentação, não havendo nenhum óbice à concessão do pretendido benefício, conforme jurisprudência que segue:

O instituto da gratuidade de acesso à Justiça, numa interpretação teleológica, invocando-se o princípio da isonomia, pode ser aplicado à pessoa jurídica sem ferir seus objetivos. Ao contrário, interpretando-se a Lei Federal nº 1.050/60 desta forma, extrai-se dela, salvo melhor entendimento, suas reais finalidades. Desta forma, o acesso à Justiça gratuita é extensível as pessoas jurídicas. Neste sentido já decidiu, em 10.3.1999, a Colenda 15ª Câmara Cível do Egrégio Tribunal de Justiça do Rio Grande do Sul, no Agravo de Instrumento nº 599076718, tendo como Relator o Desembargador Manoel Martinez Lucas:

"É cabível a concessão do benefício da justiça gratuita a pessoa jurídica, mormente quando de trata de microempresa – cabe a parte contrária a impugnação – agravo provido." O mesmo Desembargador, em 2.9.1998, já houvera decidido no mesmo sentido: *"É cabível a concessão do benefício da justiça gratuita a pessoa jurídica, mormente quando se trata de microempresa e não houve prova da parte adversa a demonstrar ter o pretendendo boa situação financeira. Agravo desprovido."* (TJRS – AI 598126753 – RS – 15ª C.Cív. – Rel. Des. Manuel Martinez Lucas – J. 2.9.1998). No mesmo sentido é o entendimento da Colenda 16ª Câmara Cível do Egrégio Tribunal de Justiça do Rio de Janeiro, através do Ínclito Relator Desembargador Jayro Ferreira, em 30.4.1999, decidiu: *"Justiça gratuita. Pessoa jurídica. Microempresa. Não há qualquer óbice de ordem legal para que a pessoa jurídica em dificuldade financeira também seja beneficiária da gratuidade de justiça. Agravo provido".* (LCR) (TJRJ – AI 65/99 – (Reg. 110.599) – 16ª C.Cív. – Rel. Des. Jayro S. Ferreira – J. 30.4.1999)

ASSISTÊNCIA JUDICIÁRIA – *PESSOA JURÍDICA – POSSIBILIDADE –* "Pessoa Jurídica – Assistência judiciária. O acesso ao Judiciário é amplo, voltado também para as pessoas jurídicas. Tem, como pressuposto, a carência econômica, de modo a impedi-los de arcar com as custas e despesas processuais. Esse acesso deve ser recepcionado com liberalidade. Caso contrário, não será possível o próprio acesso, constitucionalmente garantido. O benefício não é restrito às entidades pias, ou sem interesse de lucro. O que conta é a situação econômico-financeira no momento de postular em juízo (como autora, ou ré)" (STJ – 6ª T.; Resp. nº 1217.330-RJ; Rel. Min. Luiz Vicente Cernecchiaro; j. 23.6.1997) *RJ* 241/63, in *AASP*, Pesquisa Monotemática, nº 2104/93.

ASSISTÊNCIA JUDICIÁRIA – PESSOA JURÍDICA – POSSIBILIDADE – "Assistência judiciária – Microempresa – Admissibilidade. É admissível que a microempresa logre os benefícios da assistência judiciária, sob pena de tornar-se letra morta a disposição contida no inciso LXXIV, do artigo 5º da Carta Magna." (2º TACIVIL – AI 543.725 – 8ª Câm., Rel.Juiz Renzo Leonardi – j. 27.8.1998) *AASP*, Ementário, 2108/4.

Termos em que, D. R. e A. esta com os documentos inclusos e o valor de **R$ 6.317,74 (Seis mil, trezentos e dezessete reais e setenta e quatro centavos).**

P. deferimento.

Limeira/SP, 22 de janeiro de 2007.

Advogado

OAB/SP xxx.xxx

13.3. AÇÃO DE EXECUÇÃO DE DUPLICATA

13.3.1. Juizado Especial Cível

EXCELENTÍSSIMO(A) SENHOR(A) DOUTOR(A) JUIZ(A) DE DIREITO DO JUÍZADO ESPECIAL CÍVEL DA COMARCA DE SANTA CRUZ DAS PALMEIRAS/SP.

(Deixar espaço de +/- 10 linhas)

Ação de Execução de Título Extrajudicial

   MARIA DA CUNHA BUENO VIEIRA – ME, firma individual, empresa devidamente constituída sob CNPJ nº 66.666.666/0001-66, estabelecida na Rua Pedro de Campos Neto nº 530, Vila Falcão, Jaú/SP, CEP 17.210-000, por seus advogados ao final subscritos, com instrumento de procuração incluso (Doc. 01), vem perante Vossa Excelência para, com fundamento no artigo 53 da Lei nº 9.099/95 e artigo 74 da Lei Complementar nº 123/2006, sem prejuízo das demais disposições pertinentes à matéria, promover a presente

AÇÃO DE EXECUÇÃO DE TÍTULO EXTRAJUDICIAL

em face de **EDUARDO DA SILVA RAMOS,** brasileiro, portador do CPF nº 444.444.444-44, residente e domiciliado na rua XV de novembro, nº 9.840, Vila Sampaio, CEP 19.205-150, nesta cidade e comarca de Santa Cruz das Palmeiras/SP, pelos motivos que expõe:

   A Exequente é credora do Executado da quantia de R$ 1.237,50 (Um mil, duzentos e trinta e sete reais e cinquenta centavos) – **não atualizada**, representada pelas duplicatas em anexo, devidamente protestadas por falta de pagamento (Doc. 02/07).

   Ocorre que o Executado, até o momento, não liquidou os respectivos títulos. Em contato com o mesmo, este, embora insistentemente cobrado, disse não ter intenção de pagar os referidos títulos.

   Esgotados todos os meios suasórios para o recebimento amigável de seu crédito, não resta à Exequente outro caminho a não ser a propositura da presente Execução.

Nos termos do art. 614, inciso II, do Código de Processo Civil, a Exequente apresenta em anexo, "Demonstrativo de Cálculo", contendo o débito atualizado até esta data (05/2007), acrescido dos juros moratórios de 1% a.m., perfazendo o saldo devedor de **R$ 1.456,41 (Um mil, quatrocentos e cinquenta e seis reais e quarenta e um centavos).**

Diante do Exposto, a Exequente requer à Vossa Excelência se digne determinar a citação do Executado para que pague no prazo de 03 dias, em conformidade com o art. 652 do CPC e seguintes, sob pena de incorrer no art. 655-A, desde já requerido, a quantia de **R$ 1.456,41 (Um mil, quatrocentos e cinquenta e seis reais e quarenta e um centavos)**, acrescida da atualização monetária de acordo com a Lei nº 6.889/1981, de juros de mora de 1% a.m., calculados sobre o capital atualizado, que deverão incidir a partir desta data até o efetivo pagamento, custas e despesas processuais, honorários advocatícios e demais cominações de direito ou, em igual prazo, nomeie bens passíveis de penhora, sob pena de não o fazendo, lhe ser penhorados livremente bens bastantes a garantir a Execução.

Protesta provar o alegado por todos os meios de prova em direito admitidos, especialmente pelo depoimento pessoal do Executado, sob pena de confesso, oitiva de testemunhas e juntada de documentos, sempre à altura de eventuais Embargos.

Requer, sejam publicadas as intimações em nome dos advogados Fulano de Tal OAB/SP xxx.xxx e Ciclano OAB/SP xxx.xxx, sob pena de nulidade do ato processual.

Os subscritores desta inicial declaram que são autênticas todas as cópias juntadas nesta ocasião, responsabilizando-se por essa afirmação, ficando dispensada a juntada de cópias autenticadas.

VALOR DA CAUSA:

Dá-se à presente o valor de **R$ 1.456,41 (Um mil, quatrocentos e cinquenta e seis reais e quarenta e um centavos).**

Termos em que

P. deferimento.

Santa Cruz das Palmeiras/SP, 29 de agosto de 2008.

Fulano de Tal   *Ciclano*

OAB/SP xxx.xxx   OAB/SP xxx.xxx

Exequente: **MARIA DA CUNHA BUENO VIEIRA – ME**

Executada: **EDUARDO DA SILVA RAMOS**

DEMONSTRATIVO DE MEMÓRIA DE CÁLCULO

Tabela de atualização de débitos judiciais, DOE Justiça de 14.4.2007, caderno 1, Parte I, p. 1.

Juros legais em conformidade com o art. 406 do Código Civil Brasileiro.

Descriminação	Valor
1) Duplicata nº 20206-1 (Vencimento: 6.3.2006)	**R$ 412,50**
Valor atualizado monetariamente de 03/06 a 05/07	R$ 425,37
Juros de Moras de 1% a.m. de 03/06 a 05/07 (15%)	R$ 63,80
Subtotal:	R$ 489,17
2) Duplicata nº 20206-1 (Vencimento: 6.4.2006)	**R$ 412,50**
Valor atualizado monetariamente de 04/06 a 05/07	R$ 424,23
Juros de Moras de 1% a.m. de 04/06 a 05/07 (14%)	R$ 59,39
Subtotal:	R$ 483,62
3) Duplicata nº 20206-1 (Vencimento: 6.4.2006)	**R$ 412,50**
Valor atualizado monetariamente de 04/06 a 05/07	R$ 424,23
Juros de Moras de 1% a.m. de 04/06 a 05/07 (14%)	R$ 59,39
Subtotal:	R$ 483,62
Total	**R$ 1.456,41**

Jaú/SP, 29 de agosto de 2008.

Fulano de Tal
OAB/SP xxx.xxx

Ciclano
OAB/SP xxx.xxx

13.3.2. Justiça Comum

EXCELENTÍSSIMO(A) SENHOR(A) DOUTOR(A) JUIZ(A) DE DIREITO DE UMA DAS VARAS CÍVEIS DA COMARCA DE AMERICANA/SP.

(Deixar espaço de +/- 10 linhas)

Ação de Execução de Título Extrajudicial

Pedido de Assistência Judiciária Gratuita

INDÚSTRIA DE CALÇADOS LTDA. – EPP, empresa de pequeno porte com sede na Rua Vereador Manoel Galvão, nº 230, Jardim Sanzovo, nesta cidade e Comarca de Jaú/SP, inscrita no CNPJ sob o nº 77.777.777/0001-77, neste ato representada por seu sócio Guilherme André Spatti, brasileiro, casado, portador do RG nº 11.222.333 e inscrito no CPF/MF sob o nº 044.444.444-44, por seu advogado infra-assinado vem, respeitosamente, à presença de Vossa Excelência para, com fundamento nos artigos 580, 585, inciso I, 646 e seguintes do Código de Processo Civil, sem prejuízo das demais disposições pertinentes à matéria, promover a presente

AÇÃO DE EXECUÇÃO DE TÍTULO EXTRAJUDICIAL

em face de **ANA CRISTINA MARCONDES LTDA – ME**, microempresária individual, com sede na Rua Rui Barbosa, nº 2.078, Jardim Ferreira Dias, nesta cidade e comarca de Americana/SP, inscrita no CNPJ sob o nº 55.555.555/0001-55, pelos motivos que expõe:

A Exequente é credora da Executada da quantia de R$ 16.042,27 (Dezesseis mil, quarenta e dois reais e vinte e sete centavos) – **não atualizada**, representada pelas duplicatas mercantis por indicação:

1) nº 2363/1, emitida em 26/12/2005, no valor de R$ 2.291,75 (Dois mil, duzentos e noventa e um reais e setenta e cinco centavos), com vencimento em 04/01/2006;

2) nº 2363/2, emitida em 26/12/2005, no valor de R$ 2.291,75 (Dois mil, duzentos e noventa e um reais e setenta e cinco centavos), com vencimento em 09/01/2006;

3) nº 2363/3, emitida em 26/12/2005, no valor de R$ 2.291,75 (Dois mil, duzentos e noventa e um reais e setenta e cinco centavos), com vencimento em 13/01/2006;

4) nº 2363/4, emitida em 26/12/2005, no valor de R$ 2.291,75 (Dois mil, duzentos e noventa e um reais e setenta e cinco centavos), com vencimento em 18/01/2006;

5) nº 2363/5, emitida em 26/12/2005, no valor de R$ 2.291,75 (Dois mil, duzentos e noventa e um reais e setenta e cinco centavos), com vencimento em 23/01/2006;

6) nº 2363/6, emitida em 26/12/2005, no valor de R$ 2.291,75 (Dois mil, duzentos e noventa e um reais e setenta e cinco centavos), com vencimento em 27/01/2006; e

7) nº 2363/7, emitida em 26/12/2005, no valor de R$ 2.291,75 (Dois mil, duzentos e noventa e um reais e setenta e cinco centavos), com vencimento em 03/02/2006, referentes a prestação de serviços de industrialização e retorno representada pela Nota Fiscal nº 002363, conforme documentos anexos.

Ocorre que a Executada, embora insistentemente cobrada, não pagou as duplicatas referidas, tendo a Exequente, então, protestado junto ao 1º Tabelião de Notas e de Protesto de Letras e Títulos desta cidade e comarca de Jaú/SP os mencionados títulos por falta de pagamento, conforme instrumentos em anexo.

Esgotados todos os meios suasórios para o recebimento amigável de seu crédito, não resta à Exequente outro caminho a não ser a propositura da presente Execução.

Nos termos do art. 614, inciso II, do Código de Processo Civil, a Exequente apresenta em anexo "Demonstrativo de Cálculo", contendo o débito atualizado até esta data (01/07), acrescido dos juros moratórios de 1% a.m., perfazendo o saldo devedor de **R$ 18.183,74 (Dezoito mil, cento e oitenta e três reais e setenta e quatro centavos).**

Diante do Exposto, a Exequente requer à Vossa Excelência se digne determinar a citação da Executada para que pague no prazo de 3 (três) dias, em conformidade com o art. 652 do CPC e seguintes, sob pena de incorrer no art. 655-A, desde já requerido, a quantia **R$ 18.183,74 (Dezoito mil, cento e oitenta e três reais e setenta e quatro centavos)**, acrescida da atualização monetária de acordo com a Lei nº 6.889/1981, de juros de mora de 1% a.m., calculados sobre o capital atualizado, que deverão incidir a partir desta data até o efetivo pagamento, custas e despesas processuais, honorários advocatícios e demais cominações de direito ou, em igual prazo, nomeie bens passíveis de penhora, sob pena de não o fazendo, lhe ser penhorados livremente bens bastantes a garantir a Execução, requerendo, ainda, se digne Vossa Excelência determinar que as diligências a serem realizadas pelo Sr. Oficial de Justiça se efetuem de acordo com as faculdades previstas no art. 172 e seus parágrafos do Código de Processo Civil.

Protesta provar o alegado por todos os meios de prova em direito admitidos, especialmente pelo depoimento pessoal da Executada, sob pena de confesso, oitiva de testemunhas e juntada de documentos, sempre à altura de eventuais Embargos.

Requer-se, outrossim, os benefícios da Assistência Judiciária Gratuita, em conformidade com a legislação vigente, conforme inclusa documentação, não havendo nenhum óbice à concessão do pretendido benefício, conforme jurisprudência que segue:

O instituto da gratuidade de acesso à Justiça, numa interpretação teleológica, invocando-se o princípio da isonomia, pode ser aplicado à pessoa jurídica sem ferir seus objetivos. Ao contrário, interpretando-se a Lei Federal nº 1.050/60 desta forma, extrai-se dela, salvo melhor entendimento, suas reais finalidades. Desta forma, o acesso à Justiça gratuita é extensível as pessoas jurídicas. Neste sentido já decidiu, em 10.3.1999, a Colenda 15ª Câmara Cível do Egrégio Tribunal de Justiça do Rio Grande do Sul, no Agravo de Instrumento nº 599076718, tendo como Relator o Desembargador Manoel Martinez Lucas:

"É cabível a concessão do benefício da justiça gratuita a pessoa jurídica, mormente quando de trata de microempresa – cabe a parte contrária a impugnação – agravo provido." O mesmo Desembargador, em 2.9.1998, já houvera decidido no mesmo sentido: *"É cabível a concessão do benefício da justiça gratuita a pessoa jurídica, mormente quando se trata de microempresa e não houve prova da parte adversa a demonstrar ter o pretendendo boa situação financeira. Agravo desprovido."* (TJRS – AI 598126753 – RS – 15ª C.Cív. – Rel. Des. Manuel Martinez Lucas – J. 2.9.1998). No mesmo sentido é o entendimento da Colenda 16ª Câmara Cível do Egrégio Tribunal de Justiça do Rio de Janeiro, através do Ínclito Relator Desembargador Jayro Ferreira, em 30/04/1999, decidiu: *"Justiça gratuita. Pessoa jurídica. Microempresa. Não há qualquer óbice de ordem legal para que a pessoa jurídica em dificuldade financeira também seja beneficiária da gratuidade de justiça. Agravo provido".* (LCR) (TJRJ – AI 65/99 – (Reg. 110.599) – 16ª C.Cív. – Rel. Des. Jayro S. Ferreira – J. 30.4.1999)

ASSISTÊNCIA JUDICIÁRIA – *PESSOA JURÍDICA – POSSIBILIDADE –* "Pessoa Jurídica – Assistência judiciária. O acesso ao Judiciário é amplo, voltado também para as pessoas jurídicas. Tem, como pressuposto, a carência econômica, de modo a impedi-los de arcar com as custas e despesas processuais. Esse acesso deve ser recepcionado com liberalidade. Caso contrário, não será possível o próprio acesso, constitucionalmente garantido. O benefício não é restrito às entidades pias, ou sem interesse de lucro. O que conta é a situação econômico-financeira no momento de postular em juízo (como autora, ou ré)" (STJ – 6ª T.; Resp. nº 1217.330-RJ; Rel.Min.Luiz Vicente Cernecchiaro; j. 23.6.1997) RJ 241/63, in *AASP*, Pesquisa Monotemática, nº 2104/93.

ASSISTÊNCIA JUDICIÁRIA – PESSOA JURÍDICA – POSSIBILIDADE – "Assistência judiciária – Microempresa – Admissibilidade. É admissível que a microempresa logre os benefícios da assistência judiciária, sob pena de tornar-se letra morta a disposição contida no inciso LXXIV, do art. 5º da Carta Magna." (2º TACIVIL – AI 543.725 – 8ª Câm., Rel.Juiz Renzo Leonardi – j. 27.8.1998) *AASP*, Ementário, 2108/4.

Termos em que, D. R. e A. esta com os documentos inclusos e o valor de **R$ 18.183,74 (Dezoito mil, cento e oitenta e três reais e setenta e quatro centavos)**,

P. deferimento.

Jaú/SP, 18 de janeiro de 2007.

Advogado

OAB/SP xxx.xxx

13.4. AÇÃO ORDINÁRIA DE COBRANÇA

13.4.1. Juizado Especial Cível

EXCELENTÍSSIMO SENHOR DOUTOR JUIZ DE DIREITO DO JUIZADO ESPECIAL CÍVEL DA COMARCA DE JAÚ/SP.

(Deixar espaço de +/- 10 linhas)

A. B. COBRANÇAS S.S. LTDA. – ME, empresa devidamente constituída sob CNPJ nº 04.040.404/0001-40, estabelecida na Rua João Ronchesel nº 1.025, Jardim América, Jaú/SP, CEP 17.210-700, por seus advogados ao final subscritos, com instrumento de procuração incluso (Doc. 01), vem perante Vossa Excelência, para com base no art. 3º, I da Lei nº 9.099/1995, ajuizar a presente **AÇÃO DE COBRANÇA**, em relação a **FERNANDO JOSÉ LACERDA,** brasileiro, portador do CPF nº 279.279.279-27, RG nº 27.279.279-2 SSP/SP, resi-

MANUAL PRÁTICO DOS TÍTULOS DE CRÉDITO

PETIÇÕES SOBRE TÍTULOS DE CRÉDITO

dente e domiciliado na Rua José Manoel Caseiro, nº 964, na cidade de Jaú/SP, pelos fatos e fundamentos a seguir aduzidos:

I – DOS FATOS

A Autora é credora do Réu na importância de **R$ 2.350,00 (Dois mil, trezentos e cinquenta reais), não atualizada,** cujo documento foi-lhe passado por terceiros aos quais presta serviços de cobrança, conforme cheque em anexo (Doc. 02).

Ocorre que no vencimento do prazo estipulado entre as partes – 24.3.2007 – o Réu não efetuou o devido pagamento, sendo, o mesmo, devolvido por "motivo de oposição – sustação" – alínea 21.

Sendo assim, a Autora procurou o Réu para uma tentativa de acordo. Apesar de todos os meios empregados, não obteve êxito, não restando outra medida, senão promover a presente Ação.

II – DOS FUNDAMENTOS

Conforme dispõe o artigo 14 da Lei nº 9.099/1995, "instaurar-se-a o processo com a apresentação do pedido...".

III – DO PEDIDO

Diante do exposto, requer a citação do Réu, para responder aos termos da presente Ação de Cobrança, sob pena de revelia e confissão quanto à matéria de fato, julgando-a ao final procedente, sendo o Réu condenado a pagar a importância atualizada, de acordo com o artigo 654 do CPC, de **R$ 2.908,33 (Dois mil, novecentos e oito reais e trita e três centavos)** de que é devedor, acrescida da atualização monetária de acordo com a Lei nº 6.889/1981, de juros de mora de 1% a.m., calculados sobre o capital atualizado, que deverão incidir a partir desta data até o efetivo pagamento, custas e despesas processuais, honorários advocatícios no importe de 20% sobre o valor da causa e demais cominações de direito, conforme comprova o incluso documento.

Protesta em derradeiro, por todos os meios de prova em direito admitidos, especialmente pelo depoimento pessoal do Réu, sob pena de confissão, juntada de novos documentos, e todas as demais provas que se façam necessárias, o que desde já fica indicado e expressamente requerido.

Requer, sejam publicadas as intimações em nome dos advogados Fulano de Tal OAB/SP xxx.xxx e Ciclano OAB/SP xxx.xxx, sob pena de nulidade do ato processual.

Os subscritores desta inicial declaram que são autênticas todas as cópias juntadas nesta ocasião, responsabilizando-se por essa afirmação, ficando dispensada a juntada de cópias autenticadas.

VALOR DA CAUSA

Dá-se à causa o valor de **R$ 2.908,33 (Dois mil, novecentos e oito reais e trita e três centavos).**

Nestes termos,

P. deferimento.

Jaú/SP, 10 de junho de 2008.

Fulano de Tal   *Ciclano*

OAB/SP xxx.xxx   OAB/SP xxx.xxx

Autor: **A. B. Cobranças S.S. Ltda. – ME**

Réu: **Fernando José Lacerda**

DEMONSTRATIVO DE MEMÓRIA DE CÁLCULO

Tabela de atualização de débitos judiciais, DOE Justiça de 14.5.2008, caderno 1, Parte I, p. 1.

Juros legais em conformidade com o art. 406 do Código Civil Brasileiro.

1) Cheque nº AA-000025 (apresentação: 24.3.2008)	**R$ 2.350,00**
Valor atualizado monetariamente de 03/07 a 06/08	R$ 2.528,99
Juros de Mora de 1% a.m. de 03/07 a 06/08 (15%)	R$ 379,34
Total	**R$ 2.908,33**

Jaú/SP, 10 de junho de 2008.

Fulano de Tal   *Ciclano*

OAB/SP xxx.xxx   OAB/SP xxx.xxx

MANUAL PRÁTICO DOS TÍTULOS DE CRÉDITO

PETIÇÕES SOBRE TÍTULOS DE CRÉDITO

13.4.2. Justiça Comum

EXCELENTÍSSIMO SENHOR DOUTOR JUIZ DE DIREITO DE UMA DAS VARAS CÍVEIS DA COMARCA DE JAÚ/SP.

(Deixar espaço de +/- 10 linhas)

AÇÃO MONITÓRIA

EMBALAGENS DE PAPEL LTDA – ME, empresa devidamente constituída sob CNPJ nº 20.202.020/0001-02, estabelecida na Rua João Henrique Moreira nº 125, Jardim das Amoras, Jaú/SP, CEP 17.200-000, por seus advogados ao final subscritos, com instrumento de procuração incluso (Doc. 01), vem perante Vossa Excelência, para ajuizar a presente **AÇÃO MONITÓRIA,** em relação a **DEVEDORA INDÚSTRIA E COMÉRCIO DE CALÇADOS LTDA – ME,** sociedade empresária, devidamente inscrita sob CNPJ nº 05.050.505/0001-50, com sede à Rua Major Pestana, nº 1.640 – Fundos, Vila Nova, na cidade de Jaú/SP, pelos fatos e fundamentos a seguir aduzidos:

I – DOS FATOS

A Requerente é credora da Requerida na importância de **R$ 19.789.79 (Dezenove mil, setecentos e oitenta e nove reais e setenta e nove centavos),** representados pelos cheques anexo (Doc. 02/03), emitidos, vencidos e não pagos até o presente momento. Tendo sido devolvidos por insuficiência de fundos – alíneas 11 e 12, os quais foram adquiridos pela Requerente através de pagamentos efetuados por terceiros em virtude de sua atividade (efetuar cobranças).

Salienta-se, ainda, que por várias vezes a Requerente procurou receber o que lhe é de direito, mas infelizmente não logrando êxito na consecução de seu propósito, não restando outra alternativa, senão, recorrer ao Poder Judiciário, para ter sua pretensão acolhida.

II – DO DIREITO

Aplica-se ao caso *sub judice*, os arts. 1.102-A e seguintes do CPC, arts. 61 e 62 da Lei nº 7.357/1985, conforme abaixo:

Código de Processo Civil:

Art. 1.102-A. *A ação monitória compete a quem pretender, com base em prova escrita sem eficácia de título executivo, pagamento de soma em dinheiro, entrega de coisa fungível ou de determinado bem móvel.*

Art. 1.102-B. *Estando a petição inicial devidamente instruída, o Juiz deferirá de plano a expedição do mandado de pagamento ou de entrega da coisa no prazo de quinze dias.*

Art. 1.102-C. *No prazo previsto no artigo anterior, poderá o réu oferecer embargos, que suspenderão a eficácia do mandado inicial. Se os embargos não forem opostos, constituir-se-á, de pleno direito, o título executivo judicial, convertendo-se o mandado inicial em mandado executivo e prosseguindo-se na forma prevista no Livro I, Título VIII, Capítulo X, desta Lei.*

§ 1º. Cumprindo o réu o mandado, ficará isento de custas e honorários advocatícios.

§ 2º. Os embargos independem de prévia segurança do juízo e serão processados nos próprios autos, pelo procedimento ordinário.

§ 3º. Rejeitados os embargos, constituir-se-á, de pleno direito, o título executivo judicial, intimando-se o devedor e prosseguindo-se na forma prevista no Livro I, Título VIII, Capítulo X, desta Lei.

Lei nº 7.357/1985:

Art. 61. *A ação de enriquecimento contra o emitente ou outros obrigados, que se locupletaram injustamente com o não-pagamento do cheque, prescreve em 2 (dois) anos, contados do dia em que se consumar a prescrição prevista no art. 59 e seu parágrafo desta Lei.*

Art. 62. *Salvo prova de novação, a emissão ou a transferência do cheque não exclui a ação fundada na relação causal, feita a prova do não-pagamento.*

Assim, a pretensão do requerente encontra-se cabalmente amparada na legislação supra referida.

III – DOS PEDIDOS

EX POSITIS, requer-se de Vossa Excelência o que segue:

A citação da Requerida na pessoa de seus sócios, no endereço já mencionado, para que efetue o pagamento do débito;

Faculta-se ao Sr. Oficial de Justiça o elastério previsto no art. 172, § 2º do CPC;

Requer-se, outrossim, não sendo opostos embargos e não cumprindo a Requerida o provimento judicial, a formação do documento escrito, ora objeto da presente ação em **TÍTULO EXECUTIVO JUDICIAL**, e por via consequência o mandado de citação para pagamento válido aos atos executivos (penhora, avaliação, etc.), independentemente de contraditório;

Condenação da requerida nas custas processuais e honorários advocatícios, na fase monitória, acrescidos de honorários arbitrados por V. Exa., na fase executiva, nos termos do art. 652-A do CPC.

Protesta-se provar o alegado por todo os meios de provas em direito admitidos.

Requer, sejam publicadas as intimações em nome dos advogados Fulano de Tal OAB/SP xxx.xxx e Ciclano OAB/SP xxx.xxx, sob pena de nulidade do ato processual.

Os subscritores desta inicial declaram que são autênticas todas as cópias juntadas nesta ocasião, responsabilizando-se por essa afirmação, ficando dispensada a juntada de cópias autenticadas.

Dá-se à causa o valor de **R$ 19.789.79 (Dezenove mil, setecentos e oitenta e nove reais e setenta e nove centavos)**.

Nestes termos,

P. deferimento.

Jaú/SP, 31 de julho de 2007.

Fulano de Tal   *Ciclano*

OAB/SP xxx.xxx   OAB/SP xxx.xxx

Autora: **EMBALAGENS DE PAPEL LTDA – ME**

Ré: **DEVEDORA INDÚSTRIA E COMÉRCIO DE CALÇADOS LTDA – ME**

Cartório do _º Ofício – _ª Vara – Comarca de Jaú-SP

DEMONSTRATIVO DE MEMÓRIA DE CÁLCULO

Tabela de atualização de débitos judiciais, DOE Justiça de 14.7.2007, caderno 1, Parte I, p. 1.

Juros legais em conformidade com o art. 406 do Código Civil Brasileiro.

1) Cheque nº 010718 (Apresentação: 17.10.2006)	R$ 3.500,00
Valor atualizado monetariamente de 10/06 a 07/07	R$ 3.634,90
Juros de Mora de 1% a.m. de 10/06 a 07/07 (10%)	R$ 363,49
Subtotal	R$ 3.998,39
2) Cheque nº 010876 (Apresentação: 11.12.2006)	R$ 2.830,00
Valor atualizado monetariamente de 12/06 a 07/07	R$ 2.939,08
Juros de Mora de 1% a.m. de 12/06 a 07/07 (8%)	R$ 235,13
Subtotal	R$ 3.174,20
3) Cheque nº 010877 (Apresentação: 18.12.2006)	R$ 2.780,00
Valor atualizado monetariamente de 12/06 a 07/07	R$ 2.887,15
Juros de Mora de 1% a.m. de 12/06 a 07/07 (8%)	R$ 230,97
Subtotal	R$ 3.118,12
4) Cheque nº 010878 (Apresentação: 22.12.2006)	R$ 2.650,00
Valor atualizado monetariamente de 12/06 a 07/07	R$ 2.752,14
Juros de Mora de 1% a.m. de 12/06 a 07/07 (8%)	R$ 220,17
Subtotal	R$ 2.972,31
5) Cheque nº 010929 (Apresentação: 29.11.2006)	R$ 2.500,00
Valor atualizado monetariamente de 11/06 a 07/07	R$ 2.581,63
Juros de Mora de 1% a.m. de 11/06 a 07/07 (9%)	R$ 232,35
Subtotal	R$ 2.813,98
6) Cheque nº 010369 (Apresentação: 27.10.2006)	R$ 3.250,00
Valor atualizado monetariamente de 10/06 a 07/07	R$ 3.375,27
Juros de Mora de 1% a.m. de 10/06 a 07/07 (10%)	R$ 337,53
Subtotal	R$ 3.712,79
Total:	R$ 19.789,79

Jaú/SP, 31 de julho de 2007.

Fulano de Tal *Ciclano*
OAB/SP xxx.xxx OAB/SP xxx.xxx

LEGISLAÇÃO COMERCIAL COMPLEMENTAR

DECRETO Nº 1.102, DE 21 DE NOVEMBRO DE 1903

Institui regras para o estabelecimento de empresas de armazéns gerais, determinando os direitos e obrigações dessas empresas.

O Presidente da República dos Estados Unidos do Brasil:

Faço saber que o Congresso Nacional decretou e eu sanciono a resolução seguinte:

DOS ARMAZÉNS GERAIS
Capítulo I – Estabelecimento, Obrigações e Direitos das Empresas de Armazéns Gerais

Art. 1º. As pessoas naturais ou jurídicas, aptas para o exercício do comércio, que pretenderem estabelecer empresas dos armazéns gerais, tendo por fim a guarda e conservação de mercadorias e a emissão de títulos especiais, que as representem, deverão declarar à junta Comercial do respectivo distrito:

1º, a sua firma, ou, se se tratar de sociedade anônima, a designação que lhe for própria, o capital da empresa e o domicilio;

2º, a denominação, a situação, o número, a capacidade, a comodidade e a segurança dos armazéns;

3º, a natureza das mercadorias que recebem em depósito;

4º, as operações e serviços a que se propõem.

A essas declarações juntarão:

a) o regulamento interno dos armazéns e da sala de vendas públicas;

b) a tarifa remuneratória do depósito e dos outros serviços;

c) a certidão do contrato social ou estatutos, devidamente registrados, se se tratar de pessoa jurídica.

§ 1º. A Junta Comercial, verificando que o regulamento interno não infringe os preceitos da presente Lei, ordenará a matricula do pretendente no registro do comércio, dentro do prazo de um mês, contado do dia desta matrícula, fará publicar, por edital, as declarações, o regulamento interno e a tarifa.

§ 2º. Arquivado na secretaria da Junta Comercial um exemplar das folhas em que se fizer a publicação, o empresário assinará termo de responsabilidade, como fiel depositário dos gêneros e mercadorias que receber, e só depois de preenchida esta formalidade, que se fará conhecida de terceiros por novo edital da junta, poderão ser iniciados os serviços e operações que constituem objeto da empresa.

§ 3º. As alterações ao regimento interno e à tarifa entrarão em vigor trinta dias depois da publicação, por edital, da Junta Comercial, e não se aplicarão aos depósitos realizados até a véspera do dia em que elas entrarem em vigor, salvo se trouxerem vantagens ou benefícios aos depositantes.

§ 4º. Os administradores aos armazéns gerais, quando não forem os próprios empresários, os fiéis e outros prepostos, antes de entrarem em exercício, receberão do proponente uma nomeação escrita, que farão inscrever no registro do comércio. (Código Comercial, arts. 74 e 10, nº 2.)

§ 5º. Não poderão ser empresários, administradores ou fiéis de armazéns gerais os que tiverem sofrido condenação pelos crimes de falência culposa ou fraudulenta; estelionato, abuso de confiança, falsidade, roubo ou furto.

§ 6º. As publicações a que se refere este artigo devem ser feitas no Diário Oficial da União ou do Estado e no jornal de maior circulação da sede dos armazéns gerais, e à custa do interessado.

Art. 2º. O Governo Federal designará as Alfândegas que estiverem em condições de emitir os títulos de que trata o capítulo II sobre mercadorias recolhidas em seus armazéns, e, por decreto expedido pelo Ministério da Fazenda, dará as instruções sobre o respectivo serviço e a tarifa.

Parágrafo único. Os títulos emanados destas repartições serão em tudo equiparados aos que as empresas particulares emitirem, e as mercadorias por eles representadas ficarão sob o regime da presente Lei.

Art. 3º. Nas estações de estrada de ferro da União poderá o Governo, por intermédio do Ministério da Indústria, Viação e Obras Públicas, estabelecer armazéns gerais, expedido as necessárias instruções e a tarifa, sendo aplicada às mercadorias em depósito e aos títulos emitidos a disposição do parágrafo único do art. 2º.

Parágrafo único. As companhias ou empresas particulares de estrada de ferro ficarão sujeitas às disposições do art. 1º se quiserem emitir os títulos de que trata o capítulo II sobre mercadorias recolhidas a armazéns de suas estações, devendo apresentar, com as declarações a que se refere aquele artigo, autorização especial do Governo que lhes fez a concessão.

Art. 4º. As empresas ou companhias de docas que recebem em seus armazéns mercadorias de importação e exportação (Decreto Legislativo nº 1746, de 13 de outubro de 1869, art. 1º) e os concessionários de entrepostos e trapiches alfandegados poderão solicitar do Governo Federal autorização para emitirem sobre mercadorias em depósito os títulos de que trata o capítulo II, declarando as garantias que oferecem a Fazenda Nacional e apresentando o regulamento interno dos armazéns e a tarifa remuneratória do depósito e outros serviços a que se proponham.

Nestes regulamentos serão estabelecidas as relações das companhias de docas e concessionárias de entrepostos e trapiches alfandegados com os empregados aduaneiros.

A autorização para a emissão dos títulos e a aprovação do regulamento e tarifa serão dadas por decreto expedido pelo Ministério da Fazenda.

Nenhuma alteração será feita ao regulamento ou à tarifa sem as mesmas formalidades, prevalecendo a disposições da segunda parte do § 3º do art. 1º.

Parágrafo único. Obtida a autorização, as docas, os entrepostos particulares e os trapiches alfandegados ficarão sujeitos às disposições da presente Lei, adquirindo a qualidade de armazéns gerais.

Art. 5º. Na porta principal dos entrepostos públicos ou armazéns das Alfândegas e das estações de estrada de ferro da União (arts. 2º e 3º), na dos estabelecimentos mantidos e custeados por empresas particulares (arts. 1º e 4º) e nas salas de vendas públicas (art. 28) serão afixadas, em lugar visível, as instruções oficiais ou o regulamento interno, e a tarifa e exemplares impressos destas peças serão entregues, gratuitamente, aos interessados que os solicitarem.

Art. 6º. Das mercadorias confiadas à sua guarda os armazéns gerais passarão recibo, declarando nele a natureza, quantidade, número e marcas, fazendo pesar, medir ou montar no ato do recebimento, as que forem susceptíveis de ser pesadas, medidas ou contadas.

No verso deste recibo serão anotadas pelo armazém geral as retiradas parciais das mercadorias, durante o depósito.

Esta disposição não se aplica às mercadorias estrangeiras sujeitas a direitos de importação, a respeito dos quais se observarão os regulamentos fiscais.

Parágrafo único. O recibo será restituído no armazém geral contra a entrega das mercadorias ou dos títulos do art. 15, que, a pedido do dono, forem emitidos. A quem tiver o direito de livre disposição das mercadorias é facultado, durante o prazo do depósito (art. 10), substituir esses títulos por aquele recibo.

Art. 7º. Além dos livros mencionados no art. 11 do Código Comercial, as empresas de armazéns gerais são obrigadas a ter, revestido das formalidades do art. 13 do mesmo Código, e escriturado rigorosamente dia a dia, um livro de entrada e saídas de mercadorias, devendo os lançamentos ser feitos na forma do art. 88, nº II, do citado Código, sendo anotadas as consignações em pagamento (art. 22), as vendas e todas as circunstâncias que ocorrerem relativamente às mercadorias depositadas.

As docas, entrepostos particulares e trapiches Alfandegados lançarão naquele livro as mercadorias estrangeiras sujeitas a direitos de importação sobre as quais, a pedido do dono, tenham de emitir os títulos do art. 15.

O Governo, nas instruções que expedir para as Alfândegas e armazéns de estrada de ferro da União, determinará os livros destinados ao serviço do registro das mercadorias sobre as quais forem emitidos os títulos do art. 15 e seus requisitos de autenticidade.

Art. 8º. Não podem os armazéns gerais:

§ 1º. Estabelecer preferência entre os depositantes a respeito de qualquer serviço.

§ 2º. Recusar o depósito, exceto:

a) se a mercadoria que se desejar armazenar não for tolerada pelo regulamento interno;

b) se não houver espaço para a sua acomodação;

c) se, em virtude das condições em que ela se achar, puder danificar as já depositadas.

§ 3º. Abater o preço marcado na tarifa, em benefício de qualquer depositante.

§ 4º. Exercer o comércio de mercadorias idênticas às que se propõem receber em depósito, e adquirir, para se ou para outrem, mercadorias expostas à venda em seus estabelecimentos, ainda que seja a pretexto de consumo particular.

MANUAL PRÁTICO DOS TÍTULOS DE CRÉDITO

153

LEGISLAÇÃO COMERCIAL COMPLEMENTAR

EDIPRO

§ 5º. Emprestar ou fazer, por conta própria ou alheia, qualquer negociação sobre os títulos que emitirem.

Art. 9º. Serão permitidos aos interessados o exame e a verificação das mercadorias depositadas e a conferência das amostras, podendo, no regulamento interno do armazém, ser indicadas as horas para esse fim e tomadas às cautelas convenientes.

Parágrafo único. As mercadorias de que trata o art. 12 serão examinadas pelas amostras que deverão ser expostas no armazém.

Art. 10. O prazo do depósito, para os efeitos deste artigo, começará a correr da data de entrada da mercadoria nos armazéns gerais e será de seis meses, podendo ser prorrogado livremente por acordo das partes.

Para as mercadorias estrangeiras sujeitas a direitos de importação e sobre as quais tenham sido emitidos os títulos do art. 15, o prazo de seis meses poderá ser prorrogado até mais um ano, pelo inspetor da Alfândega, se o estado das mercadorias garantir o pagamento integral daqueles direitos, armazéns e as despesas e adiantamentos referidos no art. 14.

Se estas mercadorias estiverem depositadas nas docas, nos entrepostos particulares e nos trapiches alfandegados, a prorrogação do prazo dependerá também do consentimento da respectiva companhia ou concessionário.

§ 1º. Vencido o prazo do depósito, a mercadoria reputar-se-á abandonada, e o armazém geral dará aviso ao depositante, marcando-lhe o prazo de oito dias improrrogáveis para a retirada da mercadoria contra entrega do recibo (art. 6º) ou dos títulos emitidos (art. 15).

Findo este prazo, que correrá do dia em que o aviso for registrado no Correio, o armazém geral mandará vender a mercadoria por corretor ou leiloeiro, em leilão público anunciado com antecedência de três dias, pelo menos, observando-se as disposições do art. 28, §§ 3º, 4º, 6º e 7º.

§ 2º. Para prova do aviso prévio bastarão a sua transcrição no copiador do armazém geral e o certificado do registro da expedição pelo Correio.

§ 3º. O produto da venda, deduzidos os créditos indicados no art. 26, § 1º, se não for procurado por quem de direito, dentro do prazo de oito dias, será depositado judicialmente por conta de quem pertencer.

As Alfândegas reterão em seus cofres esse saldo e a administração da estrada de ferro da União o recolherá à repartição fiscal designada pelo Governo nas instruções expedidas na conformidade do art. 3º.

§ 4º. Não obstante o processo do art. 27, §§ 2º e 3º, verificado o caso do § 1º do presente artigo, o armazém geral ou a competente repartição federal fará vender a mercadoria, cientificando, com antecedência de cinco dias, ao juiz daquele processo.

Deduzidos do produto da venda os créditos indicados no art. 26, § 1º, o líquido será posto à disposição do juiz.

É permitido ao que perder o título obstar a venda, ficando prorrogado o depósito por mais três meses, se pagar os impostos fiscais e as despesas declaradas no art. 23, § 6º.

Art. 11. As empresas de armazéns gerais, além das responsabilidades especialmente estabelecidas nesta Lei, respondem:

1º, pela guarda, conservação e pronta e fiel entrega das mercadorias que tiverem recebido em depósito, sob pena de serem presos os empresários, gerentes, superintendentes ou administradores sempre que não efetuarem aquela entrega dentro de 24 horas depois que judicialmente forem requeridas.

Cessa a responsabilidade nos casos de avarias ou vícios provenientes da natureza ou acondicionamento das mercadorias, e de força maior, salvo a disposição do art. 37, parágrafo único;

2º, pela culpa, fraude ou dolo de seus empregados e prepostos e pelos furtos acontecidos aos gêneros e mercadorias dentro dos armazéns.

§ 1º. A indenização devida pelos os armazéns gerais, nos casos referidos neste artigo, será correspondente ao preço da mercadoria em bom estado no lugar e no tempo em que devia ser entregue.

O direito de indenização prescreve em três meses, contados do dia em que a mercadoria foi ou devia ser entregue.

§ 2º. Pelas Alfândegas e estradas de ferro da União responde diretamente a Fazenda Nacional, com ação regressiva contra seus funcionários culpados.

Art. 12. Nos armazéns gerais podem ser recebidas mercadorias da mesma natureza e qualidade, pertencentes a diversos donos, guardando-se misturadas.

Para este gênero de depósito deverão os armazéns gerais dispor de lugares próprios e se aparelhar para o bom desempenho do serviço.

Às declarações de que trata o art. 1º juntará o empresário a descrição minuciosa de todos os aprestos do armazém, e a matrícula no registro do comércio somente será feita depois do exame, mandado proceder pela Junta Comercial, por profissionais e à custa do interessado.

§ 1º. Neste depósito, além das disposições especiais na presente Lei, observar-se-ão as seguintes:

1ª, o armazém geral não é obrigado a restituir a própria mercadoria recebida, mas pode entregar mercadoria da mesma qualidade;

2ª, o armazém geral responde pelas perdas e avarias da mercadoria, ainda mesmo no caso de força maior.

§ 2º. Relativamente às docas, entrepostos particulares e trapiches alfandegados, a atribuição acima conferida à Junta Comercial cabe ao Governo Federal.

Art. 13. Os armazéns gerais ficam sob a imediata fiscalização das Juntas Comerciais, às quais os empresários remeterão até o dia 15 dos meses de abril, julho, outubro o janeiro de cada ano um balanço, em resumo, das mercadorias que, no trimestre anterior, tiverem entrado e saído e das que existirem, bem como a demonstração do movimento dos

154
EDIPRO

títulos que emitirem, a importância dos valores que com os mesmos títulos forem negociados, as quantias consignadas, na conformidade do art. 22, e o movimento das vendas publicas, onde existirem as salas de que trata o capítulo III.

Até o dia 15 de março as empresas apresentarão o balanço detalhado de todas as operações e serviços realizados, durante o ano anterior, nos armazéns gerais e salas de vendas públicas, fazendo-o acompanhar de um relatório circunstanciado, contendo as considerações que julgarem úteis.

§ 1º. As Alfândegas, docas, entrepostos particulares e trapiches alfandegados ficarão, porém, sob a exclusiva fiscalização do Ministério da Fazenda, e os armazéns das estações de estradas de ferro da União sob a do Ministério da Indústria, Viação e Obras Públicas.

Os inspetores das Alfândegas, empresas ou companhias de docas, concessionários de entrepostos e trapiches alfandegados e diretores de estradas de ferro federais enviarão, nas épocas acima designadas, os balanços trimensais e o balanço e o relatório anuais ao respectivo Ministério.

§ 2º. O Ministério da Fazenda, o da Indústria, Viação e Obras Públicas e as Juntas Comerciais poderão, sempre que acharem conveniente, mandar inspecionar os armazéns sob sua fiscalização, a fim de verificarem se os balanços apresentados estão exatos, ou se tem sido fielmente cumpridas as instruções ou regulamento interno e a tarifa.

Art. 14. As empresas de armazéns gerais tem o direito de retenção para garantia do pagamento das armazenagens e despesas com a conservação e com as operações, benefícios e serviços prestados às mercadorias, a pedido do dono; dos adiantamentos feitos com fretes e seguro, e das comissões e juros, quando as mercadorias lhes tenham sido remetidas em consignação. (Código Comercial, art. 189.)

Esse direito de retenção pode ser oposto à massa falida do devedor.

Também tem as empresas de armazéns gerais direito de indenização pelos prejuízos que lhes venham por culpa ou dolo do depositante.

Capítulo II
Emissão, Circulação e Extinção dos Títulos Emitidos pelas Empresas de Armazéns Gerais

Art. 15. Os armazéns gerais emitirão, quando lhes for pedido pelo depositante, dois títulos unidos, mas separáveis à vontade, denominados – conhecimento de depósito e *warrant*.

§ 1º. Cada um destes títulos deve ter a ordem e conter, além da sua designação particular:

1º, a denominação da empresa do armazém geral e sua sede;

2º, o nome, profissão e domicílio do depositante ou do terceiro por este indicado;

3º, o lugar e prazo do depósito;

4º, a natureza e quantidade das mercadorias em depósito, designadas pelos nomes mais usados no comércio, seu peso, o estado dos envoltórios e todas as marcas e indicações próprias para estabelecerem a sua identidade;

5º, a qualidade da mercadoria, tratando-se daquelas a que se refere o art. 12;

6º, a indicação do segurador da mercadoria e o valor do seguro (art. 16);

7º, a declaração dos impostos e direitos fiscais, dos encargos e despesas a que a mercadoria está sujeita, e do dia em que começaram a correr as armazenagens (art. 26, § 2º);

8º, a data da emissão dos títulos e a assinatura do empresário ou pessoa devidamente habilitada por este.

§ 2º. Os referidos títulos serão extraídos de um livro de talão, o qual conterá todas as declarações acima mencionadas e do número de ordem correspondente.

No verso do respectivo talão o depositante, ou terceiro por este autorizado, passará recibo dos títulos. Se a empresa, a pedido do depositante, os expedir pelo Correio, mencionará esta circunstância e o número e data do certificado do registro postal.

Anotar-se-ão também no verso do talão as ocorrências que se derem com os títulos dele extraídos, como substituição, restituição, perda, roubo, etc.

§ 3º. Os armazéns gerais são responsáveis para com terceiros pelas irregularidades e inexatidões encontradas nos títulos que emitirem, relativamente à quantidade, natureza e peso da mercadoria.

Art. 16. As mercadorias, para servirem de base a emissão dos títulos, devem ser seguradas contra riscos de incêndio no valor designado pelo depositante.

Os armazéns gerais poderão ter apólices especiais ou abertas, para este fim.

No caso de sinistro, o armazém geral é o competente para receber a indenização devida, pelo segurador, e sobre esta exercerão a Fazenda Nacional, a empresa de armazéns gerais e os portadores de conhecimentos de depósito e *warrant*, os mesmos direitos e privilégios que tenham sobre a mercadoria segurada.

Parágrafo único. As mercadorias de que trata o art. 12 serão seguradas em nome da empresa do armazém geral, a qual fica responsável pela indenização, no caso de sinistro.

Art. 17. Emitidos os títulos de que trata o art. 15, os gêneros e mercadorias não poderão sofrer embargo, penhora, sequestro ou qualquer outro embaraço que prejudique a sua livre e plena disposição, salvo nos casos do art. 27.

O conhecimento de depósito e o *warrant*, ao contrário, podem ser penhorados, arrestados por dívidas ao portador.

Art. 18. O conhecimento de depósito e o *warrant* podem ser transferidos, unidos ou separados, por endosso.

§ 1º. O endosso pode ser em branco; neste caso confere ao portador do título os direito de cessionário.

MANUAL PRÁTICO DOS TÍTULOS DE CRÉDITO

LEGISLAÇÃO COMERCIAL COMPLEMENTAR

EDIPRO

§ 2º. O endosso dos títulos unidos confere ao cessionário o direito de livre disposição da mercadoria depositada; o do *warrant* separado do conhecimento de depósito o direito de penhor sobre a mesma mercadoria e o do conhecimento de depósito a faculdade de dispor da mercadoria, salvo os direitos do credor, portador do *warrant*.

Art. 19. O primeiro endosso do *warrant* declarará a importância do crédito garantido pelo penhor da mercadoria, a taxa dos juros e a data do vencimento.

Essas declarações serão transcritas no conhecimento de depósito e assinadas pelos endossatários do *warrant*.

Art. 20. O portador dos dois títulos tem o direito de pedir a divisão da mercadoria em tantos lotes quantos lhe convenham, e a entrega de conhecimentos do depósito e warrants correspondentes a cada um dos lotes, sendo restituídos, e ficando anulados os títulos anteriormente emitidos.

Esta divisão somente será facultada se a mercadoria continuar a garantir os créditos preferenciais do art. 26, § 1º.

Parágrafo único. Outrossim, é permitido ao portador dos dois títulos pedir novos títulos à sua ordem, ou de terceiro que indicar, em substituição dos primitivos, que serão restituídos ao armazém geral e anulados.

Art. 21. A mercadoria depositada será retirada do armazém geral contra a entrega do conhecimento de depósito e do *warrant* correspondente, liberta pelo pagamento do principal e juros da dívida, se foi negociado.

Art. 22. Ao portador do conhecimento de depósito é permitido retirar a mercadoria antes do vencimento da dívida constante do *warrant*, consignando no armazém geral o principal e juros até o vencimento e pagando os impostos fiscais, armazenagens vencidas e mais despesas.

Da quantia consignada o armazém geral passará o recibo, extraído de um livro de talão.

§ 1º. O armazém geral dará por carta registrada imediato aviso desta consignação ao primeiro endossador do *warrant*.

Este aviso, quando contestado, será provado nos termos do art. 10, § 2º

§ 2º. A consignação equivale a real e efetivo pagamento, e a quantia consignada será prontamente entregue ao credor mediante a restituição do *warrant* com a devida quitação.

§ 3º. Se o *warrant* não for apresentado ao armazém geral até oito dias depois do vencimento da dívida, a quantia consignada será levada a depósito judicial, por conta de quem pertencer.

Nas Alfândegas e estradas de ferro federais, essa quantia terá o destino declarado no art. 10 § 3º, *in fine*.

§ 4º. A perda, o roubo ou extravio do *warrant* não prejudicarão o exercício do direito que este artigo confere ao portador do conhecimento de depósito.

Art. 23. O portador do *warrant* que, no dia do vencimento, não for pago, e que não achar consignada no armazém geral a importância do seu crédito e juros (art. 22), deverá interpor o respectivo protesto nos prazos e pela forma aplicáveis ao protesto das letras de câmbio, no caso de não pagamento.

O oficial dos protestos entregará ao protestante o respectivo instrumento, dentro do prazo de três dias, sob pena de responsabilidade e de satisfazer perdas e danos.

§ 1º. O portador do *warrant* fará vender em leilão, por intermédio do corretor ou leiloeiro, que escolher, as mercadorias especificadas no título, independente de formalidades judiciais.

§ 2º. Igual direito de venda cabe ao primeiro endossador que pagar a dívida do *warrant*, sem que seja necessário constituir mora os endossadores do conhecimento de depósito.

§ 3º. O corretor ou leiloeiro, encarregado da venda, depois de avisar o administrador do armazém geral ou o chefe da competente repartição federal, anunciará pela imprensa o leilão, com antecedência de quatro dias, especificando as mercadorias conforme as declarações do *warrant* e declarando o dia e a hora da venda, as condições dessa e o lugar onde podem ser examinados aquelas mercadorias.

O agente da venda conformar-se-á em tudo com as disposições do regulamento interno dos armazéns e das salas de vendas públicas ou com as instruções oficiais, tratando-se de repartição federal.

§ 4º. Se o arrematante não pagar o preço da venda applicar-se-á a disposição do art. 28, § 6º.

§ 5º. A perda ou extravio do conhecimento de depósito (art. 27, § 1º), a falência, os meios preventivos de sua declaração e a morte do devedor não suspendem nem interrompem a venda anunciada.

§ 6º. O devedor poderá evitar a venda até o momento de ser a mercadoria adjudicada ao que maior lanço oferecer, pagando imediatamente a dívida de *warrant*, os impostos fiscais, despesas devidas ao armazém e todas as mais a que a execução deu lugar, inclusive custas do protesto, comissões do corretor ou agente de leilões e juros da mora.

§ 7º. O portador do *warrant* que, em tempo útil, não interpuser o protesto por falta de pagamento, ou que, dentro de dez dias, contados da data do instrumento do protesto, não promover a venda da mercadoria, conservará tão somente ação contra o primeiro endossador do *warrant* e contra os endossadores do conhecimento de depósito.

Art. 24. Efetuada a venda, o corretor ou leiloeiro dará a nota do contrato ou conta de venda ao armazém geral, o qual receberá o preço e entregará ao comprador a mercadoria.

§ 1º. O armazém geral, imediatamente após o recebimento do produto da venda, fará as deduções dos créditos preferenciais do art. 26, § 1º, e, com o líquido, pagará o portador do *warrant* nos termos do art. 26, princípio.

§ 2º. O portador do *warrant*, que ficar integralmente pago, entregará ao armazém geral o título com a quitação; no caso contrário, o armazém geral mencionará no *warrant* o pagamento parcial feito e o restituirá ao portador.

§ 3º. Pago o credor, o excedente do preço da venda será entregue ao portador do conhecimento de depósito contra a restituição deste título.

§ 4º. As quantias reservadas ao portador do *warrant* ou ao do conhecimento de depósito, quando não reclamadas no prazo de 30 dias depois da venda da mercadoria, terão o destino declarado no art. 10, § 3º.

Art. 25. Se o portador do *warrant* não ficar integralmente pago, em virtude da insuficiência do produto líquido da venda da mercadoria ou da indenização do seguro, no caso de sinistro, tem ação para haver o saldo contra os endossadores anteriores solidariamente, observando-se a esse respeito as mesmas disposições (substanciais e processuais de fundo e de forma) relativos às letras de câmbio.

O prazo para a prescrição de ação regressiva corre do dia da venda.

Art. 26. O portador do *warrant* será pago do seu crédito, juros convencionais e da mora à razão de 6% ao ano e despesas do protesto, precipuamente, pelo produto da venda da mercadoria.

§ 1º. Preferem, porém, a este credor:

1º, a Fazenda Nacional, pelos direitos ou impostos que lhe forem devidos;

2º, o corretor ou leiloeiro, pelas comissões taxadas em seus regimentos ou reguladas por convenção entre ele e os comitentes, e pelas despesas com anúncio da venda;

3º, o armazém geral, por todas as despesas declaradas no art. 14, a respeito das quais lhe é garantido o direito de retenção.

§ 2º. Os créditos do § 1º, ns. 1 e 3, devem ser expressamente referidos nos títulos (art. 15, § 1º, nº 7), declarando-se a quantia exata dos impostos devidos à Fazenda Nacional e de todas as despesas líquidas até ao momento da emissão daqueles títulos, pena de perda da preferência.

Todas as vezes que lhe for exigido pelo portador do conhecimento de depósito ou do *warrant*, o armazém geral é obrigado a liquidar os créditos que preferem ao *warrant* e fornecer a nota da liquidação, datada e assinada, referindo-se ao número do título e ao nome da pessoa à ordem de quem foi emitido.

Art. 27. Aquele que perder o título avisará ao armazém geral e anunciará o fato durante três dias, pelo jornal de maior circulação da sede daquele armazém.

§ 1º. Se se tratar do conhecimento de depósito e correspondente *warrant*, ou só do primeiro, o interessado poderá obter duplicata ou a entrega da mercadoria, garantido o direito do portador do *warrant*, se este foi negociado, ou do saldo à sua disposição, se a mercadoria foi vendida, observando-se o processo do § 2º, que correrá perante o juiz do comércio em cuja jurisdição se achar o armazém geral.

§ 2º. O interessado requererá a notificação do armazém geral para não entregar, sem ordem judicial, a mercadoria ou saldo disponível no caso de ser ou de ter sido ela vendida na conformidade dos arts. 10, § 4º e 23, § 1º, e justificará sumariamente a sua propriedade.

O requerimento deve ser instruído com um exemplar do jornal em que for anunciada a perda e com a cópia fiel do talão do título perdido, fornecida pelo armazém geral e por este autenticada.

O armazém geral terá ciência do dia e da hora da justificação, e para esta se o *warrant* foi negociado e ainda não voltou ao armazém geral, será citado o endossatário desse título, cujo nome devia constar do correspondente conhecimento do depósito perdido (art. 19, 2ª parte).

O juiz na sentença, que julgar procedente a justificação, mandará publicar editais com o prazo de 30 dias para reclamações.

Estes editais produzirão todas as declarações constantes do talão do título perdido e serão publicados no Diário Oficial e no jornal onde o interessado anunciou a referida perda e afixados na porta do armazém e na sala de vendas públicas.

Não havendo reclamação, o juiz expedirá mandado conforme o requerido ao armazém geral ou depositário.

Sendo ordenada a duplicata, dela constará esta circunstância.

Se, porém, aparecer reclamação, o juiz marcará o prazo de dez dias para prova, e, findos estes, arrazoando o embargante e o embargado em cinco dias cada um, julgará afinal com apelação sem efeito suspensivo.

Estes prazos serão improrrogáveis e fatais e correrão em cartório, independente de lançamento em audiência.

§ 3º. No caso de perda do *warrant*, o interessado, que provar a sua propriedade, tem o direito de receber a importância do crédito garantido.

Observar-se-á o mesmo processo do § 2º com as seguintes modificações:

a) para justificação sumária, serão citados o primeiro endossador e outros que forem conhecidos. O armazém será avisado do dia e hora da justificação, e notificado judicialmente da perda do título.

b) O mandado judicial de pagamento será expedido contra o primeiro endossador ou contra quem tiver em consignação ou depósito a importância correspondente à dívida do *warrant*.

O referido mandado, se a dívida não está vencida, será apresentado àquele primeiro endossador no dia do vencimento, sendo aplicável a disposição do art. 23 no caso de não pagamento.

§ 4º. Cessa a responsabilidade do armazém geral e do devedor quando, em virtude de ordem judicial, emitir duplicata ou entregar a mercadoria ou o saldo em seu poder ou pagar a dívida. O prejudicado terá ação somente contra quem indevidamente dispôs da mercadoria ou embolsou a quantia.

§ 5º. O que fica disposto sobre perda do título aplica-se aos casos de roubo, furto, extravio ou destruição.

Capítulo III – Salas de Vendas Públicas

Art. 28. Anexas aos seus estabelecimentos, as empresas de armazéns gerais poderão ter salas apropriadas para vendas públicas, voluntárias, dos gêneros e mercadorias em depósito, observando-se as seguintes disposições:

MANUAL PRÁTICO DOS TÍTULOS DE CRÉDITO

LEGISLAÇÃO COMERCIAL COMPLEMENTAR

§ 1º. Estas salas serão franqueadas ao público, e os depositantes poderão ter aí exposição de amostras.

§ 2º. É livre aos interessados escolher o agente da venda dentre os corretores ou leiloeiros da respectiva praça.

§ 3º. A venda será anunciada pelo corretor ou leiloeiro, nos jornais locais, declarando-se o dia, hora e condições do leilão e da entrega da mercadoria, número, natureza e quantidade de cada lote, armazéns onde se acha, e as horas durante as quais pode ser examinada.

Além disso, afixará aviso na Praça do Comércio e na sala onde tenha de efetuar a venda.

§ 4º. O público será admitido a examinar a mercadoria anunciada à venda, sendo proporcionadas todas as facilidades pelo administrador do armazém onde ela se achar.

§ 5º. A venda será feita por atacado, não podendo cada lote ser de valor inferior a 2:000$, calculado pela cotação média da mercadoria.

§ 6º. Se o arrematante não pagar o preço no prazo marcado nos anúncios, e, na falta destes, dentro de 24 horas depois da venda, será a mercadoria levada a novo leilão por sua conta e risco, ficando obrigado a completar o preço por que a comprou e perdendo em benefício do vendedor o sinal que houver dado.

Para a cobrança da diferença terá a parte interessada a ação executiva dos arts. 309 e seguintes do decreto nº 737, de 25 de novembro de 1850, devendo a petição inicial ser instruída com certidão extraída dos livros do corretor ou agentes de leilões.

§ 7º. Tratando-se das mercadorias a que se refere o art. 12, observar-se-á o disposto no § 1º, nº 1, do mesmo artigo.

Art. 29. Onde existirem salas de vendas públicas serão nelas efetuadas as vendas de que tratam os arts. 10, § 1º, e 23, § 1º, não sendo então aplicável a disposição restritiva do art. 28, § 5º.

Capítulo IV – Disposições Fiscais e Penais

Art. 30. São sujeitos ao selo fixo de 300 réis:

1º O recibo das mercadorias depositadas nos armazéns gerais (art. 6º).

2º O conhecimento de depósito.

O mesmo selo das letras de câmbio e de terra pagará o *warrant* quando, separado de depósito, for pela primeira vez endossado.

Art. 31. Não podem ser taxados pelos Estados nem pelas Municipalidades os depósitos nos armazéns gerais, bem como as compras e vendas realizadas nas salas anexas a estes armazéns.

Art. 32. Incorrerão na multa de 200$ a 5:000$ os empresários de armazéns gerais, que não observarem as prescrições dos arts. 5º, 7º e 8º, §§ 1º a 4º, 13 e 22, § 3º, 24, §§ 1º e 4º, 26, § 2º, última parte.

Parágrafo único. A multa será imposta por quem tiver a seu cargo a fiscalização do armazém, e cobrada executivamente por intermédio do ministério público, se não for paga dentro de oito dias depois de notificada, revertendo em benefício das misericórdias e orfanatos existentes na sede dos armazéns.

Art. 33. Será cassada a matrícula (art. 1º, § 1º) ou revogada a autorização (art. 4º), por quem a ordenou ou concedeu, nos casos seguintes:

1º, falência e meios preventivos ou liquidação da respectiva empresa;

2º, cessão ou transferência da empresa a terceiro, sem prévio aviso à Junta Comercial, ou sem autorização do Governo, nos casos em que esta for necessária;

3º, infração do regulamento interno em prejuízo do comércio ou da Fazenda Nacional.

Parágrafo único. A disposição deste artigo não prejudica a imposição das multas cominadas no art. 32, nem a aplicação das outras penas em que, porventura, tenham incorrido os empresários e seus prepostos.

Art. 34. As penas estabelecidas para os casos dos arts. 32 e 33, ns. 2º e 3º, só poderão ser impostas depois de ouvidos o empresário do armazém geral, o gerente ou superintendente das companhias de docas e os concessionários de entrepostos e trapiches alfandegados, em prazo razoável, facultando-se-lhe a leitura do inquérito, relatório, denúncia e provas colhidas.

Art. 35. Incorrerão nas penas de prisão celular por um a quatro anos e multa de 100$ a 1:000$000:

1º Os que emitirem os títulos referidos no capítulo II, sem que tenham cumprido as disposições dos arts. 1º e 4º desta Lei.

2º Os empresários ou administradores de armazéns gerais, que emitirem os ditos títulos sem que existam em depósito as mercadorias ou gêneros neles especificados; ou que emitirem mais de um conhecimento de depósito de *warrant* sobre as mesmas mercadorias ou gêneros, salvo os casos do art. 20.

3º Os empresários ou administradores de armazéns gerais que fizerem empréstimos ou quaisquer negociações, por conta própria ou de terceiro, sobre títulos que emitirem.

4º Os empresários ou administradores de armazéns gerais, que desviarem, no todo ou em parte, fraudarem ou substituírem por outras, as mercadorias confiadas à sua guarda, sem prejuízo da pena de prisão de que trata o art. 2º, nº 1.

5º Os empresários ou administradores de armazéns gerais, que não entregarem no devido tempo, a quem de direito, a importância das consignações de que trata o art. 22 e as quantias que lhe sejam confiadas nos termos desta Lei.

§ 1º. Se a empresa for sociedade anônima ou comanditária por ações, incorrerão nas penas acima cominadas os seus administradores, superintendentes, gerentes ou fiéis de armazéns que para o fato criminoso tenham concorrido direta ou indiretamente.

§ 2º. Se os títulos forem emitidos pelas repartições federais de que tratam os arts. 2º e 3º, incorrerão nas penas acima os fiéis ou quaisquer funcionários que concorram para o fato.

§ 3º. Nesses crimes cabe a ação publica.

Capítulo V – Disposições Gerais

Art. 36. Ficam compreendidos na disposição do art. 19, § 3º, do Decreto nº 737, de 25 de novembro de 1850, os depósitos nos armazéns gerais e as operações sobre os títulos que as respectivas empresas emitirem e os contratos de compra e venda a que se refere o art. 28.

Art. 37. São nulas as convenções ou cláusulas que diminuam ou restrinjam as obrigações e responsabilidades que, por esta Lei, são impostas às empresas de armazéns gerais e aos que figurarem nos títulos que elas emitirem.

Parágrafo único. Ao contrário, podem os armazéns gerais se obrigar, por convenção com os depositantes e mediante a taxa combinada, a indenizar os prejuízos acontecidos à mercadoria por avarias, vícios intrínsecos, falta de acondicionamento e mesmo pelos casos de força maior.

Esta convenção, para que tenha efeitos para com terceiros, deverá constar dos títulos de que trata o art. 15.

Art. 38. A presente Lei não modifica as disposições do capítulo V, do título III, da parte I do Código Comercial, que continuam em inteiro vigor.

Art. 39. Revogam-se as disposições em contrário.

Rio de Janeiro, 21 de novembro de 1903, 14º da República.

Francisco de Paula Rodrigues Alves.

DECRETO Nº 2.044, DE 31 DE DEZEMBRO DE 1908

Define a letra de câmbio e a nota promissória e regula as Operações Cambiais.

O Presidente da República dos Estados Unidos do Brasil:

Faço saber que o Congresso Nacional decretou e eu sanciono a seguinte resolução:

TITULO I – DA LETRA DE CÂMBIO

Capítulo I – Do Saque

Art. 1º. A letra de câmbio é uma ordem de pagamento e deve conter requisitos, lançados, por extenso, no contexto:

I – A denominação "letra de câmbio" ou a denominação equivalente na língua em que for emitida.

II – A soma de dinheiro a pagar e a espécie de moeda.

III – O nome da pessoa que deve pagá-la. Esta indicação pode ser inserida abaixo do contexto.

IV – O nome da pessoa a quem deve ser paga. A letra pode ser ao portador e também pode ser emitida por ordem e conta de terceiro. O sacador pode designar-se como tomador.

V – A assinatura do próprio punho do sacador ou do mandatário especial. A assinatura deve ser firmada abaixo do contexto.

- *Vide art. 892 do Código Civil.*

Art. 2º. Não será letra de câmbio o escrito a que faltar qualquer dos requisitos acima enumerados.

Art. 3º. Esses requisitos são considerados lançados ao tempo da emissão da letra. A prova em contrário será admitida no caso de má-fé do portador.

Art. 4º. Presume-se mandato ao portador para inserir a data e o lugar do saque, na letra que não os contiver.

Art. 5º. Havendo diferença entre o valor lançado por algarismo e o que se achar por extenso no corpo da letra, este último será sempre considerado verdadeiro e a diferença não prejudicará a letra. Diversificando as indicações da soma de dinheiro no contexto, o título não será letra de câmbio.

Art. 6º. A letra pode ser passada:

I – À vista.

II – A dia certo.

III – A tempo certo da data.

IV – A tempo certo da vista.

Art. 7º. A época do pagamento deve ser precisa, uma e única para a totalidade da soma cambial.

MANUAL PRÁTICO DOS TÍTULOS DE CRÉDITO

159

LEGISLAÇÃO COMERCIAL COMPLEMENTAR

EDIPRO

Capítulo II – Do Endosso

Art. 8º. O endosso transmite a propriedade da letra de câmbio. Para a validade do endosso, é suficiente a simples assinatura do próprio punho do endossador ou do mandatário especial, no verso da letra. O endossatário pode completar este endosso.

- *Vide art. 910, caput, do Código Civil.*

§ 1º. A cláusula "por procuração", lançada no endosso, indica o mandato com todos os poderes, salvo o caso de restrição, que deve ser expressa no mesmo endosso.

- *Vide art. 917 do Código Civil.*

§ 2º. O endosso posterior ao vencimento da letra tem o efeito de cessão civil.

§ 3º. É vedado o endosso parcial.

Capítulo III – Do Aceite

Art. 9º. A apresentação da letra ao aceite é facultativa quando certa a data do vencimento. A letra a tempo certo da vista deve ser apresentada ao aceite do sacado, dentro do prazo nela marcado; na falta de designação, dentro de seis meses contados da data da emissão do título, sob pena de perder o portador o direito regressivo contra o sacador, endossadores e avalistas.

Parágrafo único. O aceite da letra, a tempo certo da vista, deve ser datado, presumindo-se, na falta de data, o mandato ao portador para inseri-la.

Art. 10. Sendo dois ou mais os sacados, o portador deve apresentar a letra ao primeiro nomeado; na falta ou recusa do aceite, ao segundo, se estiver domiciliado na mesma praça; assim, sucessivamente, sem embargo da forma da indicação na letra dos nomes dos sacados.

Art. 11. Para a validade do aceite é suficiente a simples assinatura do próprio punho do sacado ou do mandatário especial, no anverso da letra.

Vale, com aceite puro, a declaração que não traduzir inequivocamente a recusa, limitação ou modificação.

Parágrafo único. Para os efeitos cambiais, a limitação ou modificação do aceite equivale à recusa, ficando, porém, o aceitante cambialmente vinculado, nos termos da limitação ou modificação.

Art. 12. O aceite, uma vez firmado, não pode ser cancelado nem retirado.

Art. 13. A falta ou recusa do aceite prova-se pelo protesto.

Capítulo IV – Do Aval

Art. 14. O pagamento de uma letra de câmbio, independente do aceite e do endosso, pode ser garantido por aval. Para a validade do aval, é suficiente a simples assinatura do próprio punho do avalista ou do mandatário especial, no verso ou no anverso da letra.

Art. 15. O avalista é equiparado àquele cujo nome indicar; na falta de indicação, àquele abaixo de cuja assinatura lançar a sua; fora destes casos, ao aceitaste e, não estando aceita a letra, ao sacador.

Capítulo V – Da Multiplicação da Letra de Câmbio

Art. 16. O sacador, sob pena de responder por perdas e interesses, é obrigado a dar, ao portador, as vias de letra que este reclamar antes do vencimento, diferençadas, no contexto, por números de ordem ou pela ressalva, das que se extraviaram. Na falta da diferenciação ou da ressalva, que torne inequívoca a unicidade da obrigação, cada exemplar valerá como letra distinta.

§ 1º. O endossador e o avalista, sob pena de responderm por perdas e interesses, são obrigados a repetir, na duplicata, o endosso e o aval firmados no original.

§ 2º. O sacado fica cambialmente obrigado por cada um dos exemplares em que firmar o aceite.

§ 3º. O endossador de dois ou mais exemplares da mesma letra a pessoas diferentes e os sucessivos endossadores e avalistas ficam cambialmente obrigados.

§ 4º. O detentor da letra expedida para o aceite é obrigado a entregá-la ao legítimo portador da duplicata, sob pena de responder por perdas e interesses.

Capítulo VI – Do Vencimento

Art. 17. A letra à vista vence-se no ato da apresentação ao sacada.

A letra, a dia certo, vence-se nesse dia. A letra, a dias da data ou da vista, vence-se no último dia do prazo; não se conta, para a primeira, o dia do saque, e, para a segunda, o dia do aceite.

A letra a semanas, meses ou anos da data ou da vista vence no dia da semana, mês ou ano do pagamento, correspondente ao dia do saque ou ao dia do aceite. Na falta do dia correspondente, vence-se no último dia do mês do pagamento.

Art. 18. Sacada a letra em País onde vigorar outro calendário, sem a declaração do adotado, verifica-se o termo do vencimento contando-se do dia do calendário gregoriano, correspondente ao da emissão da letra pelo outro calendário.

Art. 19. A letra é considerada vencida, quando protestada:

I – pela falta ou recusa do aceite;

II – pela falência do aceitante.

O pagamento, nestes casos, continua diferido até ao dia do vencimento ordinário da letra, ocorrendo o aceite de outro sacado nomeado ou, na falta, a aquiescência do portador, expressa no ato do protesto, ao aceite na letra, pelo interveniente voluntário.

Capítulo VII – Do Pagamento

Art. 20. A letra deve ser apresentada ao sacado ou ao aceitante para o pagamento, no lugar designado e no dia do vencimento ou, sendo este dia feriado por lei, no primeiro dia útil imediato, sob pena de perder o portador o direito de regresso contra o sacador, endossadores e avalistas.

§ 1º. Será pagável à vista a letra que não indicar a época do vencimento. Será pagável, no lugar mencionado ao pé do nome do sacado, a letra que não indicar o lugar do pagamento.

É facultada a indicação alternativa de lugares de pagamento, tendo o portador direito de opção. A letra pode ser sacada sobre uma pessoa, para ser paga no domicílio de outra, indicada pelo sacador ou pelo aceitante.

§ 2º. No caso de recusa ou falta de pagamento pelo aceitante, sendo dois ou mais os sacados, o portador deve apresentar a letra ao primeiro nomeado, se estiver domiciliado na mesma praça; assim sucessivamente, sem embargo da forma da indicação na letra dos nomes dos sacados.

§ 3º. Sobrevindo caso fortuito ou força maior, a apresentação deve ser feita, logo que cessar o impedimento.

Art. 21. A letra à vista deve ser apresentada ao pagamento dentro do prazo nela marcado; na falta desta designação, dentro de 12 meses, contados da data da emissão do título, sob pena de perder o portador o direito de regresso contra o sacador, endossadores e avalistas.

Art. 22. O portador não é obrigado a receber o pagamento antes do vencimento da letra. Aquele que paga uma letra, antes do respectivo vencimento, fica responsável pela validade desse pagamento.

§ 1º. O portador é obrigado a receber o pagamento parcial, ao tempo do vencimento.

§ 2º. O portador é obrigado a entregar a letra com a quitação àquele que efetua o pagamento; no caso do pagamento parcial, em que se não opera tradição do título, além da quitação em separado, outra deve ser firmada na própria letra.

Art. 23. Presume-se validamente desonerado aquele que paga a letra no vencimento, sem oposição.

Parágrafo único. A oposição ao pagamento é somente admissível no caso de extravio da letra, de falência ou incapacidade do portador para recebê-la.

Art. 24. O pagamento feito pelo aceitante ou pelos respectivos avalistas desonera da responsabilidade cambial todos os coobrigados.

O pagamento feito pelo sacador, pelos endossadores ou respectivos avalistas desonera da responsabilidade cambial os coobrigados posteriores.

Parágrafo único. O endossador ou o avalista, que paga ao endossatário ou ao avalista posterior, pede riscar o próprio endosso ou os dos endossadores ou avalistas posteriores.

Art. 25. A letra de câmbio deve ser paga na moeda indicada. Designada moeda estrangeira, o pagamento, salvo determinação em contrário, expressa na letra, deve ser efetuado em moeda nacional, ao câmbio à vista do dia do vencimento e do lugar do pagamento; não havendo no lugar curso de câmbio, pelo da praça mais próxima.

Art. 26. Se o pagamento de uma letra de câmbio não for exigido no vencimento, o aceitante pode, depois de expirado o prazo para o protesto por falta de pagamento, depositar o valor da mesma, por conta e risco do portador, independente de qualquer citação.

Art. 27. A falta ou recusa, total ou parcial, de pagamento, prova-se pelo protesto.

Capítulo VIII – Do Protesto

- *Vide Lei nº 9.492, de 10 de setembro de 1997.*

Art. 28. A letra que houver de ser protestada por falta de aceite ou de pagamento deve ser entregue ao oficial competente, no primeiro dia útil que se seguir ao da recusa do aceite ou ao do vencimento, e o respectivo protesto, tirado dentro de três dias úteis.

Parágrafo único. O protesto deve ser tirado do lugar indicado na letra para o aceite ou para o pagamento. Sacada ou aceita a letra para ser paga em outro domicílio que não o do sacado, naquele domicílio deve ser tirado o protesto.

MANUAL PRÁTICO DOS TÍTULOS DE CRÉDITO

LEGISLAÇÃO COMERCIAL COMPLEMENTAR

EDIPRO

Art. 29. O instrumento de protesto deve conter:

I – a data;

II – a transcrição literal da letra e das declarações nela inseridas pela ordem respectiva;

III – a certidão da intimação ao sacado ou ao aceitante ou aos outros sacados, nomeados na letra para aceitar ou pagar, a resposta dada ou a declaração da falta da resposta.

A intimação é dispensada no caso de o sacado ou aceitante firmar na letra a declaração da recusa do aceite ou do pagamento e, na hipótese de protesto, por causa de falência do aceitante.

IV – a certidão de não haver sido encontrada ou de ser desconhecida a pessoa indicada para aceitar ou para pagar. Nesta hipótese, o oficial afixará a intimação nos lugares de estilo e, se possível, a publicará pela imprensa;

V – a indicação dos intervenientes voluntários e das firmas por eles honradas;

VI – a aquiescência do portador ao aceite por honra;

VII – a assinatura, como sinal público, do oficial do protesto.

Parágrafo único. Este instrumento, depois de registrado no livro de protestos, deverá ser entregue ao detentor ou portador da letra ou àquele que houver efetuado o pagamento.

Art. 30. O portador é obrigado a dar aviso do protesto ao último endossador, dentro de dois dias, contados da data do instrumento do protesto e cada endossatário, dentro de dois dias, contados do recebimento do aviso, deve transmiti-lo ao seu endossador, sob pena de responder por perdas e interesses.

Não constando do endosso o domicílio ou a residência do endossador, o aviso deve ser transmitido ao endossador anterior, que houver satisfeito aquelas formalidades.

Parágrafo único. O aviso pode ser dado em carta registrada. Para esse fim, a carta será levada aberta ao Correio, onde, verificada a existência do aviso se declarará o conteúdo da carta registrada no conhecimento e talão respectivo.

Art. 31. Recusada a entrega da letra por aquele que a recebeu para firmar o aceite ou para efetuar o pagamento, o protesto pode ser tirado por outro exemplar ou, na falta, pelas indicações do protestante.

Parágrafo único. Pela prova do fato, pode ser decretada a prisão do detentor da letra, salvo depositando este a soma cambial e a importância das despesas feitas.

Art. 32. O portador que não tira, em tempo útil e forma regular, o instrumento do protesto da letra, perde o direito de regresso contra o sacador, endossadores e avalistas.

Art. 33. O oficial que não lavra, em tempo útil e forma regular, o instrumento do protesto, além da pena em que incorrer, segundo o Código Penal, responde por perdas e interesses.

Capítulo IX – Da Intervenção

Art. 34. No ato do protesto pela falta ou recusa do aceite, a letra pode ser aceita por terceiro, mediante a aquiescência do detentor ou portador.

A responsabilidade cambial deste interveniente é equiparada à do sacado que aceita.

Art. 35. No ato do protesto, excetuada apenas a hipótese do artigo anterior, qualquer pessoa tem o direito de intervir para efetuar o pagamento da letra, por honra de qualquer das firmas.

§ 1º. O pagamento, por honra da firma do aceitante ou dos respectivos avalistas, desonera da responsabilidade cambial todos os coobrigados.

O pagamento, por honra da firma do sacador, do endossador ou dos respectivos avalistas, desonera da responsabilidade cambial todos os coobrigados posteriores.

§ 2º. Não indicada a firma, entende-se ter sido honrada a do sacador; quando aceita a letra, a do aceitante.

§ 3º. Sendo múltiplas as intervenções, concorram ou não coobrigados, deve ser preferido o interveniente que desonera maior número de firmas.

Múltiplas as intervenções pela mesma firma, deve ser preferido o interveniente coobrigado; na falta deste, o sacado; na falta de ambos, o detentor ou portador tem a opção. É vedada a intervenção, ao aceitante ou ao respectivo avalista.

Capítulo X – Da Anulação da Letra

Art. 36. Justificando a propriedade e o extravio ou a destruição total ou parcial da letra, descrita com clareza e precisão, o proprietário pode requerer ao juiz competente do lugar do pagamento na hipótese de extravio, a intimação do sacado ou do aceitante e dos coobrigados, para não pagarem a aludida letra, e a citação do detentor para apresentá-la em juízo, dentro do prazo de três meses e, nos casos de extravio e de destruição, a citação dos coobrigados para, dentro do referido prazo, oporem contestação, firmada em defeito de forma do título ou, na falta de requisito essencial, ao exercício da ação cambial.

Estas citações e intimações devem ser feitas pela imprensa, publicadas no jornal oficial do Estado e no "Diário Oficial" para o Distrito Federal e nos periódicos indicados pelo juiz, além de afixadas nos Lugares do estilo e na bolsa da praça do pagamento.

- *Vide art. 909 do Código Civil.*

§ 1º. O prazo de três meses corre da data do vencimento; estando vencida a letra, da data da publicação no jornal oficial.

§ 2º. Durante o curso desse prazo, munido da certidão do requerimento e do despacho favorável do juiz, fica o proprietário autorizado a praticar todos os atos necessários à garantia do direito creditório, podendo, vencida a letra, reclamar do aceitante o depósito judicial da soma devida.

§ 3º. Decorrido o prazo, sem se apresentar o portador legitimado (art. 39) da letra, ou sem a contestação do coobrigado (art. 36), o juiz decretará a nulidade do título extraviado ou destruído e ordenará, em benefício do proprietário, o levantamento do depósito da soma, caso tenha sido feito.

§ 4º. Por esta sentença fica o proprietário habilitado, para o exercício da ação executiva, contra o aceitante e os outros coobrigados.

§ 5º. Apresentada a letra pelo portador legitimado (art. 39), ou oferecida a contestação (art. 36) pelo co-obrigado, o juiz julgará prejudicado o pedido de anulação da letra, deixando, salvo à parte, o recurso aos meios ordinários.

§ 6º. Da sentença proferida no processo cabe o recurso de agravo com efeito suspensivo.

§ 7º. Este processo não impede o recurso à duplicata e nem para os efeitos da responsabilidade civil do coobrigado, dispensa o aviso imediato do extravio, por cartas registradas endereçadas ao sacado, ao aceitante e aos outros coobrigados, pela forma indicada no parágrafo único do art. 30.

Capítulo XI – Do Ressaque

Art. 37. O portador da letra protestada pode haver o embolso da soma devida, pelo ressaque de nova letra de câmbio, à vista, sobre qualquer dos obrigados.

O ressacado que paga pode, por seu turno, ressacar sobre qualquer dos coobrigados a ele anteriores.

Parágrafo único. O ressaque deve ser acompanhado da letra protestada, do instrumento do protesto e da conta de retorno.

Art. 38. A conta de retorno deve indicar:

I – a soma cambial e a dos juros legais, desde o dia do vencimento;

II – a soma das despesas legais, protesto, comissão, porte de cartas, selos e dos juros legais, desde o dia em que foram feitas;

III – o nome do ressacado;

IV – o preço do câmbio, certificado por corretor ou, na falta, por dois comerciantes.

§ 1º. O recâmbio é regulado pelo curso do câmbio da praça do pagamento, sobre a praça do domicílio ou da residência do ressacado; o recâmbio, devido ao endossador ou ao avalista que ressaca, é regulado pelo curso do câmbio da praça do ressaque, sobre a praça da residência ou do domicílio do ressacado.

Não havendo curso de câmbio na praça do ressaque, o recâmbio é regulado pelo curso do câmbio da praça mais próxima.

§ 2º. É facultado o acúmulo dos recâmbios nos sucessivos ressaques.

Capítulo XII – Dos Direitos e das Obrigações Cambiais

Seção I – Dos Direitos

Art. 39. O possuidor é considerado legítimo proprietário da letra ao portador e da letra endossada em branco.

O último endossatário é considerado legítimo proprietário da letra endossada em preto, se o primeiro endosso estiver assinado pelo tomador e cada um dos outros, pelo endossatário do endosso, imediatamente anterior.

Seguindo-se ao endosso em branco outro endosso, presume-se haver o endossador deste adquirido por aquele a propriedade da letra.

§ 1º. No caso de pluralidade de tomadores ou de endossatários, conjuntos ou disjuntos, o tomador ou o endossatário possuidor da letra é considerado, para os efeitos cambiais, o credor único da obrigação.

§ 2º. O possuidor, legitimado de acordo com este artigo, somente no caso de má-fé na aquisição, pode ser obrigado a abrir mão da letra de câmbio.

Art. 40. Quem paga não está obrigado a verificar a autenticidade dos endossos.

Parágrafo único. O interveniente voluntário que paga fica sub-rogado em todos os direitos daquele, cuja firma foi por ele honrada.

Art. 41. O detentor, embora sem título algum, está autorizado a praticar as diligências necessárias à garantia do crédito, a reclamar o aceite, a tirar os protestos, a exigir, ao tempo do vencimento, o depósito da soma cambial.

Seção II – Das Obrigações

Art. 42. Pode obrigar-se, por letra de câmbio, quem tem a capacidade civil ou comercial.

Parágrafo único. Tendo a capacidade pela lei brasileira, o estrangeiro fica obrigado pela declaração, que firmar, sem embargo da sua incapacidade, pela lei do Estado a que pertencer.

MANUAL PRÁTICO DOS TÍTULOS DE CRÉDITO 163

LEGISLAÇÃO COMERCIAL COMPLEMENTAR **EDIPRO**

Art. 43. As obrigações cambiais, são autônomas e independentes umas das outras. O signatário da declaração cambial fica, por ela, vinculado e solidariamente responsável pelo aceite e pelo pagamento da letra, sem embargo da falsidade, da falsificação ou da nulidade de qualquer outra assinatura.

* *Vide art. 914, caput, do Código Civil.*

Art. 44. Para os efeitos cambiais, são consideradas não escritas:

I – a cláusula de juros;

II – a cláusula proibitiva do endosso ou do protesto, a excludente da responsabilidade pelas despesas e qualquer outra, dispensando a observância dos termos ou das formalidades prescritas por esta Lei;

III – a cláusula proibitiva da apresentação da letra ao aceite do sacado;

IV – a cláusula excludente ou restritiva da responsabilidade e qualquer outra beneficiando o devedor ou o credor, além dos limites fixados por esta Lei.

§ 1º. Para os efeitos cambiais, o endosso ou aval cancelado é considerado não escrito.

§ 2º. Não é letra de câmbio o título em que o emitente exclui ou restringe a sua responsabilidade cambial.

Art. 45. Pelo aceite, o sacado fica cambialmente obrigado para com o sacador e respectivos avalistas.

§ 1º. A letra endossada ao aceitante pode ser por este reendossada, antes do vencimento.

§ 2º. Pelo reendosso da letra, endossada ao sacador, ao endossado ou ao avalista, continuam cambialmente obrigados os co-devedores intermédios.

Art. 46. Aquele que assina a declaração cambial, como mandatário, ou representante legal de outrem, sem estar devidamente autorizado, fica, por ela, pessoalmente obrigado.

Art. 47. A substância, os efeitos, a forma extrínseca e os meios de prova da obrigação cambial são regulados pela Lei do lugar onde a obrigação foi firmada.

Art. 48. Sem embargo da desoneração da responsabilidade cambial, o sacador ou o aceitante fica obrigado a restituir ao portador, com os juros legais, a soma com a qual se locupletou à custa deste.

A ação do portador, para este fim, é a ordinária.

Capítulo XIII – Da Ação Cambial

Art. 49. A ação cambial é a executiva.

Por ela tem também o credor o direito de reclamar a importância que receberia pelo ressaque (art. 38).

Art. 50. A ação cambial pode ser proposta contra um, alguns ou todos os coobrigados, sem estar o credor adstrito à observância da ordem dos endossos.

Art. 51. Na ação cambial, somente é admissível defesa fundada no direito pessoal do réu contra o autor, em defeito de forma do título e na falta de requisito necessário ao exercício da ação.

* *Vide art. 906 do Código Civil.*

Capítulo XIV – Da Prescrição da Ação Cambial

Art. 52. A ação cambial, contra o sacador, aceitante e respectivos avalistas, prescreve em cinco anos.

A ação cambial contra o endossador o respectivo avalista prescreve em 12 meses.

* *Vide arts. 70 e 77 do Decreto nº 57.663, de 24.1.1966, sobre o prazo previsto neste artigo.*

Art. 53. O prazo da prescrição é contado do dia em que a ação pode ser proposta; para o endossador ou respectivo avalista que paga, do dia desse pagamento.

* *Vide nota ao artigo anterior.*

TÍTULO II – DA NOTA PROMISSÓRIA

Capítulo I – Da Emissão

Art. 54. A nota promissória é uma promessa de pagamento e deve conter estes requisitos essenciais, lançados, por extenso no contexto:

I – a denominação de "Nota Promissória" ou termo correspondente, na língua em que for emitida;

II – a soma de dinheiro a pagar;

III – o nome da pessoa a quem deve ser paga;

IV – a assinatura do próprio punho da emitente ou do mandatário especial.

§ 1º. Presume-se ter o portador o mandato para inserir a data e lugar da emissão da nota promissória, que não contiver estes requisitos.

§ 2º. Será pagável à vista a nota promissória que não indicar a época do vencimento. Será pagável no domicílio do emitente a nota promissória que não indicar o lugar do pagamento.

É facultada a indicação alternativa de lugar de pagamento, tendo o portador direito de opção.

§ 3º. Diversificando as indicações da soma do dinheiro, será considerada verdadeira a que se achar lançada por extenso no contexto.

Diversificando no contexto as indicações da soma de dinheiro, o título não será nota promissória.

§ 4º. Não será nota promissória o escrito ao qual faltar qualquer dos requisitos acima enumerados. Os requisitos essenciais são considerados lançados ao tempo da emissão da nota promissória. No caso de má-fé do portador, será admitida prova em contrário.

Art. 55. A nota promissória pode ser passada:

I – à vista;

II – a dia certo;

III – a tempo certo da data.

Parágrafo único. A época do pagamento deve ser precisa e única para toda a soma devida.

Capítulo II – Disposições Gerais

Art. 56. São aplicáveis à nota promissória, com as modificações necessárias, todos os dispositivos do Título I desta Lei, exceto os que se referem ao aceite e às duplicatas.

Para o efeito da aplicação de tais dispositivos, o emitente da nota promissória é equiparado ao aceitante da letra de câmbio.

Art. 57. Ficam revogados todos os artigos do Título XVI do Código Comercial e mais disposições em contrário.

Rio de Janeiro, 31 de dezembro de 1908; 20º da República.

Afonso Augusto Moreira Pena

DECRETO Nº 22.626, DE 7 DE ABRIL DE 1933

Dispõe sobre os juros nos contratos e dá outras providências.

O Chefe do Governo Provisório da República dos Estados Unidos do Brasil:

Considerando que todas as legislações modernas adotam normas severas para regular, impedir e reprimir os excessos praticados pela usura;

Considerando que é de interesse superior da economia do país não tenha o capital remuneração exagerada impedindo o desenvolvimento das classes produtoras;

Decreta:

Art. 1º. É vedado, e será punido nos termos desta Lei, estipular em quaisquer contratos taxas de juros superiores ao dobro da taxa legal.

- *Vide art. 406 do Código Civil.*
- *§§ 1º e 2º revogados pelo Decreto-Lei nº 182, de 5.1.1938.*

§ 3º. A taxa de juros deve ser estipulada em escritura pública ou escrito particular, e não o sendo, entender-se-á que as partes acordaram nos juros de 6% ao ano, a contar da data da propositura da respectiva ação ou do protesto cambial.

Art. 2º. É vedado, a pretexto de comissão, receber taxas maiores do que as permitidas por esta Lei.

Art. 3º. As taxas de juros estabelecidas nesta Lei entrarão em vigor com a sua publicação e a partir desta data serão aplicáveis aos contratos existentes ou já ajuizados.

- *Vide Súmula 285 do STJ*

Art. 4º. É proibido contar juros dos juros; esta proibição não compreende a acumulação de juros vencidos aos saldos líquidos em conta corrente de ano a ano.

- *Vide Súmulas 102 e 283 do STJ.*

Art. 5º. Admite-se que pela mora dos juros contratados estes sejam elevados de 1% e não mais.

Art. 6º. Tratando-se de operações a prazo superior a seis meses, quando os juros ajustados forem pagos por antecipação, o cálculo deve ser feito de modo que a importância desses juros não exceda a que produziria a importância líquida da operação no prazo convencionado, às taxas máximas que esta Lei permite.

Art. 7º. O devedor poderá sempre liquidar ou amortizar a dívida quando hipotecária ou pignoratícia antes do vencimento, sem sofrer imposição de multa, gravame ou encargo de qualquer natureza por motivo dessa antecipação.

- *Vide art. 1.421 do Código Civil.*

MANUAL PRÁTICO DOS TÍTULOS DE CRÉDITO

165

LEGISLAÇÃO COMERCIAL COMPLEMENTAR

EDIPRO

§ 1º. O credor poderá exigir que a amortização não seja inferior a 25% do valor inicial da dívida.

§ 2º. Em caso de amortização os juros só serão devidos sobre o saldo devedor.

Art. 8º. As multas ou cláusulas penais, quando convencionadas, reputam-se estabelecidas para atender a despesas judiciais e honorários de advogados, e não poderão ser exigidas quando não for intentada ação judicial para cobrança da respectiva obrigação.

Parágrafo único. Quando se tratar de empréstimo até Cr$ 100.000,00 (cem mil cruzeiros) e com garantia hipotecária, as multas ou cláusulas penais convencionadas reputam-se estabelecidas para atender, apenas, a honorários de advogados, sendo as despesas judiciais pagas de acordo com a conta feita nos autos da ação judicial para cobrança da respectiva obrigação.

• *Parágrafo único acrescentado pela Lei nº 3.942, de 21.8.1961.*

Art. 9º. Não é válida a cláusula penal superior a importância de 10% do valor da dívida.

Art. 10. As dívidas a que se refere o art. 1º, §§ 1º, *in fine*, e 2º, se existentes ao tempo da publicação desta Lei, quando efetivamente cobertas, poderão ser pagas em dez prestações anuais iguais e continuadas, se assim entender o devedor.

Parágrafo único. A falta de pagamento de uma prestação, decorrido um ano da publicação desta Lei, determina o vencimento da dívida e dá ao credor o direito de excussão.

Art. 11. O contrato celebrado com infração desta Lei é nulo de pleno direito, ficando assegurada ao devedor a repetição do que houver pago a mais.

Art. 12. Os corretores e intermediários, que aceitarem negócios contrários ao texto da presente Lei, incorrerão em multa de cinco a vinte contos de réis, aplicada pelo Ministro da Fazenda e, em caso de reincidência, serão demitidos, sem prejuízo de outras penalidades aplicáveis.

Art. 13. É considerado delito de usura toda a simulação ou prática tendente a ocultar a verdadeira taxa do juro ou a fraudar os dispositivos desta Lei, para o fim de sujeitar o devedor a maiores prestações ou encargos, além dos estabelecidos no respectivo título ou instrumento.

Penas: Prisão de 6 (seis) meses a 1 (um) ano e multas de cinco contos de réis a cinquenta contos de réis.

• *O art. 2º da Lei nº 7.209, de 11.7.1984, cancela, na Parte Especial do Código Penal e nas leis especiais alcançadas pelo art. 12 do mesmo Código, quaisquer referências a valores de multas, substituindo a expressão multa de por multa*

No caso de reincidência, tais penas serão elevadas ao dobro.

Parágrafo único. Serão responsáveis como co-autores o agente e o intermediário, e, em se tratando de pessoa jurídica, os que tiverem qualidade para representá-la.

Art. 14. A tentativa deste crime é punível nos termos da lei penal vigente.

Art. 15. São consideradas circunstâncias agravantes o fato de, para conseguir aceitação de exigências contrárias a esta Lei, valer-se o credor da inexperiência ou das paixões do menor, ou da deficiência ou doença mental de alguém, ainda que não esteja interdito, ou de circunstâncias aflitivas em que se encontre o devedor.

Art. 16. Continuam em vigor os arts. 24, parágrafo único, nº 4, e 27 do Decreto nº 5.746, de 9 de dezembro de 1929, e art. 44, nº 1, do Decreto nº 2.044, de 17 de dezembro de 1908, e as disposições do Código Comercial, no que não contravierem com esta Lei.

• *A Primeira Parte do Código Comercial (Lei nº 556, de 25.6.1985), na qual constavam disposições referentes a juros, foi revogada pelo Código Civil de 2002 (Lei nº 10.406, de 10.1.2002), que passou a tratar do assunto em seus arts. 406 e 407.*

• *Vide a Lei de Falências e Recuperação de Empresas (Lei nº 11.101, de 9.2.2005), arts. 83, VIII, e 124.*

Art. 17. O Governo Federal baixará uma lei especial, dispondo sobre as casas de empréstimos sobre penhores e congêneres.

Art. 18. O teor desta Lei será transmitido por telegrama a todos os interventores federais, para que o façam publicar incontinenti.

Art. 19. Revogam-se as disposições em contrário.

Rio de Janeiro, 7 de abril de 1933; 112º da Independência e 45º da República.

Getúlio Vargas

DECRETO Nº 57.595, DE 7 DE JANEIRO DE 1966

Promulga as Convenções para Adoção de uma Lei Uniforme em Matéria de Cheques. Convenção para Adoção de uma Lei Uniforme em Matéria de Cheques.

O Presidente da República:

Havendo o Governo brasileiro, por nota da Legação em Berna, datada de 26 de agosto de 1942, ao Secretário-Geral da Liga das Nações, aderindo às seguintes Convenções assinadas em Genebra, a 19 de março de 1931:

1º) Convenção para adoção de uma Lei Uniforme sobre cheques, Anexos e Protocolo, com reservas aos arts. 2, 3, 4, 5, 6, 7, 8, 9, 10, 11, 12, 14, 15, 16, 17, 18, 19, 20, 21, 23, 25, 26, 29 e 30 do Anexo II;

2º) Convenção destinada a regular certos conflitos de leis em matéria de cheques e Protocolo;

3º) Convenção relativa ao Imposto de Selo em matéria de cheques e Protocolo;

• *Com a reforma tributária de 1965, foi extinto o Imposto do Selo.*

Havendo as referidas Convenções entrado em vigor para o Brasil 90 (noventa) dias após a data do registro pela Secretaria-Geral da Liga das Nações, isto é, a 26 de novembro de 1942;

E havendo o Congresso Nacional aprovado pelo Decreto Legislativo nº 54, de 1964, as referidas Convenções;

Decreta que as mesmas, apensas por cópia ao presente Decreto, sejam executadas e cumpridas tão inteiramente como nelas se contém, observadas as reservas feitas à Convenção relativa à Lei Uniforme sobre cheques.

Brasília, 7 de janeiro de 1966; 145º da Independência e 78º da República.

H. Castello Branco

CONVENÇÃO
PARA ADOÇÃO DE UMA LEI UNIFORME EM MATÉRIA DE CHEQUES

O Presidente do Reich Alemão; O Presidente Federal da República Austríaca; Sua Majestade o Rei dos Belgas; Sua Majestade o Rei da Dinamarca e da Islândia; O Presidente da República da Polônia pela Cidade Livre de Dantzig; O Presidente da República do Equador; Sua Majestade o Rei da Espanha; O Presidente da República da Finlândia; O Presidente da República Francesa; O Presidente da República Helênica; Sua Alteza Sereníssima o Regente do Reino da Hungria; Sua Majestade o Rei da Itália; Sua Majestade o Imperador do Japão; Sua Alteza Real a Grã-Duquesa do Luxemburgo; O Presidente dos Estados Unidos do México; Sua Alteza Sereníssima o Príncipe de Mônaco; Sua Majestade o Rei da Noruega; Sua Majestade a Rainha da Holanda; O Presidente da República da Polônia; O Presidente da República Portuguesa; Sua Majestade o Rei da Rumânia; Sua Majestade o Rei da Suécia; O Conselho Federal Suíço; O Presidente da República Tchecoslovaca; O Presidente da República Turca; Sua Majestade o Rei da Iugoslávia,

Desejando evitar as dificuldades originadas pela diversidade de legislação nos vários países em que os cheques circulam e aumentam assim a segurança e rapidez das relações do comércio internacional,

Designaram como seus plenipotenciários,

Os quais, depois de terem apresentado os seus plenos poderes, achados em boa e devida forma, acordaram nas disposições seguintes:

Artigo 1º. As Altas Partes Contratantes obrigam-se a adotar nos territórios respectivos, quer num dos textos originais, quer nas suas línguas nacionais, a Lei Uniforme que constitui o Anexo I da presente Convenção.

Esta obrigação poderá ficar subordinada a certas reservas, que deverão eventualmente ser formuladas por cada uma das Altas Partes Contratantes no momento da sua ratificação ou adesão. Estas reservas deverão ser escolhidas entre as mencionadas no Anexo II da presente Convenção.

Todavia, as reservas a que se referem os arts. 9º, 22, 27 e 30 do citado Anexo II poderão ser feitas posteriormente à ratificação ou adesão, desde que sejam notificadas ao Secretário-Geral da Sociedade das Nações, o qual imediatamente comunicará o seu texto aos membros da Sociedade das Nações e aos Estados não-membros em cujo nome tenha sido ratificada a presente Convenção ou que a ela tenham aderido. Essas reservas só produzirão efeitos 90 (noventa) dias depois de o Secretário-Geral ter recebido a referida notificação.

Qualquer das Altas Partes Contratantes poderá, em caso de urgência, fazer uso, depois da ratificação ou da adesão, das reservas indicadas nos arts. 17 e 28 do referido Anexo II. Neste caso deverá comunicar essas reservas direta e imediatamente a todas as outras Altas Partes Contratantes e ao Secretário-Geral da Sociedade das Nações. Esta notificação produzirá os seus efeitos 2 (dois) dias depois de recebida a dita comunicação pelas Altas Partes Contratantes.

Artigo 2º. A Lei Uniforme não será aplicável no território de cada uma das Altas Partes Contratantes aos cheques já passados à data da entrada em vigor da presente Convenção.

Artigo 3º. A presente Convenção, cujos textos em francês e inglês farão ambos igualmente fé, terá a data de hoje.

Poderá ser ulteriormente assinada, até 15 de julho de 1931, em nome de qualquer membro da Sociedade das Nações e qualquer Estado não-membro.

Artigo 4º. A presente Convenção será ratificada.

Os instrumentos de ratificação serão transmitidos, antes de 1º de setembro de 1933, ao Secretário-Geral da Sociedade das Nações, que notificará imediatamente do seu depósito todos os membros da Sociedade das Nações e os Estados não-membros em nome dos quais a presente Convenção tenha sido assinada ou que a ela tenham aderido.

Artigo 5º. A partir de 15 de julho de 1931, qualquer membro da sociedade das Nações e qualquer Estado não-membro poderá aderir à presente Convenção.

Esta adesão efetuar-se-á por meio de notificação ao Secretário-Geral da Sociedade das Nações, que será depositada nos Arquivos do Secretariado.

O Secretário-Geral notificará imediatamente desse depósito todos os membros da Sociedade das Nações e os Estados não-membros em nome dos quais a presente Convenção tenha sido assinada ou que a ela tenham aderido.

MANUAL PRÁTICO DOS TÍTULOS DE CRÉDITO

LEGISLAÇÃO COMERCIAL COMPLEMENTAR

EDIPRO

Artigo 6º. A presente Convenção somente entrará em vigor depois de ter sido ratificada ou de a ela terem aderido sete membros da Sociedade das Nações ou Estados não-membros, entre os quais deverão figurar três dos membros da Sociedade das Nações com representação permanente no Conselho.

Começará vigorar 90 (noventa) dias depois de recebida pelo Secretário-Geral da Sociedade das Nações a sétima ratificação ou adesão, em conformidade com o disposto na alínea primeira do presente artigo.

O Secretário-Geral da Sociedade das Nações, nas notificações previstas nos arts. 4º e 5º, fará menção especial de terem sido recebidas as ratificações ou adesões a que se refere a alínea primeira do presente artigo.

Artigo 7º. As ratificações ou adesões, após a entrada em vigor da presente Convenção, em conformidade com o disposto no art. 6º, produzirão os seus efeitos 90 (noventa) dias depois da data da sua recepção pelo Secretário-Geral da Sociedade das Nações.

Artigo 8º. Exceto nos casos de urgência, a presente Convenção não poderá ser denunciada antes de decorrido um prazo de 2 (dois) anos a contar da data em que tiver começado a vigorar para o membro da Sociedade das Nações ou para o Estado não-membro que a denuncia; esta denúncia produzirá os seus efeitos 90 (noventa) dias depois de recebida pelo Secretário-Geral a respectiva notificação.

Qualquer denúncia será imediatamente comunicada pelo Secretário-Geral da Sociedade das Nações a todas as Altas Partes Contratantes.

Nos casos de urgência a Alta Parte Contratante que efetuar a denúncia comunicará esse fato direta e imediatamente a todas as outras Altas Partes Contratantes, e a denúncia produzirá os seus efeitos 2 (dois) dias depois de recebida a dita comunicação pelas respectivas Altas Partes Contratantes. A Alta Parte Contratante que fizer a denúncia nestas condições dará igualmente conhecimento da sua decisão ao Secretário-Geral da Sociedade das Nações.

Qualquer denúncia só produzirá efeitos em relação à Alta Parte Contratante em nome da qual ela tenha sido feita.

Artigo 9º. Decorrido um prazo de 4 (quatro) anos da entrada em vigor da presente Convenção, qualquer membro da Sociedade das Nações ou Estado não-membro a ela ligado poderá formular ao Secretário-Geral da Sociedade das Nações um pedido de revisão de algumas ou de todas as disposições da Convenção.

Se este pedido, comunicado aos outros membros ou aos Estados não-membros para os quais a Convenção estiver em vigor, for apoiado dentro do prazo de 1 (um) ano por 6 (seis), pelo menos, dentre eles, o Conselho da Sociedade das Nações decidirá se deve ser convocada uma Conferência para aquele fim.

Artigo 10. Qualquer das Altas Partes Contratantes poderá declarar no momento da assinatura, da ratificação ou da adesão que, aceitando a presente Convenção, não assume nenhuma obrigação pelo que respeita a todas ou parte das suas colônias, protetorados ou territórios sob a sua soberania ou mandato, caso em que a presente Convenção se não aplicará aos territórios mencionados nessa declaração. Qualquer das Altas Partes Contratantes poderá, posteriormente, comunicar ao Secretário-Geral da Sociedade das Nações o seu desejo de que a presente Convenção se aplique a todos ou parte dos seus territórios que tenham sido objeto da declaração prevista na alínea precedente, e nesse caso a presente Convenção aplicar-se-á aos territórios mencionados nessa comunicação 90 (noventa) dias depois desta ter sido recebida pelo Secretário-Geral da Sociedade das Nações.

As Altas Partes Contratantes reservam-se igualmente o direito, nos termos do art. 8º, de denunciar a presente Convenção pelo que se refere a todas ou parte das suas colônias, protetorados ou territórios sob a sua soberania ou mandato.

Artigo 11. A presente Convenção será registrada pelo Secretário-Geral da Sociedade das Nações desde que entre em vigor.

Em fé do que os plenipotenciários acima designados assinaram a presente Convenção.

Feito em Genebra, aos dezenove de março de mil novecentos e trinta e um, num só exemplar, que será depositado nos arquivos do Secretariado da Sociedade das Nações. Será transmitida cópia autêntica a todos os membros da Sociedade das Nações e a todos os Estados não-membros representados na Conferência.

Alemanha: L. Quassowski, Doutor Albrecht, Erwin Patzold; Áustria: Dr. Guido Strobele; Bélgica: De La Vallée Poussin; Dinamarca: Helper, V. Efgtved; Cidade Livre de Dantzig: Jósef Sulkowski; Equador: Alej. Gastelú; Espanha: Francisco Bernis; Finlândia: F. Gruvall; França: Percerou; Grécia: R. Raphael, A. Contoumas; Hungria: Pelénvi; Itália: Amedeo Giannini, Giovanni Zappala; Japão: N. Kawashima, Ukitsu Tanaka; Luxemburgo: Ch. G. Vermaire; México: Antonio Castro-Leal; Mônaco: C. Hentsch, Ad referendum; Noruega: Stub Holmboe; Holanda: J. Kosters; Polônia: Jósef Sulkowski; Portugal: José Caieiro da Mata; Rumânia: C. Antoniade; Suécia: E. Marks von Wurtemberg, Birger Ekeberg, K. Dahlberg; Sob reserva de ratificação por S. M. o Rei da Suécia, com a aprovação do Riksdag; Suíça: Vischer Hulftegger; Tchecoslováquia: Dr. Karel Hermann-Otavsky; Turquia: Cemal Husnu; Iugoslávia: I. Choumenkovitch.

Anexo I
LEI UNIFORME RELATIVA AO CHEQUE

Capítulo I – Da Emissão e Forma do Cheque

Artigo 1º. O cheque contém:

1º) a palavra "cheque" inserta no próprio texto do título e expressa na língua empregada para a redação deste título;

2º) o mandato puro e simples de pagar uma quantia determinada;

3º) o nome de quem deve pagar (sacado);

4º) a indicação do lugar em que o pagamento se deve efetuar;

5º) a indicação da data em que e do lugar onde o cheque é passado;

6º) a assinatura de quem passa o cheque (sacador).

Artigo 2º. O título a que faltar qualquer dos requisitos enumerados no artigo precedente não produz efeito como cheque, salvo nos casos determinados nas alíneas seguintes:

Na falta de indicação especial, o lugar designado ao lado do nome do sacado considera-se como sendo o lugar de pagamento. Se forem indicados vários lugares ao lado do nome do sacado, o cheque é pagável no primeiro lugar indicado.

Na ausência destas indicações ou de qualquer outra indicação, o cheque é pagável no lugar em que o sacado tem o seu estabelecimento principal.

O cheque sem indicação do lugar da sua emissão considera-se passado no lugar designado ao lado do nome do sacador.

Artigo 3º. O cheque é sacado sobre um banqueiro que tenha fundos à disposição do sacador e em harmonia com uma convenção expressa ou tácita, segundo a qual o sacador tem o direito de dispor desses fundos por meio de cheque. A validade do título como cheque não fica, todavia, prejudicada no caso de inobservância destas prescrições.

Artigo 4º. O cheque não pode ser aceito. A menção de aceite lançada no cheque considera-se como não escrita.

Artigo 5º. O cheque pode ser feito pagável:

— a uma determinada pessoa, com ou sem cláusula expressa "à ordem";

— a uma determinada pessoa, com a cláusula "não à ordem" ou outra equivalente;

— ao portador.

O cheque passado a favor duma determinada pessoa, mas que contenha a menção, "ou ao portador", ou outra e-quivalente, é considerado como cheque ao portador.

O cheque sem indicação do beneficiário é considerado como cheque ao portador.

Artigo 6º. O cheque pode ser passado à ordem do próprio sacador.

O cheque pode ser sacado por conta de terceiro.

O cheque não pode ser passado sobre o próprio sacador, salvo no caso em que se trate dum cheque sacado por um estabelecimento sobre outro estabelecimento, ambos pertencentes ao mesmo sacador.

Artigo 7º. Considera-se como não escrita qualquer estipulação de juros inserta no cheque.

Artigo 8º. O cheque pode ser pagável no domicílio de terceiro, quer na localidade onde o sacado tem o seu domicílio, quer numa outra localidade, sob a condição no entanto de que o terceiro seja banqueiro.

Artigo 9º. O cheque cuja importância for expressa por extenso e em algarismos vale, em caso de divergência, pela quantia designada por extenso.

O cheque cuja importância for expressa várias vezes, quer por extenso, quer em algarismos, vale, em caso de divergência, pela menor quantia indicada.

Artigo 10. Se o cheque contém assinaturas de pessoas incapazes de se obrigarem por cheque, assinaturas falsas, assinaturas de pessoas fictícias, ou assinaturas que por qualquer outra razão não poderiam obrigar as pessoas que assinarem o cheque, ou em nome das quais ele foi assinado, as obrigações dos outros signatários não deixam por esse fato de ser válidas.

Artigo 11. Todo aquele que apuser a sua assinatura num cheque, como representante duma pessoa para representar a qual não tinha de fato poderes, fica obrigado em virtude do cheque e, se o pagar, tem os mesmos direitos que o pretendido representado. A mesma regra se aplica ao representante que tenha excedido os seus poderes.

Artigo 12. O sacador garante o pagamento. Considera-se como não escrita qualquer declaração pela qual o sacador se exima a esta garantia.

Artigo 13. Se um cheque incompleto no momento de ser passado tiver sido completado contrariamente aos acordos realizados, não pode a inobservância desses acordos ser motivo de oposição ao portador, salvo se este tiver adquirido o cheque de má-fé, ou, adquirindo-o, tenha cometido uma falta grave.

Capítulo II – Da Transmissão

Artigo 14. O cheque estipulado pagável a favor duma determinada pessoa, com ou sem cláusula expressa "à ordem", é transmissível por via de endosso.

O cheque estipulado pagável a favor duma determinada pessoa, com a cláusula "não à ordem" ou outra equivalente, só é transmissível pela forma e com os efeitos duma cessão ordinária.

O endosso deve ser puro e simples, a favor do sacador ou de qualquer outro coobrigado. Essas pessoas podem endossar novamente o cheque.

Artigo 15. O endosso deve ser puro e simples. Considera-se como não escrita qualquer condição a que ele esteja subordinado.

É nulo o endosso parcial.

MANUAL PRÁTICO DOS TÍTULOS DE CRÉDITO

LEGISLAÇÃO COMERCIAL COMPLEMENTAR

EDIPRO

É nulo igualmente o endosso feito pelo sacado.

O endosso ao portador vale como endosso em branco.

O endosso ao sacado só vale como quitação, salvo no caso de o sacado ter vários estabelecimentos e de o endosso ser feito em benefício de um estabelecimento diferente daquele sobre o qual o cheque foi sacado.

Artigo 16. O endosso deve ser escrito no cheque ou numa folha ligada a este (Anexo). Deve ser assinado pelo endossante.

O endosso pode não designar o beneficiário ou consistir simplesmente na assinatura do endossante (endosso em branco). Neste último caso o endosso, para ser válido, deve ser escrito no verso do cheque ou na folha anexa.

Artigo 17. O endosso transmite todos os direitos resultantes do cheque.

Se o endosso é em branco, o portador pode:

1º) preencher o espaço em branco, quer com o seu nome, quer com o nome de outra pessoa;

2º) endossar o cheque de novo em branco ou a outra pessoa;

3º) transferir o cheque a um terceiro sem preencher o espaço em branco nem o endossar.

Artigo 18. Salvo estipulação em contrário, o endossante garante o pagamento.

O endossante pode proibir um novo endosso, e neste caso não garante o pagamento às pessoas a quem o cheque for posteriormente endossado.

Artigo 19. O detentor de um cheque endossável é considerado portador legítimo se justifica o seu direito por uma série ininterrupta de endossos, mesmo se o último for em branco. Os endossos riscados são, para este efeito, considerados como não escritos. Quando o endosso em branco é seguido de um outro endosso, presume-se que o signatário deste adquiriu o cheque pelo endosso em branco.

Artigo 20. Um endosso num cheque passado ao portador torna o endossante responsável nos termos das disposições que regulam o direito de ação, mas nem por isso converte o título num cheque à ordem.

Artigo 21. Quando uma pessoa foi por qualquer maneira desapossada de um cheque, o detentor a cujas mãos ele foi parar – quer se trate de um cheque ao portador, quer se trate de um cheque endossável em relação ao qual o detentor justifique o seu direito pela forma indicada no art. 19 – não é obrigado a restituí-lo, a não ser que o tenha adquirido de má-fé, ou que, adquirindo-o, tenha cometido uma falta grave.

Artigo 22. As pessoas acionadas em virtude de um cheque não podem opor ao portador as exceções fundadas sobre as relações pessoais delas com o sacador, ou com os portadores anteriores, salvo se o portador ao adquirir o cheque tiver procedido conscientemente em detrimento do devedor.

Artigo 23. Quando um endosso contém a menção "valor a cobrar" (*valeur en recouvrement*), "para cobrança" (*pour encaissement*), "por procuração" (*par procuration*), ou qualquer outra menção que implique um simples mandato, o portador pode exercer todos os direitos resultantes do cheque, mas só pode endossá-lo na qualidade de procurador.

Os coobrigados neste caso só podem invocar contra o portador as exceções que eram oponíveis ao endossante.

O mandato que resulta de um endosso por procuração não se extingue por morte ou pela superveniência de incapacidade legal do mandatário.

Artigo 24. O endosso feito depois de protesto ou uma declaração equivalente, ou depois de terminado o prazo para apresentação, produz apenas os efeitos de uma cessão ordinária.

Salvo prova em contrário, presume-se que um endosso sem data haja sido feito antes do protesto ou das declarações equivalentes ou antes de findo o prazo indicado na alínea precedente.

Capítulo III – Do Aval

Artigo 25. O pagamento de um cheque pode ser garantido no todo ou em parte do seu valor por um aval.

Esta garantia pode ser dada por um terceiro, excetuado o sacado, ou mesmo por um signatário do cheque.

Artigo 26. O aval é dado sobre o cheque ou sobre a folha anexa.

Exprime-se pelas palavras "bom para aval", ou por qualquer outra fórmula equivalente; é assinado pelo avalista.

Considera-se como resultante da simples aposição da assinatura do avalista na face do cheque, exceto quando se trate da assinatura do sacador.

O aval deve indicar a quem é prestado. Na falta desta indicação considera-se prestado ao sacador.

Artigo 27. O avalista é obrigado da mesma forma que a pessoa que ele garante.

A sua responsabilidade subsiste ainda mesmo que a obrigação que ele garantiu fosse nula por qualquer razão que não seja um vício de forma.

Pagando o cheque, o avalista adquire os direitos resultantes dele contra o garantido e contra os obrigados para com este em virtude do cheque.

Capítulo IV – Da Apresentação e do Pagamento

Artigo 28. O cheque é pagável à vista. Considera-se como não escrita qualquer menção em contrário.

O cheque apresentado a pagamento antes do dia indicado como data da emissão é pagável no dia da apresentação.

Artigo 29. O cheque pagável no país onde foi passado deve ser apresentado a pagamento no prazo de 8 (oito) dias.

O cheque passado num país diferente daquele em que é pagável deve ser apresentado respectivamente num prazo de 20 (vinte) dias ou de 70 (setenta) dias, conforme o lugar de emissão e o lugar de pagamento se encontrem situados na mesma ou em diferentes partes do mundo.

Para este efeito os cheques passados num país europeu e pagáveis num país à beira do Mediterrâneo, ou vice-versa, são considerados como passados e pagáveis na mesma parte do mundo.

Os prazos acima indicados começam a contar-se do dia indicado no cheque como data da emissão.

Artigo 30. Quando o cheque for passado num lugar e pagável noutro em que se adote um calendário diferente, a data da emissão será o dia correspondente no calendário do lugar do pagamento.

Artigo 31. A apresentação do cheque a uma câmara de compensação equivale à apresentação a pagamento.

Artigo 32. A revogação do cheque só produz efeito depois de findo o prazo de apresentação.

Se o cheque não tiver sido revogado, o sacado pode pagá-lo mesmo depois de findo o prazo.

Artigo 33. A morte do sacador ou a sua incapacidade posterior à emissão do cheque não invalidam os efeitos deste.

Artigo 34. O sacador pode exigir, ao pagar o cheque, que este lhe seja entregue munido de recibo passado pelo portador.

O portador não pode recusar um pagamento parcial.

No caso de pagamento parcial, o sacado pode exigir que desse pagamento se faça menção no cheque e que lhe seja entregue o respectivo recibo.

Artigo 35. O sacado que paga um cheque endossável é obrigado a verificar a regularidade da sucessão dos endossos, mas não a assinatura dos endossantes.

Artigo 36. Quando um cheque é pagável numa moeda que não tem curso no lugar do pagamento, a sua importância pode ser paga, dentro do prazo da apresentação do cheque, na moeda do país em que é apresentado, segundo o seu valor no dia do pagamento. Se o pagamento não foi efetuado à apresentação, o portador pode, à sua escolha, pedir que o pagamento da importância do cheque na moeda do país em que é apresentado seja efetuado ao câmbio, quer do dia da apresentação, quer do dia do pagamento.

A determinação do valor da moeda estrangeira será feita segundo os usos do lugar de pagamento. O sacador pode, todavia, estipular que a soma a pagar seja calculada segundo uma taxa indicada no cheque.

As regras acima indicadas não se aplicam ao caso em que o sacador tenha estipulado que o pagamento deverá ser efetuado numa certa moeda especificada (cláusula de pagamento efetivo em moeda estrangeira).

Se a importância do cheque for indicada numa moeda que tenha a mesma denominação mas valor diferente no país de emissão e no de pagamento, presume-se que se fez referência à moeda do lugar de pagamento.

Capítulo V – Dos Cheques Cruzados e Cheques a Levar em Conta

Artigo 37. O sacador ou o portador dum cheque pode cruzá-lo, produzindo assim os efeitos indicados no artigo seguinte.

O cruzamento efetua-se por meio de duas linhas paralelas traçadas na face do cheque e pode ser geral ou especial.

O cruzamento é geral quando consiste apenas nos dois traçados paralelos, ou se entre eles está escrita a palavra "banqueiro" ou outra equivalente; é especial quando tem escrito entre os dois traços o nome dum banqueiro.

O cruzamento geral pode ser convertido em cruzamento especial, mas este não pode ser convertido em cruzamento geral.

A inutilização do cruzamento ou do nome do banqueiro indicado considera-se como não feita.

Artigo 38. Um cheque com cruzamento geral só pode ser pago pelo sacado a um banqueiro ou a um cliente do sacado.

Um cheque com cruzamento especial só pode ser pago pelo sacado ao banqueiro designado, ou, se este é o sacado, ao seu cliente. O banqueiro designado pode, contudo, recorrer a outro banqueiro para liquidar o cheque.

Um banqueiro só pode adquirir um cheque cruzado a um dos seus clientes ou a outro banqueiro. Não pode cobrá-lo por conta doutras pessoas que não sejam as acima indicadas.

Um cheque que contenha vários cruzamentos especiais só poderá ser pago pelo sacado no caso de se tratar de dois cruzamentos, dos quais um para liquidação por uma câmara de compensação.

O sacado ou o banqueiro que deixar de observar as disposições acima referidas é responsável pelo prejuízo que daí possa resultar até uma importância igual ao valor do cheque.

Artigo 39. O sacador ou o portador dum cheque podem proibir o seu pagamento em numerário inserindo na face do cheque transversalmente a menção "para levar em conta", ou outra equivalente.

Neste caso o sacado só pode fazer a liquidação do cheque por lançamento de escrita (crédito em conta, transferência duma conta para outra ou compensação). A liquidação por lançamento de escrita vale como pagamento.

A inutilização da menção "para levar em conta" considera-se como não feita.

O sacado que deixar de observar as disposições acima referidas é responsável pelo prejuízo que daí possa resultar até uma importância igual ao valor do cheque.

MANUAL PRÁTICO DOS TÍTULOS DE CRÉDITO

LEGISLAÇÃO COMERCIAL COMPLEMENTAR

171

EDIPRO

Capítulo VI – Da Ação por Falta de Pagamento

Artigo 40. O portador pode exercer os seus direitos de ação contra os endossantes, sacador e outros coobrigados, se o cheque, apresentado em tempo útil, não for pago e se a recusa de pagamento for verificada:

1º) quer por um ato formal (protesto);

2º) quer por uma declaração do sacador, datada e escrita sobre o cheque, com a indicação do dia em que este foi apresentado;

3º) quer por uma declaração datada duma câmara de compensação, constatando que o cheque foi apresentado em tempo útil e não foi pago.

Artigo 41. O protesto ou declaração equivalente devem ser feitos antes de expirar o prazo para a apresentação.

Se o cheque for apresentado no último dia do prazo, o protesto ou a declaração equivalente podem ser feitos no primeiro dia útil seguinte.

Artigo 42. O portador deve avisar da falta de pagamento o seu endossante e o sacador, dentro dos 4 (quatro) dias úteis que se seguirem ao dia do protesto, ou da declaração equivalente, ou que contiver a cláusula "sem despesas". Cada um dos endossantes deve por sua vez, dentro dos 2 (dois) dias úteis que se seguirem ao da recepção do aviso, informar o seu endossante do aviso que recebeu, indicando os nomes e endereços dos que enviaram os avisos precedentes, e assim contam-se a partir da recepção do aviso precedente.

Quando, em conformidade com o disposto na alínea anterior, se avisou um signatário do cheque, deve avisar-se igualmente o seu avalista dentro do mesmo prazo de tempo.

No caso de um endossante não ter indicado o seu endereço, ou de o ter feito de maneira ilegível, basta que o aviso seja enviado ao endossante que o precede.

A pessoa que tenha de enviar um aviso pode fazê-lo por qualquer forma, mesmo pela simples devolução do cheque.

Essa pessoa deverá provar que o aviso foi enviado dentro do prazo prescrito. O prazo considerar-se-á como tendo sido observado desde que a carta que contém o aviso tenha sido posta no correio dentro dele.

A pessoa que não der o aviso dentro do prazo acima indicado não perde os seus direitos. Será responsável pelo prejuízo, se o houver, motivado pela sua negligência, sem que a responsabilidade possa exceder o valor do cheque.

Artigo 43. O sacador, um endossante ou um avalista, pode, pela cláusula "sem despesas", "sem protesto", ou outra cláusula equivalente, dispensar o portador de estabelecer um protesto ou outra declaração equivalente para exercer os seus direitos de ação.

Essa cláusula não dispensa o portador da apresentação do cheque dentro do prazo prescrito nem tampouco dos avisos a dar. A prova da inobservância do prazo incumbe àquele que dela se prevaleça contra o portador. Se a cláusula foi escrita pelo sacador, produz os seus efeitos em relação a todos os signatários do cheque; se for inserida por um endossante ou por um avalista, só produz efeito em relação a esse endossante ou avalista. Se, apesar da cláusula escrita pelo sacador, o portador faz o protesto ou a declaração equivalente, as respectivas despesas serão por conta dele. Quando a cláusula emanar de um endossante ou de um avalista, as despesas do protesto, ou da declaração equivalente, ser for feito, podem ser cobradas de todos os signatários do cheque.

Artigo 44. Todas as pessoas obrigadas em virtude de um cheque são solidariamente responsáveis para com o portador.

O portador tem o direito de proceder contra essas pessoas, individual ou coletivamente, sem necessidade de observar a ordem segundo a qual elas se obrigaram.

O mesmo direito tem todo o signatário dum cheque que o tenha pago.

A ação intentada contra um dos coobrigados não obsta ao procedimento contra os outros, embora esses se tivessem obrigado posteriormente àquele que foi acionado em primeiro lugar.

Artigo 45. O portador pode reclamar daquele contra o qual exerceu o seu direito de ação:

1º) a importância do cheque não pago;

2º) os juros à taxa de 6% (seis por cento) desde o dia da apresentação;

3º) as despesas do protesto ou da declaração equivalente, as dos avisos feitos e as outras despesas.

Artigo 46. A pessoa que tenha pago o cheque pode reclamar daqueles que são responsáveis para com ele:

1º) a importância integral que pagou;

2º) os juros da mesma importância, à taxa de 6% (seis por cento), desde o dia em que a pagou;

3º) as despesas por ela feitas.

Artigo 47. Qualquer dos coobrigados, contra o qual se intentou ou pode ser intentada uma ação, pode exigir, desde que reembolse o cheque, a sua entrega com o protesto ou declaração equivalente e um recibo.

Qualquer endossante que tenha pago o cheque pode inutilizar o seu endosso e os endossos dos endossantes subsequentes.

Artigo 48. Quando a apresentação do cheque, o seu protesto ou a declaração equivalente não puder efetuar-se dentro dos prazos indicados por motivo de obstáculo insuperável (prescrição legal declarada por um Estado qualquer ou caso de força maior), esses prazos serão prorrogados.

O portador deverá avisar imediatamente do caso de força maior o seu endossante e fazer menção datada e assinada desse aviso no cheque ou na folha anexa; para os demais aplicar-se-ão as disposições do art. 42.

Desde que tenha cessado o caso de força maior, o portador deve apresentar imediatamente o cheque a pagamento, e, caso haja motivo para tal, fazer o protesto ou uma declaração equivalente.

Se o caso de força maior se prolongar além de 15 (quinze) dias a contar da data em que o portador, mesmo antes de expirado o prazo para a apresentação, avisou o endossante do dito caso de força maior, podem promover-se ações sem que haja necessidade de apresentação, de protesto ou de declaração equivalente.

Não são considerados casos de força maior os fatos que sejam de interesse puramente pessoal do portador ou da pessoa por ele encarregada da apresentação do cheque ou de efetivar o protesto ou a declaração equivalente.

Capítulo VII – Da Pluralidade de Exemplares

Artigo 49. Excetuado o cheque ao portador, qualquer outro cheque emitido num país e pagável noutro país ou numa possessão ultramarina desse país, e vice-versa, ou ainda emitido e pagável na mesma possessão ou em diversas possessões ultramarinas do mesmo país, pode ser passado em vários exemplares idênticos. Quando um cheque é passado em vários exemplares, esses exemplares devem ser numerados no texto do própr o título, pois do contrário cada um será considerado como sendo um cheque distinto.

Artigo 50. O pagamento efetuado contra um dos exemplares é liberatório, mesmo quando não esteja estipulado que este pagamento anula o efeito dos outros.

O endossante que transmitiu os exemplares do cheque a várias pessoas, bem como os endossantes subsequentes, são responsáveis por todos os exemplares por eles assinados que não forem restituídos.

Capítulo VIII – Das Alterações

Artigo 51. No caso de alteração do texto dum cheque, os signatários posteriores a essa alteração ficam obrigados nos termos do texto alterado; os signatários anteriores são obrigados nos termos do original.

Capítulo IX – Da Prescrição

Artigo 52. Toda a ação do portador contra os endossantes, contra o sacador ou contra os demais coobrigados prescreve decorridos que sejam 6 (seis) meses, contados do termo do prazo de apresentação. Toda a ação de um dos coobrigados no pagamento de um cheque contra os demais prescreve no prazo de 6 (seis) meses, contados do dia em que ele tenha pago o cheque ou do dia em que ele próprio foi acionado.

Artigo 53. A interrupção da prescrição só produz efeito em relação à pessoa para a qual a interrupção foi feita.

Capítulo X – Disposições Gerais

Artigo 54. Na presente Lei a palavra "banqueiro" compreende também as pessoas ou instituições assimiladas por lei aos banqueiros.

Artigo 55. A apresentação e o protesto dum cheque só podem efetuar-se em dia útil.

Quando o último dia do prazo prescrito na lei para a realização dos atos relativos ao cheque, e principalmente para a sua apresentação ou estabelecimento do protesto ou dum ato equivalente, for feriado legal esse prazo é prorrogado até ao primeiro dia útil que se seguir ao termo do mesmo. Os dias feriados intermédios são compreendidos na contagem do prazo.

Artigo 56. Os prazos previstos na presente Lei não compreendem o dia que marca o seu início.

Artigo 57. Não são admitidos dias de perdão, quer legal quer judicial.

Anexo II

Artigo 1º. Qualquer das Altas Partes Contratantes pode prescrever que a obrigação de inserir nos cheques passados no seu território a palavra "cheque" prevista no art. 1º, número 1, da Lei Uniforme, e bem assim a obrigação, a que se refere o número 5 do mesmo artigo, de indicar o lugar onde o cheque é passado, só se aplicarão 6 (seis) meses após a entrada em vigor da presente Convenção.

Artigo 2º. Qualquer das Altas Partes Contratantes tem, pelo que respeita às obrigações contraídas em matéria de cheques no seu território, a faculdade de determinar de que maneira pode ser suprida a falta da assinatura, desde que por uma declaração autêntica escrita no cheque se possa constatar a vontade daquele que deveria ter assinado.

Artigo 3º. Por derrogação da alínea 3 do art. 2º da Lei Uniforme qualquer das Altas Partes Contratantes tem a faculdade de prescrever que um cheque sem indicação do lugar de pagamento é considerado pagável no lugar onde foi passado.

Artigo 4º. Qualquer das Altas Partes Contratantes reserva-se a faculdade, quanto aos cheques passados e pagáveis no seu território, de decidir que os cheques sacados sobre pessoas que não sejam banqueiros ou entidades ou instituições assimiladas por lei aos banqueiros não são válidos como cheques.

Qualquer das Altas Partes Contratantes reserva-se igualmente a faculdade de inserir na sua lei Nacional o art. 3º da Lei Uniforme na forma e termos que melhor se adaptem ao uso que ela fizer das disposições da alínea precedente.

Artigo 5º. Qualquer das Altas Partes Contratantes tem a faculdade de determinar em que momento deve o sacador ter fundos disponíveis em poder do sacado.

Artigo 6º. Qualquer das Altas Partes Contratantes tem a faculdade de admitir que o sacado inscreva sobre o cheque uma menção de certificação, confirmação, visto ou outra declaração equivalente e de regular os seus efeitos jurídicos; tal menção não deve ter, porém, o efeito dum aceite.

Artigo 7º. Por derrogação dos arts. 5º e 14 da Lei Uniforme, qualquer das Altas Partes Contratantes reserva-se a faculdade de determinar, no que respeita aos cheques pagáveis no seu território que contenham a cláusula "não transmissível", que eles só podem ser pagos aos portadores que os tenham recebido com essa cláusula.

Artigo 8º. Qualquer das Altas Partes Contratantes reserva-se a faculdade de decidir se, fora dos casos previstos no art. 6º da Lei Uniforme, um cheque pode ser sacado sobre o próprio sacador.

Artigo 9º. Por derrogação do art. 6º da Lei Uniforme, qualquer das Altas Partes Contratantes, quer admita de uma maneira geral o cheque sacado sobre o próprio sacador (art. 8º do presente Anexo), quer o admita somente no caso de múltiplos estabelecimentos (art. 6º da Lei Uniforme), reserva-se o direito de proibir a emissão ao portador de cheques deste gênero.

Artigo 10. Qualquer das Altas Partes Contratantes, por derrogação do art. 8º da Lei Uniforme, reserva-se a faculdade de admitir que um cheque possa ser pago no domicílio de terceiro que não seja banqueiro.

Artigo 11. Qualquer das Altas Partes Contratantes reserva-se a faculdade de não inserir na sua lei nacional o art. 13 da Lei Uniforme.

Artigo 12. Qualquer das Altas Partes Contratantes reserva-se a faculdade de não aplicar o art. 21 da Lei Uniforme pelo que respeita a cheques ao portador.

Artigo 13. Por derrogação do art. 26 da Lei Uniforme qualquer das Altas Partes Contratantes tem a faculdade de admitir a possibilidade de ser dado um aval no seu território por ato separado em que se indique o lugar onde foi feito.

Artigo 14. Qualquer das Altas Partes Contratantes reserva-se a faculdade de prolongar o prazo fixado na alínea 1 do art. 29 da Lei Uniforme e de determinar os prazos da apresentação pelo que respeita aos territórios submetidos à sua soberania ou autoridade.

Qualquer das Altas Partes Contratantes, por derrogação da alínea 2 do art. 29 da Lei Uniforme, reserva-se a faculdade de prolongar os prazos previstos na referida alínea para os cheques emitidos e pagáveis em diferentes partes do mundo ou em diferentes países de outra parte do mundo que não seja a Europa.

Duas ou mais das Altas Partes Contratantes têm a faculdade, pelo que respeita aos cheques passados e pagáveis nos seus respectivos territórios, de acordarem entre se uma modificação dos prazos a que se refere a alínea 2 do art. 29 da Lei Uniforme.

Artigo 15. Para os efeitos da aplicação do art. 31 da Lei Uniforme, qualquer das Altas Partes Contratantes tem a faculdade de determinar as instituições que, segundo a lei nacional, devam ser consideradas câmaras de compensação.

Artigo 16. Qualquer das Altas Partes Contratantes, por derrogação do art. 32 da Lei Uniforme, reserva-se a faculdade de, no que respeita aos cheques pagáveis no seu território:

a) admitir a revogação do cheque mesmo antes de expirado o prazo de apresentação;

b) proibir a revogação do cheque mesmo depois de expirado o prazo de apresentação.

Qualquer das Altas Partes Contratantes tem, além disso, a faculdade de determinar as medidas a tomar em caso de perda ou roubo dum cheque e de regular os seus efeitos jurídicos.

Artigo 17. Pelo que se refere aos cheques pagáveis no seu território, qualquer das Altas Partes Contratantes tem a faculdade de sustar, se o julgar necessário em circunstâncias excepcionais relacionadas com a taxa de câmbio da moeda nacional, os efeitos da cláusula prevista no art. 36 da Lei Uniforme, relativa ao pagamento efetivo em moeda estrangeira. A mesma regra se aplica no que respeita à emissão no território nacional de cheque sem moedas estrangeiras.

Artigo 18. Por derrogação dos arts. 37, 38 e 39 da Lei Uniforme, qualquer das Altas Partes Contratantes reserva-se a faculdade de só admitir na sua lei nacional os cheques cruzados ou os cheques para levar em conta. Todavia, os cheques cruzados e para levar em conta emitidos no estrangeiro e pagáveis no território de uma dessas Altas Partes Contratantes serão respectivamente considerados como cheques para levar em conta e como cheques cruzados.

Artigo 19. A Lei Uniforme não abrange a questão de saber se o portador tem direitos especiais sobre a provisão e quais são as consequências desses direitos.

O mesmo sucede relativamente a qualquer outra questão que diz respeito às relações jurídicas que serviram de base à emissão do cheque.

Artigo 20. Qualquer das Altas Partes Contratantes reserva-se a faculdade de não subordinar à apresentação do cheque e ao estabelecimento do protesto ou duma declaração equivalente em tempo útil a conservação do direito de ação contra o sacador, bem como a faculdade de determinar os efeitos dessa ação.

Artigo 21. Qualquer das Altas Partes Contratantes reserva-se a faculdade de determinar, pelo que respeita aos cheques pagáveis no seu território, que a verificação da recusa de pagamento prevista nos arts. 40 e 41 da Lei Uniforme, para a conservação do direito de ação deve ser obrigatoriamente feita por meio de protesto, com exclusão de qualquer outro ato equivalente.

Qualquer das Altas Partes Contratantes tem igualmente a faculdade de determinar que as declarações previstas nos números 2 e 3 do art. 40 da Lei Uniforme sejam transcritas num registro público dentro do prazo fixado para o protesto.

Artigo 22. Por derrogação do art. 42 da Lei Uniforme, qualquer das Altas Partes Contratantes tem a faculdade de manter ou de introduzir o sistema de aviso por intermédio de um agente público, que consiste no seguinte: ao fazer o protesto, o notário ou o funcionário incumbido desse serviço, em conformidade com a lei nacional, é obrigado a dar comunicação por escrito desse protesto às pessoas obrigadas pelo cheque, cujos endereços figurem nele, ou sejam conhecidos do agente que faz o protesto, ou sejam indicados pelas pessoas que exigiram o protesto. As despesas originadas por esses avisos serão adicionadas às despesas do protesto.

Artigo 23. Qualquer das Altas Partes Contratantes tem a faculdade de determinar, quanto aos cheques passados e pagáveis no seu território, que a taxa de juro a que se refere o art. 45, número 2, e o art. 46, número 2, da Lei Uniforme poderá ser substituída pela taxa legal em vigor no seu território.

Artigo 24. Por derrogação do art. 45 da Lei Uniforme, qualquer das Altas Partes Contratantes reserva-se a faculdade de inserir na lei nacional uma disposição determinando que o portador pode reclamar daquele contra o qual exerce o seu direito de ação uma comissão cuja importância será fixada pela mesma lei nacional. Por derrogação do art. 46 da Lei Uniforme, a mesma regra é aplicável à pessoa que, tendo pago o cheque, reclama o seu valor aos que para com ele são responsáveis.

Artigo 25. Qualquer das Altas Partes Contratantes tem liberdade de decidir que, no caso de perda de direitos ou de prescrição, no seu território subsistirá o direito de procedimento contra o sacador que não constitui provisão ou contra um sacador ou endossante que tenha feito lucros ilegítimos.

Artigo 26. A cada uma das Altas Partes Contratantes compete determinar na sua legislação nacional as causas de interrupção e de suspensão da prescrição das ações relativas a cheques que os seus tribunais são chamados a conhecer.

As outras Altas Partes Contratantes têm a faculdade de determinar as condições a que subordinarão o conhecimento de tais causas. O mesmo sucede quanto ao efeito de uma ação como meio de indicação do início do prazo de prescrição, a que se refere a alínea 2 do art. 52 da Lei Uniforme.

Artigo 27. Qualquer das Altas Partes Contratantes tem a faculdade de determinar que certos dias úteis sejam assimilados aos dias feriados legais, pelo que respeita ao prazo de apresentação e a todos os atos relativos a cheques.

Artigo 28. Qualquer das Altas Partes Contratantes tem a faculdade de tomar medidas excepcionais de ordem geral relativas ao adiantamento do pagamento e aos prazos de tempo que dizem respeito a atos tendentes à conservação de direitos.

Artigo 29. Compete a cada uma das Altas Partes Contratantes, para os efeitos da aplicação da Lei Uniforme, determinar as pessoas que devem ser consideradas banqueiros e as entidades ou instituições que, em virtude da natureza das suas funções, devem ser assimiladas a banqueiros.

Artigo 30. Qualquer das Altas Partes Contratantes reserva-se o direito de excluir, no todo ou em parte, da aplicação da Lei Uniforme os cheques postais e os cheques especiais, quer dos Bancos emissores, quer das caixas do Tesouro, quer das instituições públicas de crédito, na medida em que os instrumentos acima mencionados estejam submetidos a uma legislação especial.

Artigo 31. Qualquer das Altas Partes Contratantes compromete-se a reconhecer as disposições adotadas por outra das Altas Partes Contratantes em virtude dos arts. 1º a 13, 14, alíneas 1 e 2, 15 e 16, 18 a 25, 27, 29 e 30 do presente Anexo.

PROTOCOLO

Ao assinar a Convenção datada de hoje, estabelecendo uma Lei Uniforme em matéria de cheques, os abaixo-assinados, devidamente autorizados, acordaram nas disposições seguintes:

A – Os membros da Sociedade nas Nações e os Estados não-membros que não tenham podido efetuar, antes de 1º de setembro de 1933, o depósito da ratificação da referida Convenção obrigam-se a enviar, dentro de 15 (quinze) dias, a contar daquela data, uma comunicação ao Secretário-Geral da Sociedade das Nações, dando-lhe a conhecer a situação em que se encontram no que diz respeito à ratificação.

B – Se em 1º de novembro de 1933 não se tiverem verificado as condições previstas na alínea 1 do art. 6º para a entrada em vigor da Convenção, o Secretário-Geral da Sociedade das Nações e Estados não-membros que tenham aderido, a fim de ser examinada a situação e as medidas que devam porventura ser tomadas para a resolver.

C – As Altas Partes Contratantes comunicar-se-ão, reciprocamente, a partir da sua entrada em vigor, as disposições legislativas promulgadas nos respectivos territórios para tornar efetiva a Convenção.

Em fé do que os plenipotenciários acima mencionados assinaram o presente Protocolo.

Feito em Genebra, aos dezenove de março de mil novecentos e trinta e um, num só exemplar que será depositado nos arquivos do Secretariado da Sociedade das Nações. Será transmitida cópia autêntica a todos os membros da Sociedade das Nações e a todos os Estados não-membros representados na Conferência.

• *Seguem-se as mesmas assinaturas colocadas após o art. 11 da Convenção para adoção de uma Lei Uniforme em matéria de cheques.*

CONVENÇÃO DESTINADA A REGULAR CERTOS CONFLITOS DE LEIS EM MATÉRIA DE CHEQUES E PROTOCOLO

Artigo 1º. As Altas Partes Contratantes obrigam-se mutuamente a aplicar para a solução dos conflitos de leis em matéria de cheques, a seguir enumerados, as disposições constantes dos artigos seguintes:

Artigo 2º. A capacidade de uma pessoa para se obrigar por virtude de um cheque é regulada pela respectiva lei nacional. Se a lei nacional declarar competente a lei de um outro país, será aplicada esta última.

A pessoa incapaz, segundo a lei indicada na alínea precedente, é contudo havida como validamente obrigada se tiver aposto a sua assinatura em território de um país segundo cuja legislação teria sido considerada capaz.

Qualquer das Altas Partes Contratantes tem a faculdade de não reconhecer como válida a obrigação contraída em matéria de cheques por um dos seus nacionais, desde que para essa obrigação ser válida no território das outras Altas Partes Contratantes seja necessária a aplicação da alínea precedente deste artigo.

Artigo 3º. A lei do país em que o cheque é pagável determina quais as pessoas sobre as quais pode ser sacado um cheque.

Se, em conformidade com esta Lei, o título não for válido como cheque por causa da pessoa sobre quem é sacado, nem por isso deixam de ser válidas as assinaturas nele apostas em outros países cujas leis não contenham tal disposição.

Artigo 4º. A forma das obrigações contraídas em matéria de cheques é regulada pela lei do país em cujo território essas obrigações tenham sido assumidas. Será, todavia, suficiente o cumprimento das formas prescritas pela lei do lugar do pagamento.

No entanto, se as obrigações contraídas por virtude de um cheque não forem válidas nos termos da alínea precedente, mas o forem em face da legislação do país em que tenha posteriormente sido contraída uma outra obrigação, o fato de as primeiras obrigações serem irregulares quanto à forma não afeta a validade da obrigação posterior.

Qualquer das Altas Partes Contratantes tem a faculdade de determinar que as obrigações contraídas no estrangeiro por um dos seus nacionais, em matéria de cheques, serão válidas no seu próprio território em relação a qualquer outro dos seus nacionais desde que tenham sido contraídas na forma estabelecida na lei nacional.

Artigo 5º. A lei do país em cujo território as obrigações emergentes do cheque forem contraídas regula os efeitos dessas obrigações.

Artigo 6º. Os prazos para o exercício do direito de ação são regulados por todos os signatários pela lei do lugar da criação do título.

Artigo 7º. A lei do país em que o cheque é pagável regula:

1º) se o cheque é necessariamente à vista ou se pode ser sacado a um determinado prazo de vista, e também quais os efeitos de o cheque ser pós-datado;

2º) o prazo da apresentação;

3º) se o cheque pode ser aceito, certificado, confirmado ou visado, e quais os efeitos destas menções;

4º) se o portador pode exigir e se é obrigado a receber um pagamento parcial;

5º) se o cheque pode ser cruzado ou conter a cláusula "para levar em conta", ou outra expressão equivalente, e quais os efeitos desse cruzamento, dessa cláusula ou da expressão equivalente;

6º) se o portador tem direitos especiais sobre a provisão e qual a natureza desses direitos;

7º) se o sacador pode revogar o cheque ou opor-se ao seu pagamento;

8º) as medidas a tomar em caso de perda ou roubo do cheque;

9º) se é necessário um protesto, ou uma declaração equivalente para conservar o direito de ação contra o endossante, o sacador e os outros coobrigados.

Artigo 8º. A forma e os prazos do protesto, assim como a forma dos outros atos necessários ao exercício ou à conservação dos direitos em matéria de cheques são regulados pela lei do país em cujo território se deva fazer o protesto ou praticar os referidos atos.

Artigo 9º. Qualquer das Altas Partes Contratantes reserva-se a faculdade de não aplicar os princípios de direito internacional privado consignado na presente Convenção pelo que respeita:

1º) a uma obrigação contraída fora do território de uma das Altas Partes Contratantes;

2º) A uma lei que seria aplicável em conformidade com estes princípios, mas que não seja lei em vigor no território de uma das Altas Partes Contratantes.

Artigo 10. As disposições da presente Convenção não serão aplicáveis no território de cada uma das Altas Partes Contratantes, aos cheques já emitidos à data da entrada em vigor da Convenção.

Artigo 11. A presente Convenção, cujos textos francês e inglês farão, ambos, igualmente fé, terá a data de hoje.

Poderá ser ulteriormente assinada, até 15 de julho de 1931, em nome de qualquer membro da Liga das Nações e qualquer Estado não-membro.

Artigo 12. A presente Convenção será ratificada. Os instrumentos de ratificação serão transmitidos, antes de 1º de setembro de 1933, ao Secretário-Geral da Liga das Nações, que notificará imediatamente do seu depósito todos os membros da Liga das Nações e os Estados não-membros em nome dos quais a presente Convenção tenha sido assinada ou que a ela tenham aderido.

Artigo 13. A partir de 15 de julho de 1931 qualquer membro da Liga das Nações e qualquer Estado não-membro poderá aderir à presente Convenção. Esta adesão efetuar-se-á por meio de notificação ao Secretário-Geral da Liga das Nações que será depositada nos arquivos do Secretariado.

O Secretário-Geral notificará imediatamente desse depósito todos os membros da Liga das Nações e os Estados não-membros em nome dos quais a presente Convenção tenha sido assinada ou que a ela tenham aderido.

Artigo 14. A presente Convenção somente entrará em vigor depois de ter sido ratificada ou de a ela terem aderido sete membros da Liga das Nações ou Estados não-membros, entre os quais deverão figurar três dos membros da Liga das Nações com representação permanente no Conselho.

Começará vigorar 90 (noventa) dias depois de recebida pelo Secretário-Geral da Liga das Nações a sétima ratificação ou adesão, em conformidade com o disposto na alínea 1 do presente artigo.

O Secretário-Geral da Liga das Nações, nas notificações previstas nos arts. 12 e 13, fará menção especial de terem sido recebidas as ratificações ou adesões a que se refere a alínea 1 do presente artigo.

Artigo 15. As ratificações ou adesões após a entrada em vigor da presente Convenção em conformidade com o disposto no art. 14 produzirão os seus efeitos 90 (noventa) dias depois da data da sua recepção pelo Secretário-Geral da Liga das Nações.

Artigo 16. A presente Convenção não poderá ser denunciada antes de decorrido um prazo de 2 (dois) anos a contar da data em que ela tiver começado a vigorar para o membro da Liga das Nações ou para o Estado não-membro que a denuncia; esta denúncia produzirá os seus efeitos 90 (noventa) dias depois de recebida pelo Secretário-Geral a respectiva notificação.

Qualquer denúncia será imediatamente comunicada pelo Secretário-Geral da Liga das Nações, a todos os membros da Liga das Nações e aos Estados não-membros em nome dos quais a presente Convenção tenha sido assinada ou que a ela tenham aderido.

A denúncia só produzirá efeito em relação ao membro da Liga das Nações ou ao Estado não-membro em nome do qual ela tenha sido feita.

Artigo 17. Decorrido um prazo de 4 (quatro) anos da entrada em vigor da presente Convenção, qualquer membro da Liga das Nações ou Estado não-membro ligado à Convenção poderá formular ao Secretário-Geral da Liga das Nações um pedido de revisão de algumas ou de todas as suas disposições.

Se este pedido, comunicado aos outros membros ou Estados não-membros para os quais a Convenção estiver então em vigor, for apoiado dentro do prazo de 1 (um) ano por 6 (seis), pelo menos, dentre eles, o Conselho da Liga das Nações decidirá se deve ser convocada uma conferência para aquele fim.

Artigo 18. Qualquer das Altas Partes Contratantes poderá declarar no momento da assinatura, da ratificação ou da adesão, que ao aceitar a presente Convenção não assume nenhuma obrigação pelo que respeita, a todas ou parte das suas colônias, protetorados ou territórios sob a sua soberania ou mandato, caso em que a presente Convenção se não aplicará aos territórios mencionados nessa declaração.

Qualquer das Altas Partes Contratantes poderá, posteriormente, comunicar ao Secretário-Geral da Liga das Nações o seu desejo de que a presente Convenção se aplique a todos ou parte dos seus territórios que tenham sido objeto da declaração prevista na alínea precedente, e nesse caso a presente Convenção aplicar-se-á aos territórios mencionados nessa comunicação 90 (noventa) dias depois de esta ter sido recebida pelo Secretário-Geral da Liga das Nações.

Qualquer das Altas Partes Contratantes poderá, a todo o tempo, declarar que deseja que a presente Convenção cesse de se aplicar a todas ou parte das suas colônias, protetorados ou territórios sob a sua soberania ou mandato, caso em que a Convenção deixará de se aplicar aos territórios mencionados nessa declaração 1 (um) ano após esta ter sido recebida pelo Secretário-Geral da Liga das Nações.

Artigo 19. A presente Convenção será registrada pelo Secretário-Geral da Liga das Nações desde que entre em vigor.

Em fé do que os plenipotenciários acima designados assinaram a presente Convenção.

Feito em Genebra, aos dezenove de março de mil novecentos e trinta e um, num só exemplar, que será depositado nos arquivos do secretariado da Liga das Nações. Será transmitida cópia autêntica a todos os membros da Liga das Nações e a todos os Estados não-membros representados na Conferência.

- *Seguem-se as mesmas assinaturas colocadas após o art. 11 da Convenção para adoção de uma Lei Uniforme em matéria de cheques.*

PROTOCOLO

Ao assinar a Convenção datada de hoje, destinada a regular certos conflitos de leis em matéria de cheques, os abaixo-assinados, devidamente autorizados, acordaram nas disposições seguintes:

A – Os membros da Liga das Nações e os Estados não-membros que não tenham podido efetuar, antes de 1º de setembro de 1933, o depósito da ratificação da referida Convenção obrigam-se a enviar, dentro de 15 (quinze) dias a partir daquela data, uma comunicação ao Secretário-Geral da Liga das Nações, dando-lhe a conhecer a situação em que se encontram no que diz respeito à ratificação.

MANUAL PRÁTICO DOS TÍTULOS DE CRÉDITO

LEGISLAÇÃO COMERCIAL COMPLEMENTAR

EDIPRO

177

B – Se em 1º de novembro de 1933 não se tiverem verificado as condições previstas na alínea 1 do art. 14 para a entrada em vigor da Convenção, o Secretário-Geral da Liga das Nações convocará uma reunião dos membros da Liga das Nações e Estados não-membros que tenham assinado, a Convenção ou a ela tenham aderido, a fim de ser examinada a situação e as medidas que devam porventura ser tomadas para a resolver.

C – As Altas Partes Contratantes comunicar-se-ão, reciprocamente a partir da sua entrada em vigor, as disposições legislativas promulgadas nos respectivos territórios para tornar efetiva a Convenção.

Em fé do que os plenipotenciários acima designados assinaram o presente Protocolo.

Feito em Genebra, aos dezenove de março de mil novecentos e trinta e um, num só exemplar que será depositado nos arquivos do Secretariado da Liga das Nações. Será transmitida cópia autêntica a todos os membros da Liga das Nações e a todos os Estados não-membros representados na Conferência.

• *Seguem-se as mesmas assinaturas colocadas após o art. 11 da Convenção para adoção de uma Lei Uniforme em matéria de cheques.*

CONVENÇÃO RELATIVA AO IMPOSTO DO SELO EM MATÉRIA DE CHEQUES

• *Deixamos de transcrever a íntegra desta Convenção por referir-se a tributo extinto no Brasil.*

DECRETO Nº 57.663, DE 24 DE JANEIRO DE 1966

Promulga as Convenções para adoção de uma lei uniforme em matéria de letras de câmbio e notas promissórias.

O Presidente da República:

Havendo o Governo brasileiro, por nota da Legação em Berna, datada de 26 de agosto de 1942, ao Secretário-Geral da Liga das Nações, aderindo às seguintes Convenções assinadas em Genebra, a 7 de junho de 1930:

1º) Convenção para adoção de uma Lei Uniforme sobre letras de câmbio e notas promissórias, anexos e protocolo, com reservas aos arts. 2, 3, 5, 6, 7, 9, 10, 13, 15, 16, 17, 19 e 20 do Anexo II;

2º) Convenção destinada a regular conflitos de leis em matéria de letras de câmbio e nota promissória, com Protocolo;

3º) Convenção relativa ao Imposto do Selo em matéria de letras de câmbio e de notas promissórias, com Protocolo;

• *Com a reforma tributária de 1965, foi extinto o Imposto do Selo.*

Havendo as referidas Convenções entrado em vigor para o Brasil 90 (noventa) dias após a data do registro pela Secretaria-Geral da Liga das Nações, isto é, a 26 de novembro de 1942;

E havendo o Congresso Nacional aprovado pelo Decreto Legislativo nº 54, de 1964, as referidas Convenções;

Decreta que as mesmas, apensas por cópia ao presente Decreto, sejam executadas e cumpridas tão inteiramente como nelas se contém, observadas as reservas feitas à Convenção relativa à Lei Uniforme sobre letras de câmbio e notas promissórias.

Brasília, 24 de janeiro de 1966; 145º da Independência e 78º da República.

H. Castello Branco

CONVENÇÃO PARA ADOÇÃO DE UMA LEI UNIFORME
SOBRE LETRAS DE CÂMBIO E NOTAS PROMISSÓRIAS

O Presidente do Reich Alemão; O Presidente Federal da República Austríaca; Sua Majestade o Rei dos Belgas; Sua Majestade o Rei da Dinamarca e da Islândia; O Presidente da República da Polônia pela Cidade Livre de Dantzig; O Presidente da República do Equador; Sua Majestade o Rei da Espanha; O Presidente da República da Finlândia; O Presidente da República Francesa; O Presidente da República Helênica; Sua Alteza Sereníssima o Regente do Reino da Hungria; Sua Majestade o Rei da Itália; Sua Majestade o Imperador do Japão; Sua Alteza Real a Grã-Duquesa do Luxemburgo; O Presidente dos Estados Unidos do México; Sua Alteza Sereníssima o Príncipe de Mônaco; Sua Majestade o Rei da Noruega; Sua Majestade a Rainha da Holanda; O Presidente da República da Polônia; O Presidente da República Portuguesa; Sua Majestade o Rei da Rumânia; Sua Majestade o Rei da Suécia; O Conselho Federal Suíço; O Presidente da República Tchecoslovaca; O Presidente da República Turca; Sua Majestade o Rei da Iugoslávia,

Desejando evitar as dificuldades originadas pela diversidade de legislação nos vários países em que as letras circulam e aumentar assim a segurança e rapidez das relações do comércio internacional,

Designaram como seus plenipotenciários:

Os quais, depois de terem apresentado os seus plenos poderes, achados em boa e devida forma, acordaram nas disposições seguintes:

Artigo 1º. As Altas Partes Contratantes obrigam-se a adotar nos territórios respectivos, quer num dos textos originais, quer nas suas línguas nacionais, a lei uniforme que constitui o anexo I da presente Convenção.

Esta obrigação poderá ficar subordinada a certas reservas que deverão eventualmente ser formuladas por cada uma da Altas Partes Contratantes no momento da sua retificação ser escolhidas entre as mencionadas no Anexo II da presente Convenção.

Todavia, as reservas a que se referem os arts. 8º, 12 e 18 do citado Anexo II poderão ser feitas posteriormente à ratificação ou adesão, desde que sejam notificadas ao Secretário-Geral da Sociedade das Nações, o qual imediatamente comunicará o seu texto aos Membros da Sociedade das Nações e aos Estados não membros em cujo nome, tenha sido ratificada a presente Convenção ou que a ela tenham aderido. Essas reservas só produzirão efeitos noventa dias depois de o Secretário-Geral ter recebido a referida notificação.

Qualquer das Altas Partes Contratantes poderá, em caso de urgência, fazer uso depois da ratificação ou da adesão, das reservas indicadas nos arts. 7º e 22 do referido Anexo II. Neste caso deverá comunicar essas reservas direta e imediatamente a todas as outras Altas Partes Contratantes e ao Secretário-Geral da Sociedade das Nações. Esta notificação produzirá os seus efeitos dois dias depois de recebida a dita comunicação pelas Altas Partes Contratantes.

Artigo 2º. A lei uniforme não será aplicável no território de cada uma das Altas Partes Contratantes às letras e notas promissórias já passadas à data da entrada em vigor da presente convenção.

Artigo 3º. A presente Convenção, cujos textos francês e inglês farão, ambos igualmente é, terá a data de hoje.

Poderá ser ulteriormente assinada, até 6 de setembro de 1930, em nome de qualquer Membro da Sociedade das Nações e de qualquer Estado não Membro.

Artigo 4º. A presente Convenção será ratificada.

Os instrumentos de ratificação serão transmitidos, antes de 1º de setembro de 1932, ao Secretário-Geral da Sociedade das Nações, que notificará imediatamente do seu depósito todos os Membros da Sociedade das Nações e os Estados não membros que sejam Partes na presente convenção.

Artigo 5º. A partir de 6 de setembro de 1930, qualquer Membro da Sociedade das Nações e qualquer Estado não membro poderá aderir à presente convenção.

Esta adesão efetuar-se-á por meio de notificação ao Secretário-Geral da Sociedade das Nações, que será depositada nos arquivos do Secretariado.

O Secretariado Geral notificará imediatamente desse depósito todos os Estados que tenham assinado ou aderido à presente Convenção.

Artigo 6º. A presente Convenção somente entrará em vigor depois de ter sido ratificada ou de a ela terem aderido sete Membros da Sociedade das Nações ou Estados não membros, entre os quais deverão figurar três dos Membros da Sociedade das Nações com representação permanente no Conselho.

Começará a vigorar noventa dias depois de recebida pelo Secretário-Geral da Sociedade das Nações a sétima ratificação ou adesão, em conformidade com o disposto na alínea primeira do presente artigo.

O Secretário-Geral da Sociedade das Nações, nas notificações previstas nos arts. 4º e 5º fará menção especial de terem sido recebidas as ratificações ou adesões a que se refere a alínea primeira do presente artigo.

Artigo 7º. As ratificações ou adesões após a entrada em vigor da presente Convenção em conformidade com o disposto no art. 6º produzirão os seus efeitos noventa dias depois da data da sua recepção pelo Secretário-Geral da Sociedade das Nações.

Artigo 8º. Exceto nos casos de urgência, a presente Convenção não poderá ser denunciada antes de decorrido com prazo de dois anos a contar da data em que tiver começado a vigorar para o Membro da Sociedade das Nações ou para o Estado não membro que a denuncia; esta denúncia produzirá os seus efeitos noventa dias depois de recebida pelo Secretário-Geral a respectiva notificação.

Qualquer denúncia será imediatamente comunicada pelo Secretário-Geral da Sociedade das Nações a todas as outras Altas Partes Contratantes.

Nos casos de urgência, a Alta Parte Contratante que efetuar a denúncia comunicará esse fato direta e imediatamente a todas as outras Altas Partes Contratantes, e a denúncia produzirá os seus efeitos dois dias depois de recebida a dita comunicação pelas respectivas Altas Partes Contratantes. A Alta Parte Contratante que fizer a denúncia nestas condições dará igualmente conhecimento da sua decisão ao Secretário-Geral da Sociedade das Nações.

Qualquer denúncia só produzirá efeitos em relação à Alta Parte Contratante em nome da qual ela tenha sido feita.

Artigo 9º. Decorrido um prazo de quatro anos da entrada em vigor da presente Convenção, qualquer Membro da Sociedade das Nações ou Estados não membro ligado à Convenção poderá formular ao Secretário-Geral da Sociedade das Nações um pedido de revisão de algumas ou de todas as suas disposições.

Se este pedido, comunicado aos outros Membros ou Estados não membros para os quais a Convenção estiver em vigor, for apoiado dentro do prazo de um ano por seis meses, pelo menos, dentre eles, o Conselho da Sociedade das Nações decidirá se deve ser convocada uma Conferência para aquele fim.

Artigo 10. As Altas Partes Contratantes poderão declarar no momento da assinatura da Ratificação ou da adesão que, aceitando a presente Convenção, não assumem nenhuma obrigação pelo que respeita a todas as partes das suas colônias, protetorados ou territórios sob a sua soberania ou mandato, caso em que a presente Convenção se não aplicará aos territórios mencionados nessa declaração.

As Altas Partes Contratantes poderão a todo tempo mais tarde notificar o Secretário-Geral da Sociedade das Nações de que desejam que a presente Convenção se aplique a todos ou parte dos territórios que tenham sido objeto de

MANUAL PRÁTICO DOS TÍTULOS DE CRÉDITO

179

LEGISLAÇÃO COMERCIAL COMPLEMENTAR

EDIPRO

declaração prevista na alínea precedente, e nesse caso a Convenção aplicar-se-á aos territórios mencionados na comunicação noventa dias depois de esta ter sido recebida pelo Secretário-Geral da Sociedade das Nações.

Da mesma forma, as Altas Partes Contratantes podem, nos termos do art. 8º, denunciar a presente Convenção para todas ou parte das suas colônias, protetorados ou territórios sob a sua soberania ou mandato.

Artigo 11. A presente Convenção será registrada pelo Secretário-Geral da Sociedade das Nações desde que entre em vigor. Será publicada, logo que for possível, na "Coleção de Tratados" da Sociedade das Nações.

Em fé do que os Plenipotenciários acima designados assinaram a presente Convenção.

Feito em Genebra, aos sete de junho de mil novecentos e trinta, num só exemplar, que será depositado no arquivo do Secretariado da Sociedade das Nações. Será transmitida cópia autêntica a todos os Membros da Sociedade das Nações e a todos os Estados não Membros representados na Conferência.

Anexo I
LEI UNIFORME RELATIVA ÀS LETRAS DE CÂMBIO E NOTAS PROMISSÓRIAS

TÍTULO I – DAS LETRAS

Capítulo I – Da Emissão e Forma da Letra

Artigo 1º. A letra contém:

1 – A palavra "letra" inserta no próprio texto do título e expressa na língua empregada para a redação desse título;

2 – O mandato puro e simples de pagar uma quantia determinada;

3 – O nome daquele que deve pagar (sacado);

4 – A época do pagamento;

5 – A indicação do lugar em que se deve efetuar o pagamento;

6 – O nome da pessoa a quem ou a ordem de quem deve ser paga;

7 – A indicação da data em que, e do lugar onde a letra é passada;

8 – A assinatura de quem passa a letra (sacador).

Artigo 2º. O escrito em que faltar algum dos requisitos indicados no artigo anterior não produzirá efeito como letra, salvo nos casos determinados nas alíneas seguintes:

A letra em que se não indique a época do pagamento entende-se pagável à vista.

Na falta de indicação especial, o lugar designado ao lado do nome do sacado considera-se como sendo o lugar do pagamento e, ao mesmo tempo, o lugar do domicílio do sacado.

A letra sem indicação do lugar onde foi passada considera-se como tendo-o sido no lugar designado, ao lado do nome do sacador.

Artigo 3º. A letra pode ser a ordem do próprio sacador.

Pode ser sacada sobre o próprio sacador.

Pode ser sacada por ordem e conta de terceiro.

Artigo 4º. A letra pode ser pagável no domicílio de terceiro, quer na localidade onde o sacado tem o seu domicílio, quer noutra localidade.

Artigo 5º. Numa letra pagável à vista ou a um certo termo de vista, pode o sacador estipular que a sua importância vencerá juros. Em qualquer outra espécie de letra a estipulação de juros será considerada como não escrita.

A taxa de juros deve ser indicada na letra; na falta de indicação, a cláusula de juros é considerada como não escrita.

Os juros contam-se da data da letra, se outra data não for indicada.

Artigo 6º. Se na letra a indicação da quantia a satisfazer se achar feita por extenso e em algarismos, e houver divergência entre uma e outra, prevalece a que estiver feita por extenso.

Se na letra a indicação da quantia a satisfazer se achar feita por mais de uma vez, quer por extenso, quer em algarismos, e houver divergências entre as diversas indicações, prevalecerá a que se achar feita pela quantia inferior.

Artigo 7º. Se a letra contém assinaturas de pessoas incapazes de se obrigarem por letras, assinaturas falsas, assinaturas de pessoas fictícias, ou assinaturas que por qualquer outra razão não poderiam obrigar as pessoas que assinaram a letra, ou em nome das quais ela foi assinada, as obrigações dos outros signatários nem por isso deixam de ser válidas.

Artigo 8º. Todo aquele que apuser a sua assinatura numa letra, como representante duma pessoa, para representar a qual não tinha de fato poderes, fica obrigado em virtude da letra e, se a pagar, tem os mesmos direitos que o pretendido representado. A mesma regra se aplica ao representante que tenha excedido os seus poderes.

Artigo 9º. O sacador é garante tanto da aceitação como do pagamento de letra.

O sacador pode exonerar-se da garantia da aceitação; toda e qualquer cláusula pela qual ele se exonera da garantia do pagamento considera-se como não escrita.

180	SAULO SENA MAYRIQUES
EDIPRO	LEGISLAÇÃO COMERCIAL COMPLEMENTAR

Artigo 10. Se uma letra incompleta no momento de ser passada tiver sido completada contrariamente aos acordos realizados, não pode a inobservância desses acordos ser motivo de oposição ao portador, salvo se este tiver adquirido a letra de má-fé ou, adquirindo-a, tenha cometido uma falta grave.

Capítulo II – Do Endosso

Artigo 11. Toda a letra de câmbio, mesmo que não envolva expressamente a cláusula a ordem, é transmissível por via de endosso.

Quando o sacador tiver inserido na letra as palavras "não à ordem", ou uma expressão equivalente, a letra só é transmissível pela forma e com os efeitos de uma cessão ordinária de créditos.

O endosso pode ser feito mesmo a favor do sacado, aceitando ou não, do sacador, ou de qualquer outro coobrigado. Estas pessoas podem endossar novamente a letra.

Artigo 12. O endosso deve ser puro e simples. Qualquer condição a que ele seja subordinado considera-se como não escrita.

O endosso parcial é nulo.

O endosso ao portador vale como endosso em branco.

Artigo 13. O endosso deve ser escrito na letra ou numa folha ligada a esta (anexo). Deve ser assinado pelo endossante.

O endosso pode não designar o beneficiário, ou consistir simplesmente na assinatura do endossante (endosso em branco).

Neste último caso, o endosso para ser válido deve ser escrito no verso da letra ou na folha anexa.

Artigo 14. O endosso transmite todos os direitos emergentes da letra.

Se o endosso for em branco, o portador pode:

1 – Preencher o espaço em branco, quer com o seu nome, quer com o nome de outra pessoa;

2 – Endossar de novo a letra em branco ou a favor de outra pessoa;

3 – Remeter a letra a um terceiro, sem preencher o espaço em branco e sem a endossar

Artigo 15. O endossante, salvo cláusula em contrário, e garante tanto da aceitação como do pagamento da letra.

O endossante pode proibir um novo endosso, e, neste caso, não garante o pagamento às pessoas a quem a letra for posteriormente endossada.

Artigo 16. O detentor de uma letra é considerado portador legítimo se justifica o seu direito por uma série ininterrupta de endossos, mesmo se o último for em branco. Os endossos riscados consideram-se, para este efeito, como não escritos. Quando um endosso em branco é seguido de um outro endosso, presume-se que o signatário deste adquiriu a letra pelo endosso em branco.

Se uma pessoa foi por qualquer maneira desapossada de uma letra, o portador dela, desde que justifique o seu direito pela maneira indicada na alínea precedente, não é obrigado a restituí-la, salvo se a adquiriu de má-fé ou se, adquirindo-a, cometeu uma falta grave.

Artigo 17. As pessoas acionadas em virtude de uma letra não podem opor ao portador as exceções fundadas sobre as relações pessoais delas com o sacador ou com os portadores anteriores, a menos que o portador ao adquirir a letra tenha procedido conscientemente em detrimento do devedor.

Artigo 18. Quando o endosso contém a menção "valor a cobrar" (*valeur en recouvrement*), "para cobrança" (*pour encaissement*), "por procuração" (*par procuration*), ou qualquer outra menção que implique um simples mandato, o portador pode exercer todos os direitos emergentes da letra, mas só pode endossá-la na qualidade de procurador.

Os coobrigados, neste caso, só podem invocar contra o portador as exceções que eram oponíveis ao endossante.

O mandato que resulta de um endosso por procuração não se extingue por morte ou sobrevinda incapacidade legal do mandatário.

Artigo 19. Quando o endosso contém a menção "valor em garantia", "valor em penhor" ou qualquer outra menção que implique uma caução, o portador pode exercer todos os direitos emergentes da letra, mas um endosso feito por ele só vale como endosso a título de procuração.

Os coobrigados não podem invocar contra o portador as exceções fundadas sobre as relações pessoais deles com o endossante, a menos que o portador, ao receber a letra, tenha procedido conscientemente em detrimento do devedor.

Artigo 20. O endosso posterior ao vencimento tem os mesmos efeitos que o endosso anterior. Todavia, o endosso posterior ao protesto por falta de pagamento, ou feito depois de expirado o prazo fixado para se fazer o protesto, produz apenas os efeitos de uma cessão ordinária de créditos.

Salvo prova em contrário, presume-se que um endosso sem data foi feito antes de expirado o prazo fixado para se fazer o protesto.

Capítulo III – Do Aceite

Artigo 21. A letra pode ser apresentada, até o vencimento, ao aceite do sacado, no seu domicílio, pelo portador ou até por um simples detentor.

MANUAL PRÁTICO DOS TÍTULOS DE CRÉDITO   **181**
LEGISLAÇÃO COMERCIAL COMPLEMENTAR   *EDIPRO*

Artigo 22. O sacador pode, em qualquer letra, estipular que ele será apresentada ao aceite, com ou sem fixação de prazo.

Pode proibir na própria letra a sua apresentação ao aceite, salvo se se tratar de uma letra pagável em domicílio de terceiro, ou de uma letra pagável em localidade diferente da do domicílio do sacado, ou de uma letra sacada a certo termo de vista.

O sacador pode também estipular que a apresentação ao aceite não poderá efetuar-se antes de determinada data.

Todo endossante pode estipular que a letra deve ser apresentada ao aceite, com ou sem fixação de prazo, salvo se ela tiver sido declarada não aceitável pelo sacador.

Artigo 23. As letras a certo termo de vista devem ser apresentadas ao aceite dentro do prazo de um ano das suas datas.

O sacador pode reduzir este prazo ou estipular um prazo maior.

Esses prazos podem ser reduzidos pelos endossantes.

Artigo 24. O sacado pode pedir que a letra lhe seja apresentada uma segunda vez no dia seguinte ao da primeira apresentação. Os interessados somente podem ser admitidos a pretender que não foi dada satisfação a este pedido no caso de ele figurar no protesto.

O portador não é obrigado a deixar nas mãos do aceitante a letra apresentada ao aceite.

Artigo 25. O aceite é escrito na própria letra. Exprime-se pela palavra "aceite" ou qualquer outra palavra equivalente; o aceite é assinado pelo sacado. Vale como aceite a simples assinatura do sacado aposta na parte anterior da letra.

Quando se trate de uma letra pagável a certo termo de vista, ou quem deva ser apresentada ao aceite dentro de um prazo determinado por estipulação especial, o aceite deve ser datado do dia em que foi dado, salvo se o portador exigir que a data seja a da apresentação. À falta de data, o portador, para conservar os seus direitos de recurso contra os endossantes e contra o sacador, deve fazer constar essa omissão por um protesto feito em tempo útil.

Artigo 26. O aceite é puro e simples, mas o sacado pode limitá-lo a uma parte da importância sacada.

Qualquer outra modificação introduzida pelo aceite no enunciado da letra equivale a uma recusa de aceite. O aceitante fica, todavia, obrigado nos termos do seu aceite.

Artigo 27. Quando o sacador tiver indicado na letra um lugar de pagamento diverso do domicílio do sacado, sem designar um terceiro em cujo domicílio o pagamento se deva efetuar, o sacado pode designar no ato do aceite a pessoa que deve pagar a letra. Na falta desta indicação, considera-se que o aceitante se obriga, ele próprio, a efetuar o pagamento no lugar indicado na letra.

Se a letra é pagável no domicílio do sacado, este pode, no ato do aceite, indicar, para ser efetuado o pagamento, um outro domicílio no mesmo lugar.

Artigo 28. O sacado obriga-se pelo aceite pagar a letra a data do vencimento.

Na falta de pagamento, o portador, mesmo no caso de ser ele o sacador, tem contra o aceitante um direito de ação resultante da letra, em relação a tudo que pode ser exigido nos termos dos art. 48 e 49.

Artigo 29. Se o sacado, antes da restituição da letra, riscar o aceite que tiver dado, tal aceite é considerado como recusado. Salvo prova em contrário, a anulação do aceite considera-se feita antes da restituição da letra.

Se, porém, o sacado tiver informado por escrito o portador ou qualquer outro signatário da letra de que a aceita, fica obrigado para com estes, nos termos do seu aceite.

Capítulo IV – Do Aval

Artigo 30. O pagamento de uma letra pode ser no todo ou em parte garantido por aval.

Esta garantia é dada por um terceiro ou mesmo por um signatário da letra.

Artigo 31. O aval é escrito na própria letra ou numa folha anexa.

Exprime-se pelas palavras "bom para aval" ou por qualquer fórmula equivalente; e assinado pelo dador do aval.

O aval considera-se como resultante da simples assinatura do dador aposta na face anterior da letra, salvo se se trata das assinaturas do sacado ou do sacador.

O aval deve indicar a pessoa por quem se dá. Na falta de indicação entender-se-á ser pelo sacador.

Artigo 32. O dador de aval é responsável da mesma maneira que a pessoa por ele afiançada.

A sua obrigação mantém-se, mesmo no caso de a obrigação que ele garantiu ser nula por qualquer razão que não seja um vício de forma.

Se o dador de aval paga a letra, fica sub-rogado nos direitos emergentes da letra contra a pessoa a favor de quem foi dado o aval e contra os obrigados para com esta em virtude da letra.

Capítulo V – Do Vencimento

Artigo 33. Uma letra pode ser sacada:

— à vista;

— a um certo termo de vista;

— a um certo termo de data;

— pagável num dia fixado.

As letras, quer com vencimentos diferentes, quer com vencimentos sucessivos, são nulas.

Artigo 34. A letra à vista é pagável à apresentação. Deve ser apresentada a pagamento dentro do prazo de um ano, a contar da sua data. O sacador pode reduzir este prazo ou estipular um outro mais longo. Estes prazos podem ser encurtados pelos endossantes.

O sacador pode estipular que uma letra pagável à vista não deverá ser apresentada a pagamento antes de uma certa data. Nesse caso, o prazo para a apresentação conta-se dessa data.

Artigo 35. O vencimento de uma letra a certo termo de vista determina-se, quer pela data do aceite, quer pela do protesto.

Na falta de protesto, o aceite não datado entende-se, no que respeita ao aceitante, como tendo sido dado no último dia do prazo para a apresentação ao aceite.

Artigo 36. O vencimento de uma letra sacada a um ou mais meses de data ou de vista será na data correspondente do mês em que o pagamento se deve efetuar. Na falta de data correspondente o vencimento será no último dia desse mês.

Quando a letra é sacada a um ou mais meses e meio de data ou de vista, contam-se primeiro os meses inteiros.

Se o vencimento for fixado para o princípio, meado ou fim do mês, entende-se que a letra será vencível no primeiro, no dia quinze, ou no último dia desse mês.

As expressões "oito dias" ou "quinze dias" entendem-se não como uma ou duas semanas, mas como um prazo de oito ou quinze dias efetivos.

A expressão "meio mês" indica um prazo de quinze dias.

Artigo 37. Quando uma letra é pagável num dia fixo num lugar em que o calendário é diferente do lugar de emissão, a data do vencimento é considerada como fixada segundo o calendário do lugar de pagamento.

Quando uma letra sacada entre duas praças que em calendários diferentes é pagável a certo termo de vista, o dia da emissão é referido ao dia correspondente do calendário do lugar de pagamento, para o efeito da determinação da data do vencimento.

Os prazos de apresentação das letras são calculados segundo as regras da alínea precedente.

Estas regras não se aplicam se uma cláusula da letra, ou até o simples enunciado do título, indicar que houve intenção de adotar regras diferentes.

Capítulo VI – Do Pagamento

Artigo 38. O portador de uma letra pagável em dia fixo ou a certo termo de data ou de vista deve apresentá-la a pagamento no dia em que ela e pagável ou num dos dois dias úteis seguintes.

A apresentação da letra a uma câmara de compensação equivale a apresentação à pagamento.

Artigo 39. O sacado que paga uma letra pode exigir que ela lhe seja entregue com a respectiva quitação.

O portador não pode recusar qualquer pagamento parcial.

No caso de pagamento parcial, o sacado pode exigir que desse pagamento se faça menção na letra e que dele lhe seja dada quitação.

Artigo 40. O portador de uma letra não pode ser obrigado a receber o pagamento dela antes do vencimento.

O sacado que paga uma letra antes do vencimento fá-lo sob sua responsabilidade.

Aquele que paga uma letra no vencimento fica validamente desobrigado, salvo se da sua parte tiver havido fraude ou falta grave. É obrigado a verificar a regularidade da sucessão dos endossos mas não a assinatura dos endossantes.

Artigo 41. Se numa letra se estipular o pagamento em moeda que não tenha curso legal no lugar do pagamento, pode a sua importância ser paga na moeda do País, segundo o seu valor no dia do vencimento. Se o devedor está em atraso, o portador pode, à sua escolha, pedir que o pagamento da importância da letra seja feito na moeda do país ao câmbio do dia do vencimento ou ao câmbio do dia do pagamento.

A determinação do valor da moeda estrangeira será feita segundo os usos do lugar de pagamento. O sacador pode, todavia, estipular que a soma a pagar seja calculada segundo um câmbio fixado na letra.

As regras acima indicadas não se aplicam ao caso em que o sacador tenha estipulado que o pagamento deverá ser efetuado numa certa moeda especificada (cláusula de pagamento efetivo numa moeda estrangeira).

Se a importância da letra for indicada numa moeda que tenha a mesma denominação mas valor diferente no País de emissão e no pagamento, presume-se que se fez referência a moeda do lugar de pagamento.

Artigo 42. Se a letra não for apresentada a pagamento dentro do prazo fixado no art. 38, qualquer devedor tem a faculdade de depositar a sua importância junto da autoridade competente, a custa do portador e sob a responsabilidade deste.

Capítulo VII – Da Ação por Falta de Aceite e Falta de Pagamento

Artigo 43. O portador de uma letra pode exercer os seus direitos de ação contra os endossantes, sacador e outros coobrigados:

MANUAL PRÁTICO DOS TÍTULOS DE CRÉDITO

LEGISLAÇÃO COMERCIAL COMPLEMENTAR

No vencimento;

Se o pagamento não foi efetuado;

Mesmo antes do vencimento:

1 – Se houve recusa total ou parcial de aceite;

2 – Nos casos de falência do sacado, quer ele tenha aceite, quer não, de suspensão de pagamentos do mesmo, ainda que não constatada por sentença, ou de ter sido promovida, sem resultado, execução dos seus bens;

3 – Nos casos de falência do sacador de uma letra não aceitável.

Artigo 44. A recusa de aceite ou de pagamento deve ser comprovada por um ato formal (protesto por falta de aceite ou falta de pagamento).

O protesto por falta de aceite deve ser feito nos prazos fixados para a apresentação ao aceite. Se, no caso previsto na alínea 1ª do art. 24, a primeira apresentação da letra tiver sido feita no último dia do prazo, pode fazer-se ainda o protesto no dia seguinte.

O protesto por falta de pagamento de uma letra pagável em dia fixo ou a certo termo de data ou de vista deve ser feito num dos dois dias úteis seguintes àquele em que a letra é pagável. Se se trata de uma letra pagável à vista, o protesto deve ser feito nas condições indicadas na alínea precedente para o protesto por falta de aceite.

O protesto por falta de aceite dispensa a apresentação a pagamento e o protesto por falta de pagamento.

No caso de suspensão de pagamentos do sacado, quer seja aceitante, quer não, ou no caso de lhe ter sido promovida, sem resultado, execução dos bens, o portador da letra só pode exercer o seu direito de ação após apresentação da mesma ao sacado para pagamento e depois de feito o protesto.

No caso de falência declarada do sacado, quer seja aceitante, quer não, bem como no caso de falência declarada do sacador de uma letra não aceitável, a apresentação da sentença de declaração de falência é suficiente para que o portador da letra possa exercer o seu direito de ação.

Artigo 45. O portador deve avisar da falta de aceite ou de pagamento o seu endossante e o sacador dentro dos quatro dias úteis que se seguirem ao dia do protesto ou da apresentação, no caso de a letra conter a cláusula "sem despesas". Cada um dos endossantes deve, por sua vez, dentro dos dois dias úteis que se seguirem ao da recepção do aviso, informar o seu endossante do aviso que recebeu, indicando os nomes e endereços dos que enviaram os avisos precedentes, e assim sucessivamente até se chegar ao sacador. Os prazos acima indicados contam-se a partir da recepção do aviso precedente.

Quando, em conformidade com o disposto na alínea anterior, se avisou um signatário da letra, deve avisar-se também o seu avalista dentro do mesmo prazo de tempo.

No caso de um endossante não ter indicado o seu endereço, ou de o ter feito de maneira ilegível, basta que o aviso seja enviado ao endossante que o precede.

A pessoa que tenha de enviar um aviso pode fazê-lo por qualquer forma, mesmo pela simples devolução da letra.

Essa pessoa deverá provar que o aviso foi enviado dentro do prazo prescrito. O prazo considerar-se-á como tendo sido observado desde que a carta contendo o aviso tenha sido posta no Correio dentro dele.

A pessoa que não der o aviso dentro do prazo acima indicado não perde os seus direitos; será responsável pelo prejuízo, se o houver motivado pela sua negligência, sem que a responsabilidade possa exceder a importância da letra.

Artigo 46. O sacador, um endossante ou um avalista pode, pela cláusula "sem despesas", "sem protesto", ou outra cláusula equivalente, dispensar o portador de fazer um protesto por falta de aceite ou falta de pagamento, para poder exercer os seus direitos de ação.

Essa cláusula não dispensa o portador da apresentação da letra dentro do prazo prescrito nem tampouco dos avisos a dar. A prova da inobservância do prazo incumbe àquele que dela se prevaleça contra o portador.

Se a cláusula foi escrita pelo sacador produz os seus efeitos em relação a todos os signatários da letra; se for inserida por um endossante ou por avalista, só produz efeito em relação a esse endossante ou avalista. Se, apesar da cláusula escrita pelo sacador, o portador faz o protesto, as respectivas despesas serão de conta dele. Quando a cláusula emanar de um endossante ou de um avalista, as despesas do protesto, se for feito, podem ser cobradas de todos os signatários da letra.

Artigo 47. Os sacadores, aceitantes, endossantes ou avalistas de uma letra são todos solidariamente responsáveis para com o portador.

O portador tem o direito de acionar todas estas pessoas individualmente, sem estar adstrito a observar a ordem por que elas se obrigaram.

O mesmo direito possui qualquer dos signatários de uma letra quando a tenha pago.

A ação intentada contra um dos coobrigados não impede acionar os outros, mesmo os posteriores àquele que foi acionado em primeiro lugar.

Artigo 48. O portador pode reclamar daquele contra quem exerce o seu direito de ação:

1 – O pagamento da letra não aceita, não paga, com juros se assim foi estipulado;

2 – Os juros à taxa de 6 por cento desde a data do vencimento;

3 – As despesas do protesto, as dos avisos dados e as outras despesas.

Se a ação for interposta antes do vencimento da letra, a sua importância será reduzida de um desconto. Esse desconto será calculado de acordo com a taxa oficial de desconto (taxa de Banco) em vigor no lugar do domicílio do portador a data da ação.

Artigo 49. A pessoa que pagou uma letra pode reclamar dos seus garantes:

1 – A soma integral que pagou;

2 – Os juros da dita soma, calculados à taxa de 6 por cento, desde a data em que a pagou;

3 – As despesas que tiver feito.

Artigo 50. Qualquer dos coobrigados, contra o qual se intentou ou pode ser intentada uma ação, pode exigir, desde que pague a letra, que ela lhe seja entregue com o protesto e um recibo.

Qualquer dos endossantes que tenha pago uma letra pode riscar o seu endosso e os dos endossantes subsequentes.

Artigo 51. No caso de ação intentada depois de um aceite parcial, a pessoa que pagar a importância pela qual a letra não foi aceita pode exigir que esse pagamento seja mencionado na letra e que dele lhe seja dada quitação. O portador deve, além disso, entregar a essa pessoa uma cópia autêntica da letra e o protesto de maneira a permitir o exercício de ulteriores direitos de ação.

Artigo 52. Qualquer pessoa que goze do direito de ação pode, salvo estipulação em contrário, embolsar-se por meio de uma nova letra (ressaque) à vista, sacada sobre um dos coobrigados e pagável no domicílio deste.

O ressaque inclui, além das importâncias indicadas nos arts. 48 e 49, um direito de corretagem e a importância do selo do ressaque.

Se o ressaque é sacado pelo portador, a sua importância é fixada segundo a taxa para uma letra à vista, sacada do lugar onde a primitiva letra era pagável sobre o lugar do domicílio do coobrigado. Se o ressaque é sacado por um endossante a sua importância é fixada segundo a taxa para uma letra à vista, sacada dc lugar onde o sacador do ressaque tem o seu domicílio sobre o lugar do domicílio do coobrigado.

Artigo 53. Depois de expirados os prazos fixados:

— para a apresentação de uma letra à vista ou a certo termo de vista;

— para se fazer o protesto por falta de aceite ou por falta de pagamento;

— para a apresentação a pagamento no caso da cláusula "sem despesas".

O portador perdeu os seus direitos de ação contra os endossantes contra o sacador e contra os outros coobrigados, à exceção do aceitante.

Na falta de apresentação ao aceite no prazo estipulado pelo sacador, o portador perdeu os seus direitos de ação, tanto por falta de pagamento como por falta de aceite, a não ser que dos termos da estipulação se conclua que o sacador apenas teve em vista exonerar-se da garantia do aceite.

Se a estipulação de um prazo para a apresentação constar de um endosso, somente aproveita ao respectivo endossante.

Artigo 54. Quando a apresentação da letra ou o seu protesto não puder fazer-se dentro dos prazos indicados por motivo insuperável (prescrição legal declarada por um Estado qualquer ou outro caso de força maior), esses prazos serão prorrogados.

O portador deverá avisar imediatamente o seu endossante do caso de força maior e fazer menção desse aviso, datada e assinada, na letra ou numa folha anexa para os demais são aplicáveis as disposições do art. 45.

Desde que tenha cessado o caso de força maior, o portador deve apresentar sem demora a letra ao aceite ou a pagamento e, caso haja motivo para tal, fazer o protesto.

Se o caso de força maior se prolongar além de trinta dias a contar da data do vencimento, podem promover-se ações sem que haja necessidade de apresentação ou protesto.

Para as letras à vista ou a certo termo de vista, o prazo de trinta dias conta-se da data em que o portador, mesmo antes de expirado o prazo para a apresentação, deu o aviso do caso de força maior ao seu endossante para as letras a certo termo de vista, o prazo de trinta dias fica acrescido do prazo de vista indicado na letra.

Não são considerados casos de força maior os fatos que sejam de interesse puramente pessoal do portador ou da pessoa por ele encarregada da apresentação da letra ou de fazer o protesto.

Capítulo VIII – Da Intervenção

1 – *Disposições Gerais*

Artigo 55. O sacador, um endossante ou um avalista, podem indicar uma pessoa para em caso de necessidade aceitar ou pagar.

A letra pode, nas condições a seguir indicadas, ser aceita ou paga por um pessoa que intervenha por um devedor qualquer contra quem existe direito de ação.

O interveniente pode ser um terceiro, ou mesmo o sacado, ou uma pessoa já obrigada em virtude da letra, exceto o aceitante.

O interveniente é obrigado a participar, no prazo de dois dias úteis, a sua intervenção a pessoa por quem interveio. Em caso de inobservância deste prazo, o interveniente é responsável pelo prejuízo, se o houver, resultante da sua negligência, sem que as perdas e danos possam exceder a importância da letra.

2 – *Aceite por Intervenção*

Artigo 56. O aceite por intervenção pode realizar-se em todos os casos em que portador de uma letra aceitável tem direito de ação antes do vencimento.

MANUAL PRÁTICO DOS TÍTULOS DE CRÉDITO

185

LEGISLAÇÃO COMERCIAL COMPLEMENTAR

EDIPRO

Quando na letra se indica uma pessoa para em caso de necessidade a aceitar ou a pagar no lugar do pagamento, o portador não pode exercer o seu direito de ação antes do vencimento contra aquele que indicou essa pessoa e contra os signatários subsequentes a não ser que tenha apresentado a letra a pessoa designada e que, tendo esta recusado o aceite, se tenha feito o protesto.

Nos outros casos de intervenção, o portador pode recusar o aceite por intervenção. Se, porém, o admitir, perde o direito de ação antes do vencimento contra aquele por quem a aceitação foi dada e contra os signatários subsequentes.

Artigo 57. O aceite por intervenção será mencionado na letra e assinado pelo interveniente. Deverá indicar por honra de quem se fez a intervenção; na falta desta indicação, presume-se que interveio pelo sacador.

Artigo 58. O aceitante por intervenção fica obrigado para com o portador e para com os endossantes posteriores àquele por honra de quem interveio da mesma forma que este.

Não obstante o aceite por intervenção, aquele por honra de quem ele foi feito e os seus garantes podem exigir do portador, contra o pagamento da importância indicada no art. 48 a entrega da letra, do instrumento do protesto e, havendo lugar, de uma conta com a respectiva quitação.

3 – Pagamento por intervenção

Artigo 59. O pagamento por intervenção pode realizar-se em todos os casos em que o portador de uma letra tem direito de ação à data do vencimento ou antes dessa data.

O pagamento deve abranger a totalidade da importância que teria a pagar aquele por honra de quem a intervenção se realizou.

O pagamento deve ser feito o mais tardar no dia seguinte ao último em que é permitido fazer o protesto por falta de pagamento.

Artigo 60. Se a letra foi aceita por intervenientes tendo o seu domicílio no lugar do pagamento, ou se foram indicadas pessoas tendo o seu domicílio no mesmo lugar para, em caso de necessidade, pagarem a letra, o portador deve apresentá-la a todas essas pessoas e, se houver lugar, fazer o protesto por falta de pagamento o mais tardar no dia seguinte e ao último em que era permitido fazer o protesto.

Na falta de protesto dentro deste prazo, aquele que tiver indicado pessoas para pagarem em caso de necessidade, ou por conta de quem a letra tiver sido aceita, bem como os endossantes posteriores, ficam desonerados.

Artigo 61. O portador que recusar o pagamento por intervenção perde o seu direito de ação contra aqueles que teriam ficado desonerados.

Artigo 62. O pagamento por intervenção deve ficar constatado por um recibo passado na letra, contendo a indicação da pessoa por honra de que foi feito. Na falta desta indicação presume-se que o pagamento foi feito por honra do sacador.

A letra e o instrumento do protesto, se o houve, devem ser entregues a pessoa que pagou por intervenção.

Artigo 63. O que paga por intervenção fica sub-rogado nos direitos emergentes da letra contra aquele por honra de quem pagou e contra os que são obrigados para com este em virtude da letra. Não pode, todavia, endossar de novo a letra.

Os endossantes posteriores ao signatário por honra de quem foi feito o pagamento ficam desonerados.

Quando se apresentarem várias pessoas para pagar uma letra por intervenção, será preferida aquela que desonerar maior número de obrigados. Aquele que, com conhecimento de causa, intervir contrariamente a esta regra, perde os seus direitos de ação contra os que teriam sido desonerados.

Capítulo IX – Da Pluralidade de Exemplares e das Cópias

1 – Pluralidade de exemplares

Artigo 64. A letra pode ser sacada por várias vias.

Essas vias devem ser numeradas no próprio texto, na falta do que, cada via será considerada como uma letra distinta.

O portador de uma letra que não contenha a indicação de ter sido sacada numa única via pode exigir à sua custa a entrega de várias vias. Para este efeito o portador deve dirigir-se ao seu endossante imediato, para que este o auxilie a proceder contra o seu próprio endossante e assim sucessivamente até se chegar ao sacador. Os endossantes são obrigados a reproduzir os endossos nas novas vias.

Artigo 65. O pagamento de uma das vias é liberatório, mesmo que não esteja estipulado que esse pagamento anula o efeito das outras. O sacado fica, porém, responsável por cada uma das vias que tenham o seu aceite e lhe não hajam sido restituídas.

O endossante que transferiu vias da mesma letra e várias pessoas e os endossantes subsequentes são responsáveis por todas as vias que contenham as suas assinaturas e que não hajam sido restituídas.

Artigo 66. Aquele que enviar ao aceite uma das vias da letra deve indicar nas outras o nome da pessoa em cujas mãos aquela se encontra. Esta pessoa é obrigada a entregar essa via ao portador legítimo doutro exemplar.

Se se recusar a fazê-lo, o portador só pode exercer seu direito de ação depois de ter feito constatar por um protesto:

1 – Que a via enviada ao aceite lhe não foi restituída a seu pedido;

2 – Que não foi possível conseguir o aceite ou o pagamento de uma outra via.

3 – Cópias

Artigo 67. O portador de uma letra tem o direito de tirar cópias dela.

A cópia deve reproduzir exatamente o original, com os endossos e todas as outras menções que nela figurem. Deve mencionar onde acaba a cópia.

A cópia pode ser endossada e avalizada da mesma maneira e produzindo os mesmos efeitos que o original.

Artigo 68. A cópia deve indicar a pessoa em cuja posse se encontra o título original. Essa é obrigada a remeter o dito título ao portador legítimo da cópia.

Se se recusar a fazê-lo, o portador só pode exercer o seu direito de ação contra as pessoas que tenham endossado ou avalizado a cópia, depois de ter feito constatar por um protesto que o original lhe não foi entregue a seu pedido.

Se o título original, em seguida ao último endosso feito antes de tirada a cópia, contiver a cláusula: "daqui em diante só é válido o endosso na cópia" ou qualquer outra formula equivalente, é nulo qualquer endosso assinado ulteriormente no original.

Capítulo X – Das Alterações

Artigo 69. No caso de alteração do texto de uma letra, os signatários posteriores a esta alteração ficam obrigados nos termos do texto alterado; os signatários anteriores são obrigados nos termos do termos do texto original.

Capítulo XI – Da Prescrição

Artigo 70. Todas as ações contra ao aceitante relativas a letras prescrevem em três anos a contar do seu vencimento.

As ações do portador contra os endossantes e contra o sacador prescrevem num ano, a contar da data do protesto feito em tempo útil ou da data do vencimento, se se trata de letra que contenha cláusula "sem despesas".

As ações dos endossantes uns contra os outros e contra o sacador prescrevem em seis meses a contar do dia em que o endossante pagou a letra ou em que ele próprio foi acionado.

Artigo 71. A interrupção da prescrição só produz efeito em relação a pessoa para quem a interrupção foi feita.

Capítulo XII – Disposições Gerais

Artigo 72. O pagamento de uma letra cujo vencimento recai em dia feriado legal só pode ser exigido no primeiro dia útil seguinte. Da mesma maneira, todos os atos relativos a letra, especialmente a apresentação ao aceite e o protesto, somente podem ser feitos em dia útil.

Quando um destes atos tem de ser realizado em um determinado prazo e o último dia deste prazo é feriado legal, fica o dito prazo prorrogado até ao primeiro dia útil que se seguir ao seu termo.

Artigo 73. Os prazos legais ou convencionais não compreendem o dia que marca o seu início.

Artigo 74. Não são admitidos dias de perdão quer legal, quer judicial.

TÍTULO II – DA NOTA PROMISSÓRIA

Artigo 75. A nota promissória contém:

1 – Denominação "Nota Promissória" inserta no próprio texto do título e expressa na língua empregada para a redação desse título;

2 – A promessa pura e simples de pagar uma quantia determinada;

3 – A época do pagamento;

4 – A indicação do lugar em que se deve efetuar o pagamento;

5 – O nome da pessoa a quem ou a ordem de quem deve ser paga;

6 – A indicação da data em que e do lugar onde a nota promissória e passada;

7 – A assinatura de quem passa a nota promissória (subscritor).

Artigo 76. O título em que faltar algum dos requisitos indicados no artigo anterior não produzirá efeito como nota promissória, salvo nos casos determinados das alíneas seguintes.

A nota promissória em que não se indique a época do pagamento será considerada pagável à vista.

Na falta de indicação especial, o lugar onde o título foi passado considera-se como sendo o lugar do pagamento e, ao mesmo tempo, o lugar do domicílio do subscritor da nota promissória.

A nota promissória que não contenha indicação do lugar onde foi passada considera-se como tendo-o sido no lugar designado ao lado do nome do subscritor.

Artigo 77. São aplicáveis as notas promissórias, na parte em que não sejam contrárias à natureza deste título, as disposições relativas às letras e concernentes:

Endosso (arts. 11 a 20);

MANUAL PRÁTICO DOS TÍTULOS DE CRÉDITO

LEGISLAÇÃO COMERCIAL COMPLEMENTAR

EDIPRO

Vencimento (arts. 33 a 37);

Pagamento (arts. 38 a 42);

Direito de ação por falta de pagamento (arts. 43 a 50 e 52 a 54);

Pagamento por intervenção (arts. 55 e 59 a 63);

Cópias (arts. 67 e 68);

Alterações (art. 69);

Prescrição (arts. 70 e 71);

Dias feriados, contagem de prazos e interdição de dias de perdão (arts. 72 a 74).

São igualmente aplicáveis às notas promissórias as disposições relativas às letras pagáveis no domicílio de terceiros ou numa localidade diversa da do domicílio do sacado (arts. 4º e 27), a estipulação de juros (art. 5º), as divergências das indicações da quantia a pagar (art. 6º), as consequências da aposição de uma assinatura nas condições indicadas no art. 7º, as da assinatura de uma pessoa que age sem poderes ou excedendo os seus poderes (art. 8º) e a letra em branco (art. 10).

São também aplicáveis às notas promissórias as disposições relativas ao aval (arts. 30 a 32) no caso previsto na última alínea do art. 31, se o aval não indicar a pessoa por quem é dado entender-se-á ser pelo subscritor da nota promissória.

Artigo 78. O subscritor de uma nota promissória é responsável da mesma forma que o aceitante de uma letra.

As notas promissórias pagáveis a certo termo de vista devem ser presentes ao visto dos subscritores nos prazos fixados no art. 23.

O termo de vista conta-se da data do visto dado pelo subscritor. A recusa do subscritor a dar o seu visto e comprovada por um protesto (art. 25), cuja data serve de início ao termo de vista.

ANEXO II

Artigo 1º. Qualquer das Altas Partes Contratantes pode prescrever que a obrigação de inserir nas letras passadas no seu território a palavra "letra", prevista no art. 1º, nº 1, da Lei Uniforme, só se aplicará 6 (seis) meses após a entrada em vigor da presente Convenção.

Artigo 2º. Qualquer das Altas Partes Contratantes tem, pelo que respeita às obrigações contraídas em matéria de letras no seu território, a faculdade de determinar de que maneira pode ser suprida a falta de assinatura, desde que por uma declaração autêntica escrita na letra se possa constatar a vontade daquele que deveria ter assinado.

Artigo 3º. Qualquer das Altas Partes Contratantes reserva-se a faculdade de não inserir o art. 10 da Lei Uniforme na sua lei nacional.

Artigo 4º. Por derrogação da alínea primeira do art. 31 da Lei Uniforme, qualquer das Altas Partes Contratantes tem a faculdade de admitir a possibilidade de ser dado um aval no seu território por ato separado em que se indique o lugar onde foi feito.

Artigo 5º. Qualquer das Altas Partes Contratantes pode completar o art. 38 da Lei Uniforme dispondo que, em relação às letras pagáveis no seu território, o portador deverá fazer a apresentação no próprio dia do vencimento; a inobservância desta obrigação só acarreta responsabilidade por perdas e danos.

As outras Altas Partes Contratantes terão a faculdade de fixar as condições em que reconhecerão uma tal obrigação.

Artigo 6º. A cada uma das Altas Partes Contratantes incumbe determinar, para os efeitos da aplicação da última alínea do art. 38, quais as instituições que, segundo a lei nacional, devam ser consideradas câmaras de compensação.

Artigo 7º. Pelo que se refere às letras pagáveis no seu território, qualquer das Altas Partes Contratantes tem a faculdade de sustar, se o julgar necessário, em circunstâncias excepcionais relacionadas com a taxa de câmbio da moeda nacional, os efeitos da cláusula prevista no art. 41 relativa ao pagamento efetivo em moeda estrangeira. A mesma regra se aplica no que respeita à emissão no território nacional de letras em moedas estrangeiras.

Artigo 8º. Qualquer das Altas Partes Contratantes tem a faculdade de determinar que os protestos a fazer no seu território possam ser substituídos por uma declaração datada, escrita na própria letra e assinada pelo sacado, exceto no caso de o sacador exigir no texto da letra que se faça um protesto com as formalidades devidas.

Qualquer das Altas Partes Contratantes tem igualmente a faculdade de determinar que a dita declaração seja transcrita num registro público no prazo fixado para os protestos.

No caso previsto nas alíneas precedentes o endosso sem data presume se ter sido feito anteriormente ao protesto.

Artigo 9º. Por derrogação da alínea terceira do art. 44 da Lei Uniforme, qualquer das Altas Partes Contratantes tem a faculdade de determinar que o protesto por falta de pagamento deve ser feito no dia em que a letra é pagável ou num dos 2 (dois) dias úteis seguintes.

Artigo 10. Fica reservada para a legislação de cada uma das Altas Partes Contratantes a determinação precisa das situações jurídicas a que se referem os ns. 2 e 3 do art. 43 e os ns. 5 e 6 do art. 44 da Lei Uniforme.

Artigo 11. Por derrogação dos ns. 2 e 3 do art. 43 e do art. 74 da Lei Uniforme, qualquer das Altas Partes Contratantes reserva-se a faculdade de admitir na sua legislação a possibilidade, para os garantes de uma letra que tenham sido acionados, de ser concedido um alongamento de prazos, os quais não poderão em caso algum ir além da data do vencimento da letra.

Artigo 12. Por derrogação do art. 45 da Lei Uniforme, qualquer das Altas Partes Contratantes tem a faculdade de manter ou de introduzir o sistema de aviso por intermédio de um agente público, que consiste no seguinte: ao fazer o protesto por falta de aceite ou por falta de pagamento, o notário ou o funcionário público incumbido desse serviço, segundo a lei nacional, é obrigado a dar comunicação por escrito desse protesto às pessoas obrigadas pela letra, cujos endereços figuram nela, ou que sejam conhecidos do agente que faz o protesto, ou sejam indicados pelas pessoas que exigiram o protesto. As despesas originadas por esses avisos serão adicionadas às despesas do protesto.

Artigo 13. Qualquer das Altas Partes Contratantes tem a faculdade de determinar, no que respeita às letras passadas e pagáveis no seu território, que a taxa de juro a que referem os ns. 2 dos arts. 48 e 49 da Lei Uniforme poderá ser substituída pela taxa legal em vigor no território da respectiva Alta Parte Contratante.

Artigo 14. Por derrogação do art. 48 da Lei Uniforme, qualquer das Altas Partes Contratantes reserva-se a faculdade de inserir na lei nacional uma disposição pela qual o portador pode reclamar daquele contra quem exerce o seu direito de ação uma comissão cujo quantitativo será fixado pela mesma lei nacional.

A mesma doutrina se aplica, por derrogação do art. 49 da Lei Uniforme, no que se refere à pessoa que, tendo pago uma letra, reclama a sua importância aos seus garantes.

Artigo 15. Qualquer das Altas Partes Contratantes tem a liberdade de decidir que, no caso de perda de direitos ou de prescrição, no seu território subsistirá o direito de proceder contra o sacador que não constituir provisão ou contra um sacador ou endossante que tenha feito lucros ilegítimos. A mesma faculdade existe, em caso de prescrição, pelo que respeita ao aceitante que recebeu provisão ou tenha realizado lucros ilegítimos.

Artigo 16. A questão de saber se o sacador é obrigado a constituir provisão à data do vencimento e se o portador tem direitos especiais sobre essa provisão está fora do âmbito da Lei Uniforme.

O mesmo sucede relativamente a qualquer outra questão respeitante às relações jurídicas que serviram de base à emissão da letra.

Artigo 17. A cada uma das Altas Partes Contratantes compete determinar na sua legislação nacional as causas de interrupção e de suspensão da prescrição das ações relativas a letras que os seus tribunais são chamados a conhecer.

As outras Altas Partes Contratantes têm a faculdade de determinar as condições a que subordinarão o conhecimento de tais causas. O mesmo sucede quanto ao efeito de uma ação como meio de indicação do início do prazo de prescrição, a que se refere a alínea terceira do art. 70 da Lei Uniforme.

Artigo 18. Qualquer das Altas Partes Contratantes tem a faculdade de determinar que certos dias úteis sejam assimilados aos dias feriados legais, pelo que respeita à apresentação ao aceite ou ao pagamento e demais atos relativos às letras.

Artigo 19. Qualquer das Altas Partes Contratantes pode determinar o nome a dar nas leis nacionais aos títulos a que se refere o art. 75 da Lei Uniforme ou dispensar esses títulos de qualquer denominação especial, uma vez que contenham a indicação expressa de que são à ordem.

Artigo 20. As disposições dos arts. 1º a 18 do presente Anexo, relativas às letras, aplicam-se igualmente às notas promissórias.

Artigo 21. Qualquer das Altas Partes Contratantes reserva-se a faculdade de limitar a obrigação assumida, em virtude do art. 1º da Convenção, exclusivamente às disposições relativas às letras, não introduzindo no seu território as disposições sobre notas promissórias constantes do Título II da Lei Uniforme. Neste caso, a Alta Parte Contratante que fizer uso desta reserva será considerada Parte Contratante apenas pelo que respeita às letras.

Qualquer das Altas Partes Contratantes reserva-se igualmente a faculdade de compilar num regulamento especial as disposições relativas às notas promissórias, regulamento que será inteiramente conforme com as estipulações do Título II da Lei Uniforme e que deverá reproduzir as disposições sobre letras referidas no mesmo título sujeitas apenas às modificações resultantes dos arts. 75, 76, 77 e 78 da Lei Uniforme e dos arts. 19 e 20 do presente Anexo.

Artigo 22. Qualquer das Altas Partes Contratantes tem a faculdade de tomar medidas excepcionais de ordem geral relativas à prorrogação dos prazos relativos a atos tendentes à conservação de direitos e à prorrogação do vencimento das letras.

Artigo 23. Cada uma das Altas Partes Contratantes obriga-se a reconhecer as disposições adotadas por qualquer das outras Altas Partes Contratantes em virtude dos arts. 1º a 4º, 6º, 8º a 16 e 18 a 21 do presente Anexo.

PROTOCOLO

Ao assinar a Convenção datada de hoje, estabelecendo uma Lei Uniforme em matéria de letras e notas promissórias, os abaixo-assinados, devidamente autorizados, acordaram nas disposições seguintes:

A – Os membros da Sociedade nas Nações e os Estados não-membros que não tenham podido efetuar, antes de 1º de setembro de 1932, o depósito da ratificação da referida Convenção obrigam-se a enviar, dentro de 15 (quinze) dias, a contar daquela data, uma comunicação ao Secretário-Geral da Sociedade das Nações, dando-lhe a conhecer a situação em que se encontram no que diz respeito à ratificação.

B – Se em 1º de novembro de 1932 não se tiverem verificado as condições previstas na alínea primeira do art. 6º para a entrada em vigor da Convenção, o Secretário-Geral da Sociedade das Nações convocará uma reunião dos membros da Sociedade das Nações e Estados não-membros que tenham assinado a Convecão ou a ela aderido, a fim de serem examinadas a situação e as medidas que porventura devam ser tomadas a resolver.

MANUAL PRÁTICO DOS TÍTULOS DE CRÉDITO

189

LEGISLAÇÃO COMERCIAL COMPLEMENTAR

EDIPRO

C – As Altas Partes Contratantes comunicar-se-ão reciprocamente, a partir da sua entrada em vigor, as disposições legislativas promulgadas nos respectivos territórios para tornar efetiva a Convenção.

Em fé do que os plenipotenciários acima mencionados assinaram o presente Protocolo.

Feito em Genebra, aos sete de junho de mil novecentos e trinta, num só exemplar, que será depositado nos arquivos do Secretariado da Sociedade das Nações, será transmitida cópia autêntica a todos os membros da Sociedade das Nações e a todos os Estados não-membros representados na Conferência.

• *Seguem-se as mesmas assinaturas colocadas após o art. 11 da Convenção.*

CONVENÇÃO DESTINADA A REGULAR CERTOS CONFLITOS DE LEIS EM MATÉRIA DAS LETRAS DE CÂMBIO E NOTAS PROMISSÓRIAS

O Presidente do Reich Alemão,...

Desejando adotar disposições para resolver certos conflitos de leis em matéria de letras e de notas promissórias, designaram como seus plenipotenciários:

Os quais depois de terem apresentado os seus plenos poderes, achados em boa e devida forma, acordaram nas disposições seguintes:

Artigo 1º. As Altas Partes Contratantes obrigam-se mutuamente a aplicar para a solução dos conflitos de leis em matéria de letras e de notas promissórias, a seguir enumerados, as disposições constantes dos artigos seguintes:

Artigo 2º. A capacidade de uma pessoa para se obrigar por letra ou nota promissória é regulada pela respectiva lei nacional. Se a lei nacional declarar competente a lei de um outro país, será aplicada esta última.

A pessoa incapaz, segundo a lei indicada na alínea precedente, é contudo havida como validamente obrigada se tiver aposto a sua assinatura em território de um país segundo cuja legislação teria sido considerada capaz.

Qualquer das Altas Partes Contratantes tem a faculdade de não reconhecer a validade da obrigação contraída em matéria de letras ou notas promissórias por um dos seus nacionais, quando essa obrigação só seja válida no território das outras Altas Partes Contratantes pela aplicação da alínea anterior do presente artigo.

Artigo 3º. A forma das obrigações contraídas em matéria de letras e notas promissórias é regulada pela lei do país em cujo território essas obrigações tenham sido assumidas.

No entanto, se as obrigações assumidas em virtude de uma letra ou nota promissória não forem válidas nos termos da alínea precedente, mas o forem em face da legislação do país em que tenha posteriormente sido contraída uma outra obrigação, o fato de as primeiras obrigações serem irregulares quanto à forma não afeta a validade da obrigação posterior.

Qualquer das Altas Partes Contratantes tem a faculdade de determinar que as obrigações contraídas no estrangeiro por algum dos seus nacionais, em matéria de letras e notas promissórias. serão válidas no seu próprio território. em relação a qualquer outro dos seus nacionais, desde que tenham sido contraídas pela forma estabelecida na lei nacional.

Artigo 4º. Os efeitos das obrigações do aceitante de uma letra e do subscritor de uma nota promissória são determinados pela lei do lugar onde esses títulos sejam pagáveis.

Os efeitos provenientes das assinaturas dos outros coobrigados por letra ou nota promissória são determinados pela lei do país em cujo território as assinaturas forem apostas.

Artigo 5º. Os prazos para o exercício do direito de ação são determinados para todos os signatários pela lei do lugar de emissão do título.

Artigo 6º. A lei do lugar de emissão do título determina se o portador de uma letra adquire o crédito que originou a emissão do título.

Artigo 7º. A lei do país em que a letra é pagável determina se o aceite pode ser restrito a uma parte da importância a pagar ou se o portador é ou não obrigado a receber um pagamento parcial.

A mesma regra é aplicável ao pagamento de notas promissórias.

Artigo 8º. A forma e os prazos do protesto, assim como a forma dos outros atos necessários ao exercício ou à conservação dos direitos em matéria de letras e notas promissórias, são regulados pelas leis do país em cujo território se deva fazer o protesto ou praticar os referidos atos.

Artigo 9º. As medidas a tomar em caso de perda ou de roubo de uma letra ou de uma nota promissória são determinadas pela lei do país em que esses títulos sejam pagáveis.

Artigo 10. Qualquer das Altas Partes Contratantes reserva-se a faculdade de não aplicar os princípios de Direito Internacional privado consignados na presente Convenção, pelo que respeita:

1º) uma obrigação contraída fora do território de uma das Altas Partes Contratantes;

2º) a uma lei que seria aplicável em conformidade com estes princípios, mas que não seja lei em vigor no território de uma das Altas Partes Contratantes.

Artigo 11. As disposições da presente Convenção não serão aplicáveis, no território de cada uma das Altas Partes Contratantes, às letras e notas promissórias já criadas à data de entrada em vigor da Convenção.

Artigo 12. A presente Convenção, cujos textos francês e inglês farão, ambos, igualmente fé, terá a data de hoje.

Poderá ser ulteriormente assinada até 6 de setembro de 1930 em nome de qualquer membro da Sociedade das Nações e de qualquer Estado não-membro.

Artigo 13. A presente Convenção será ratificada.

Os instrumentos de ratificação serão transmitidos, antes de 1º de setembro de 1932, ao Secretário-Geral da Sociedade das Nações, que notificará imediatamente do seu depósito todos os membros da Sociedade das Nações e os Estados não-membros que sejam partes na presente Convenção.

Artigo 14. A partir de 6 de setembro de 1930, qualquer membro da Sociedade das Nações e qualquer Estado não-membro poderá aderir à presente Convenção.

Esta adesão efetuar-se-á por meio de notificação ao Secretário-Geral da Sociedade das Nações, que será depositada nos arquivos do Secretariado.

O Secretário-Geral notificará imediatamente desse depósito todos os Estados que tenham assinado a presente Convenção ou a ela tenham aderido.

Artigo 15. A presente Convenção somente entrará em vigor depois de ter sido ratificada ou de a ela terem aderido sete membros da Sociedade das Nações ou Estados não-membros, entre os quais deverão figurar três dos membros da Sociedade das Nações com representação no Conselho.

Começará a vigorar 90 (noventa) dias depois de recebida pelo Secretário-Geral da Sociedade das Nações a 7ª ratificação ou adesão, em conformidade com o disposto na alínea primeira do presente artigo.

O Secretário-Geral da Sociedade das Nações, nas notificações previstas nos arts. 13 e 14, fará menção especial de terem sido recebidas as ratificações ou adesões a que se refere a alínea primeira do presente artigo.

Artigo 16. As ratificações ou adesões após a entrada em vigor da presente Convenção, em conformidade com o disposto no art. 15 produzirão os seus efeitos 90 (noventa) dias depois da data da sua recepção pelo Secretário-Geral da Sociedade das Nações.

Artigo 17. A presente Convenção não poderá ser denunciada antes de decorrido um prazo de 2 (dois) anos a contar da data em que ela tiver começado a vigorar para o membro da Sociedade das Nações ou para o Estado não-membro que a denuncia; esta denúncia produzirá os seus efeitos 90 (noventa) dias depois de recebida pelo Secretário-Geral a respectiva notificação.

Qualquer denúncia será imediatamente comunicada pelo Secretário-Geral da Sociedade das Nações a todas as outras Altas Partes Contratantes.

A denúncia só produzirá efeito em relação à Alta Parte Contratante em nome da qual ela tenha sido feita.

Artigo 18. Decorrido um prazo de 4 (quatro) anos da entrada em vigor da presente Convenção, qualquer membro da Sociedade das Nações, ou Estado não-membro ligado à Convenção poderá formular ao Secretário-Geral da Sociedade das Nações um pedido de revisão de algumas ou de todas as suas disposições.

Se este pedido, comunicado aos outros membros da Sociedade das Nações ou Estados não-membros para os quais a Convenção estiver então em vigor, for apoiado dentro do prazo de 1 (um) ano por seis, pelo menos, dentre eles, o Conselho da Sociedade das Nações decidirá se deve ser convocada uma conferência para aquele fim.

Artigo 19. As Altas Partes Contratantes podem declarar no momento da assinatura da ratificação ou da adesão que, aceitando a presente Convenção, não assumem nenhuma obrigação pelo que respeita a todas ou parte das suas colônias, protetorados ou territórios sob a sua soberania ou mandato, caso em que a presente Convenção se não aplicará aos territórios mencionados nessa declaração.

As Altas Partes Contratantes poderão mais tarde notificar o Secretário-Geral da Sociedade das Nações de que desejam que a presente Convenção se aplique a todos ou parte dos territórios que tenham sido objeto da declaração prevista na alínea precedente, e nesse caso a Convenção aplicar-se-á aos territórios mencionados na comunicação, 90 (noventa) dias depois de esta ter sido recebida pelo Secretário-Geral da Sociedade das Nações.

As Altas Partes Contratantes poderão mais tarde declarar que desejam que a presente Convenção cesse de se aplicar a toda ou parte das suas colônias, protetorados ou territórios sob a sua soberania ou mandato, caso em que a Convenção deixará de se aplicar aos territórios mencionados nessa declaração 1 (um) ano após esta ter sido recebida pelo Secretário-Geral da Sociedade das Nações.

Artigo 20. A presente Convenção será registrada pelo Secretário-Geral da Sociedade das Nações desde que entre em vigor. Será publicada, logo que for possível, na "Coleção de Tratados" da Sociedade das Nações.

Em fé do que os plenipotenciários acima designados assinaram a presente Convenção.

Feito em Genebra, aos sete de junho de mil novecentos e trinta, num só exemplar, que será depositado nos arquivos do Secretariado da Sociedade das Nações. Será transmitida cópia autêntica a todos os membros da Sociedade das Nações e a todos os Estados não-membros representados na Conferência.

- *Seguem-se as mesmas assinaturas colocadas após o art. 11 da Convenção para adoção de uma Lei Uniforme em matéria de letras de câmbio e notas promissórias.*

PROTOCOLO

Ao assinar a Convenção datada de hoje, destinada a regular certos conflitos de leis em matéria de letras e de notas promissórias, os abaixo-assinados, devidamente autorizados, acordaram nas disposições seguintes:

A – Os membros da Sociedade das Nações e os Estados não-membros que não tenham podido efetuar, antes de 1º de setembro de 1932, o depósito da ratificação da referida Convenção obrigam-se a enviar, dentro de 15 (quinze) dias a partir daquela data, uma comunicação ao Secretário-Geral da Sociedade das Nações dando-lhe a conhecer a situação em que se encontram no que diz respeito à ratificação.

MANUAL PRÁTICO DOS TÍTULOS DE CRÉDITO

LEGISLAÇÃO COMERCIAL COMPLEMENTAR

EDIPRO

B – Se em 1º de novembro de 1932 não se tiverem verificado as condições previstas na alínea primeira do art. 15 para a entrada em vigor da Convenção, o Secretário-Geral da Sociedade das Nações convocará uma reunião dos membros da Sociedade das Nações e dos Estados não-membros que tenham assinado a Convenção ou a ela tenham aderido, a fim de ser examinada a situação e as medidas que porventura devem ser tomadas para a resolver.

C – As Altas Partes Contratantes comunicar-se-ão, reciprocamente, a partir da sua entrada em vigor, as disposições legislativas promulgadas nos respectivos territórios para tornar efetiva a Convenção.

Em fé do que os plenipotenciários acima mencionados assinaram o presente Protocolo.

Feito em Genebra, aos sete de junho de mil novecentos e trinta, num só exemplar, que será depositado nos arquivos do Secretariado da Sociedade das Nações, será transmitida cópia autêntica a todos os membros da Sociedade das Nações e a todos os Estados não-membros representados na Conferência.

- *Seguem-se as mesmas assinaturas colocadas após o art. 11 da Convenção para adoção de uma Lei Uniforme em matéria de letras de câmbio e notas promissórias.*

DECRETO-LEI Nº 167, DE 14 DE FEVEREIRO DE 1967

Dispõe sobre títulos de crédito rural e dá outras providências

O Presidente da República, usando da atribuição que lhe confere o § 2º do art. 9º do Ato Institucional nº 4, de 7 de dezembro de 1966,
Decreta:

Capítulo I – Do Financiamento Rural

Art. 1º. O financiamento rural concedido pelos órgãos integrantes do sistema nacional de crédito rural e pessoa física ou jurídica poderá efetivar-se por meio das células de crédito rural previstas neste Decreto-Lei.

Parágrafo único. Faculta-se a utilização das cédulas para os financiamentos da mesma natureza concedidos pelas cooperativas rurais a seus associados ou às suas filiadas.

Art. 2º. O emitente da cédula fica obrigado a aplicar o financiamento nos fins ajustados, devendo comprovar essa aplicação no prazo e na forma exigidos pela instituição financiadora.

Parágrafo único. Nos casos de pluralidade de emitentes e não constando da cédula qualquer designação em contrário, a utilização do crédito poderá ser feita por qualquer um dos financiados, sob a responsabilidade solidária dos demais.

Art. 3º. A aplicação do financiamento poderá ajustar-se em orçamento assinado pelo financiado e autenticado pelo financiador dele devendo constar expressamente qualquer alteração que convencionarem.

Parágrafo único. Na hipótese, far-se-á, na cédula, menção no orçamento, que a ela ficará vinculado.

Art. 4º. Quando for concedido financiamento para utilização parcelada, o financiador abrirá com o valor do financiamento conta vinculada à operação, que o financiado movimentará por meio de cheques, saques, recibos, ordens, cartas ou quaisquer outros documentos, na forma e tempo previstos na cédula ou no orçamento.

Art. 5º. As importâncias fornecidas pelo financiador vencerão juros as taxas que o Conselho Monetário Nacional fixar e serão exigíveis em 30 de junho e 31 de dezembro ou no vencimento das prestações, se assim acordado entre as partes; no vencimento do título e na liquidação, por outra forma que vier a ser determinada por aquele Conselho, podendo o financiador, nas datas previstas, capitalizar tais encargos na conta vinculada a operação.

Parágrafo único. Em caso de mora, a taxa de juros constante da cédula será elevável de 1% (um por cento) ao ano.

Art. 6º. O financiado facultará ao financiador a mais ampla fiscalização da aplicação da quantia financiada, exibindo, inclusive, os elementos que lhe forem exigidos.

Art. 7º. O credor poderá, sempre que julgar conveniente e por pessoas de sua indicação, não só percorrer todas e quaisquer dependências dos imóveis referidos no título, como verificar o andamento dos serviços neles existentes.

Art. 8º. Para ocorrer às despesas com os serviços de fiscalização poderá ser ajustada na cédula taxa de comissão de fiscalização exigível na forma do disposto no art. 5º, a qual será calculada sobre os saldos devedores da conta vinculada a operação respondendo ainda o financiado pelo pagamento de quaisquer que se verificarem com vistorias frustradas ou que forem efetuadas em consequência de procedimento seu que possa prejudicar as condições legais e celulares.

Capítulo II
Seção I – Das Cédulas de Crédito Rural

Art. 9º. A cédula de crédito rural é promessa de pagamento em dinheiro, sem ou com garantia real cedularmente constituída, sob as seguintes denominações e modalidades:

I – Cédula Rural Pignoratícia.

II – Cédula Rural Hipotecária.

III – Cédula Rural Pignoratícia e Hipotecária.

IV – Nota de Crédito Rural.

Art. 10. A cédula de crédito rural é título civil, líquido e certo, exigível pela soma dela constante ou do endosso, além dos juros, da comissão de fiscalização, se houver, e demais despesas que o credor fizer para segurança, regularidade e realização de seu direito creditório.

§ 1º. Se o emitente houver deixado de levantar qualquer parcela do crédito deferido ou tiver feito pagamentos parciais, o credor descenta-los-á da soma declarada na cédula, tornando-se exigível apenas o salco.

§ 2º. Não constando do endosso o valor pelo qual se transfere a cédula, prevalecerá o da soma declarada no título acrescido dos acessórios, na forma deste artigo, deduzido o valor das quitações parciais passadas no próprio título.

Art. 11. Importa vencimento de cédula de crédito rural independentemente de aviso ou interpelação judicial ou extrajudicial, a inadimplência de qualquer obrigação convencional ou legal do emitente do título ou, sendo o caso, do terceiro prestante da garantia real.

Parágrafo único. Verificado o inadimplemento, poderá ainda o credor considerar vencidos antecipadamente todos os financiamentos rurais concedidos ao emitente e dos quais seja credor.

Art. 12. A cédula de crédito rural poderá ser aditada, ratificada e retificada por meio de menções adicionais e de aditivos, datados e assinados pelo emitente e pelo credor.

Parágrafo único. Se não bastar o espaço existente, continuar-se-á em folha do mesmo formato, que fará parte integrante do documento cedular.

Art. 13. A cédula de crédito rural admite amortizações periódicas e prorrogações de vencimento que serão ajustadas mediante a inclusão de cláusula, na forma prevista neste Decreto-Lei.

Seção II – Da Cédula Rural Pignoratícia

Art. 14. A cédula rural pignoratícia conterá os seguintes requisitos, lançados no contexto:

I – Denominação "Cédula Rural Pignoratícia".

II – Data e condições de pagamento; havendo prestações periódicas ou prorrogações de vencimento, acrescentar: "nos termos da cláusula Forma de Pagamento abaixo" ou "nos termos da cláusula Ajuste de Prorrogação abaixo".

III – Nome do credor e a cláusula à ordem.

IV – Valor do crédito deferido, lançado em algarismos e por extenso, com indicação da finalidade ruralista a que se destina o financiamento concedido e a forma de sua utilização.

V – Descrição dos bens vinculados em penhor, que se indicarão pela espécie, qualidade, quantidade, marca ou período de produção, se for o caso, além do local ou depósito em que os mesmos bens se encontrarem.

VI – Taxa dos juros a pagar, e da comissão de fiscalização, se houver, e o tempo de seu pagamento.

VII – Praça do pagamento.

VIII – Data e lugar da emissão.

IX – Assinatura do próprio punho do emitente ou de representante com poderes especiais.

§ 1º. As cláusulas "Forma de Pagamento" ou "Ajuste de Prorrogação", quando cabíveis, serão incluídas logo após a descrição da garantia, estabelecendo-se, na primeira, os valores e datas das prestações e na segunda, as prorrogações previstas e as condições a que está sujeita sua efetivação.

§ 2º. A descrição dos bens vinculados à garantia poderá ser feita em documento à parte, em duas vias, assinadas pelo emitente e autenticadas pelo credor, fazendo-se, na cédula, menção a essa circunstância, logo após a indicação do grau do penhor e de seu valor global.

Art. 15. Podem ser objeto, do penhor cedular, nas condições deste Decreto-Lei, os bens suscetíveis de penhor rural e de penhor mercantil.

Art. 16. (Revogado).

- *Art. 16 revogado pelo Decreto-Lei nº 784, de 25.8.1969.*

Art. 17. Os bens apenhados continuam na posse imediata do emitente ou do terceiro prestante da garantia real, que responde por sua guarda e conservação como fiel depositário, seja pessoa física ou jurídica. Cuidando-se do penhor constituído por terceiro, o emitente da cédula responderá solidariamente com o empenhador pela guarda e conservação dos bens apenhados.

Art. 18. Antes da liquidação da cédula, não poderão os bens apenhados ser removidos das propriedades nela mencionadas, sob qualquer pretexto e para onde quer que seja, sem prévio consentimento escrito do credor.

Art. 19. Aplicam-se ao penhor constituído pela cédula rural pignoratícia as disposições dos Decretos-leis ns. 1.271, de 16 de maio de 1939, 1.625, de 23 de setembro de 1939, e 4.312, de 20 de maio de 1942 e das leis ns. 492, de 30 de agosto de 1937, 2.666, de 6 de dezembro de 1955 e 2.931, de 27 de outubro de 1956, bem como os preceitos legais vigentes relativos a penhor rural e mercantil no que não colidirem com o presente Decreto-Lei.

MANUAL PRÁTICO DOS TÍTULOS DE CRÉDITO

LEGISLAÇÃO COMERCIAL COMPLEMENTAR

EDIPRO

Seção III – Da Cédula Rural Hipotecária

Art. 20. A cédula rural hipotecária conterá os seguintes requisitos, lançados no contexto:

I – Denominação "Cédula Rural Hipotecária".

II – Data e condições de pagamento; havendo prestações periódicas ou prorrogações de vencimento, acrescentar: "nos termos da cláusula Forma de Pagamento abaixo" ou "nos termos da cláusula Ajuste de Prorrogação abaixo".

III – Nome do credor e a cláusula à ordem.

IV – Valor do crédito deferido, lançado em algarismos e por extenso, com indicação da finalidade ruralista a que se destina o financiamento concedido e a forma de sua utilização.

V – Descrição do imóvel hipotecado com indicação do nome, se houver, dimensões, confrontações, benfeitorias, título e data de aquisição e anotações (número, livro e folha) do registro imobiliário.

VI – Taxa dos juros a pagar e a da comissão de fiscalização, se houver, e tempo de seu pagamento.

VII – Praça do pagamento.

VIII – Data e lugar da emissão.

IX – Assinatura do próprio punho do emitente ou de representante com poderes especiais.

§ 1º. Aplicam-se a este artigo as disposições dos §§ 1º e 2º do art. 14 deste Decreto-Lei.

§ 2º. Se a descrição do imóvel hipotecado se processar em documento à parte, deverão constar também da cédula todas as indicações mencionadas no item V deste artigo, exceto confrontações e benfeitorias.

§ 3º. A especificação dos imóveis hipotecados, pela descrição pormenorizada, poderá ser substituída pela anexação à cédula de seus respectivos títulos de propriedade.

§ 4º. Nos casos do parágrafo anterior, deverão constar da cédula, além das indicações referidas no § 2º deste artigo, menção expressa à anexação dos títulos de propriedade e a declaração de que eles farão parte integrante da cédula até sua final liquidação.

Art. 21. São abrangidos pela hipoteca constituída as construções, respectivos terrenos, maquinismos, instalações e benfeitorias.

Parágrafo único. Pratica crime de estelionato e fica sujeito às penas do art. 171 do Código Penal aquele que fizer declarações falsas ou inexatas acerca da área dos imóveis hipotecados, de suas características, instalações e acessórios, da pacificidade de sua posse, ou omitir, na cédula, a declaração de já estarem eles sujeitos a outros ônus ou responsabilidade de qualquer espécie, inclusive fiscais.

Art. 22. Incorporam-se na hipoteca constituída as máquinas, aparelhos, instalações e construções, adquiridos ou executados com o crédito, assim como quaisquer outras benfeitorias acrescidas aos imóveis na vigência da cédula, as quais, uma vez realizadas, não poderão ser retiradas, alteradas ou destruídas, sem o consentimento do credor, por escrito.

Parágrafo único. Faculta-se ao credor exigir que o emitente faça averbar, à margem da inscrição principal, a constituição de direito real sobre os bens e benfeitorias referidos neste artigo.

Art. 23. Podem ser objeto de hipoteca cedular imóveis rurais e urbanos.

Art. 24. Aplicam-se à hipoteca cedular os princípios da legislação ordinária sobre hipoteca no que não colidirem com o presente Decreto-Lei.

Seção IV – Da Cédula Rural Pignoratícia e Hipotecária

Art. 25. A cédula rural pignoratícia e hipotecária conterá os seguintes requisitos, lançados no contexto:

I – Denominação "Cédula Rural Pignoratícia e Hipotecária".

II – Data e condições de pagamento havendo prestações periódicas ou prorrogações de vencimento, acrescentar: "nos termos da cláusula Forma de Pagamento abaixo" ou "nos termos da cláusula Ajuste de Prorrogação abaixo".

III – Nome do credor e a cláusula à ordem.

IV – Valor do crédito deferido, lançado em algarismos e por extenso, com indicação da finalidade ruralista a que se destina o financiamento concedido e a forma de sua utilização.

V – Descrição dos bens vinculados em penhor, os quais se indicarão pela espécie, qualidade, quantidade, marca ou período de produção se for o caso, além do local ou depósito dos mesmos bens.

VI – Descrição do imóvel hipotecado com indicação do nome, se houver, dimensões, confrontações, benfeitorias, título e data de aquisição e anotações (número, livro e folha) do registro imobiliário.

VII – Taxa dos juros a pagar e da comissão de fiscalização, se houver, e tempo de seu pagamento.

VIII – Praça do pagamento.

IX – Data e lugar da emissão.

X – Assinatura do próprio punho do emitente ou de representante com poderes especiais.

Art. 26. Aplica-se à hipoteca e ao penhor constituídos pela cédula rural pignoratícia e hipotecária o disposto nas Seções II e III do Capítulo II deste Decreto-Lei.

Seção V - Da Nota de Crédito Rural

Art. 27. A nota de crédito rural conterá os seguintes requisitos, lançados no contexto:

I – Denominação Nota de Crédito Rural".

II – Data e condições de pagamento; havendo prestações periódicas ou prorrogações de vencimento, acrescentar: "nos termos da cláusula Forma de Pagamento abaixo" ou "nos termos da cláusula Ajuste de Prorrogação abaixo".

III – Nome do credor e a cláusula à ordem.

IV – Valor do crédito deferido, lançado em algarismos e por extenso, com indicação da finalidade ruralista a que se destina o financiamento concedido e a forma de sua utilização.

V – Taxa dos juros a pagar e da comissão de fiscalização se houver, e tempo de seu pagamento.

VI – Praça do pagamento.

VII – Data e lugar da emissão.

VIII – Assinatura do próprio punho do emitente ou de representante com poderes especia s.

Art. 28. O crédito pela nota de crédito rural tem privilégio especial sobre os bens discriminados no art. 1.563 do Código Civil.

Art. 29. (Revogado).

• *Art. 29 revogado pelo Decreto-Lei nº 784, de 25.8.1969.*

Capítulo III
Seção I – Da Inscrição e Averbação da Cédula de Crédito Rural

Art. 30. As cédulas de crédito rural, para terem eficácia contra terceiros, inscrevem-se no Cartório do Registro de Imóveis:

a) a cédula rural pignoratícia, no da circunscrição em que esteja situado o imóvel de localização dos bens apenhados;

b) a cédula rural hipotecária, no da circunscrição em que esteja situado o imóvel hipotecado;

c) a cédula rural pignoratícia e hipotecária, no da circunscrição em que esteja situado o imóvel de localização dos bens apenhados e no da circunscrição em que esteja situado o imóvel hipotecado;

d) a nota de crédito rural, no da circunscrição em que esteja situado o imóvel a cuja exploração se destina o financiamento cedular.

Parágrafo único. Sendo nota de crédito rural emitida por cooperativa, a inscrição far-se-á no Cartório do Registro de Imóveis de domicílio da emitente.

Art. 31. A Inscrição far-se-á na ordem de apresentação da cédula a registro em livro próprio denominado "Registro de Cédulas de Crédito Rural", observado o disposto nos arts. 183, 188, 190 e 202 do Decreto nº 4.857, de 9 de novembro de 1939.

§ 1º. Os livros destinados ao registro das cédulas de crédito rural serão numerados em série crescente a começar de 1, e cada livro conterá termo de abertura e termo de encerramento assinados pelo Juiz de Direito da Comarca, que rubricará todas as folhas.

§ 2º. As formalidades a que se refere o parágrafo anterior precederão à utilização do livro.

§ 3º. Em cada Cartório, haverá, em uso, apenas um livro "Registro de Cédulas de Crédito Rural" utilizando-se o de número subsequente depois de findo o anterior.

Art. 32. A inscrição consistirá na anotação dos seguintes requisitos celulares:

a) Data do pagamento havendo prestações periódicas ou ajuste de prorrogação, consignar, conforme o caso, a data de cada uma delas ou as condições a que está sujeita sua efetivação.

b) O nome do emitente, do financiador e do endossatário, se houver.

c) Valor do crédito deferido e o de cada um dos pagamentos parcelados, se for o caso.

d) Praça do pagamento.

e) Data e lugar da emissão.

§ 1º. Para a inscrição, o apresentante de título oferecerá, com o original da cédula, cópia tirada em impresso idêntico ao da cédula com a declaração impressa "Via não negociável", em linhas paralelas transversais.

§ 2º. O Cartório conferirá a exatidão da cópia, autenticando-a.

§ 3º. Cada grupo de duzentas (200) cópias será encadernado na ordem cronológica de seu arquivamento, em livro que o Cartório apresentará, no prazo de quinze dias da completação do grupo, ao Juiz de Direito da Comarca, para abri-lo e encerrá-lo, rubricando as respectivas folhas numeradas em série crescente a começar de 1 (um).

§ 4º. Nos casos do § 3º do art. 20 deste Decreto-Lei, à via da cédula destinada ao Cartório será anexada cópia dos títulos de domínio, salvo se os imóveis hipotecados se acharem registrados no mesmo Cartório.

Art. 33. Ao efetuar a inscrição ou qualquer averbação, o Oficial do Registro Imobiliário mencionará, no respectivo ato, a existência de qualquer documento anexo à cédula e nele aporá sua rubrica, independentemente de outra qualquer formalidade.

MANUAL PRÁTICO DOS TÍTULOS DE CRÉDITO   **195**

LEGISLAÇÃO COMERCIAL COMPLEMENTAR   *EDIPRO*

Art. 34. O Cartório anotará a inscrição, com indicação do número de ordem, livro e folhas, bem como o valor dos emolumentos cobrados, no verso da cédula, além de mencionar, se for o caso, os anexos apresentados.

Parágrafo único. Pela inscrição da cédula, o oficial cobrará do interessado os seguintes emolumentos, dos quais 80% (oitenta por cento) caberão ao Oficial do Registro Imobiliário e 20% (vinte por cento) ao Juiz de Direito da Comarca, parcela que será recolhida ao Banco do Brasil S.A. e levantada quando das correições a que se refere o art. 40:

a) até Cr$ 200.000 – 0,1%

b) de Cr$ 200.001 a Cr$ 500.000 – 0,2%

c) de Cr$ 500.001 a Cr$ 1.000.000 – 0,3%

d) de Cr$ 1.000.001 a Cr$ 1.500.000 – 0,4%

e) acima de Cr$ 1.500.000 – 0,5% máximo de 1/4 (um quarto) do salário-mínimo da região.

Art. 35. O oficial recusará efetuar a inscrição se já houver registro anterior no grau de prioridade declarado no texto da cédula, considerando-se nulo o ato que infringir este dispositivo.

Art. 36. Para os fins previstos no art. 30 deste Decreto-Lei, averbar-se-ão, à margem da inscrição da cédula, os endossos posteriores, à inscrição, as menções adicionais, aditivos, avisos de prorrogação e qualquer ato, que promova alteração na garantia ou nas condições pactuadas.

§ 1º. Dispensa-se a averbação dos pagamentos parciais e do endosso das instituições financiadoras em operações de redesconto ou caução.

§ 2º. Os emolumentos devidos pelos atos referidos neste artigo serão calculados na base de 10% (dez por cento) sobre os valores da tabela constante do parágrafo único do art. 34 deste Decreto-Lei, cabendo ao oficial e ao Juiz de Direito da Comarca as mesmas percentagens estabelecidas naquele dispositivo.

Art. 37. Os emolumentos devidos pela inscrição da cédula ou pela averbação de atos posteriores poderão ser pagos pelo credor, a débito da conta a que se refere o art. 4º deste Decreto-Lei.

Art. 38. As inscrições das cédulas e as averbações posteriores serão efetuadas no prazo de 3 (três) dias úteis a contar da apresentação do título, sob pena de responsabilidade funcional do oficial encarregado de promover os atos necessários.

§ 1º. A transgressão do disposto neste artigo poderá ser comunicada ao Juiz de Direito da Comarca pelos interessados ou por qualquer pessoa que tenha conhecimento do fato.

§ 2º. Recebida a comunicação, o Juiz instaurará imediatamente inquérito administrativo.

§ 3º. Apurada a irregularidade, o oficial pagará multa de valor correspondente aos emolumentos que seriam cobrados, por dia de atraso, aplicada pelo Juiz de Direito da Comarca, devendo a respectiva importância ser recolhida, dentro de 15 (quinze) dias, ao estabelecimento bancário que a transferirá ao Banco Central da República do Brasil, para crédito do Fundo Geral para Agricultura e Indústria – "FUNAGRI", criado pelo Decreto nº 56.835, de 3 de setembro de 1965.

Seção II – Do Cancelamento da Inscrição da Cédula de Crédito Rural

Art. 39. Cancela-se a inscrição mediante averbação, no livro próprio, da ordem judicial competente ou prova da quitação da cédula, lançada no próprio título ou passada em documento em separado com força probante.

§ 1º. Da averbação do cancelamento da inscrição constarão as características do instrumento de quitação, ou a declaração, sendo o caso, de que a quitação foi passada na própria cédula, indicando-se, em qualquer hipótese, o nome do quitante e a data da quitação; a ordem judicial de cancelamento será também referida na averbação, pela indicação da data do mandado, Juízo de que procede, nome do Juiz que o subscreve e demais características ocorrentes.

§ 2º. Arquivar-se-á no Cartório a ordem judicial de cancelamento da inscrição ou uma das vias do documento particular de quitação da cédula, procedendo-se como se dispõe no § 3º do art. 32 deste Decreto-Lei.

§ 3º. Aplicam-se ao cancelamento da inscrição as disposições do § 2º, art. 36, e as do art. 38 e seus parágrafos.

Seção III – Da Correição dos Livros de Inscrição da Cédula de Crédito Rural

Art. 40. O Juiz de Direito da Comarca procederá à correição no livro "Registro de Cédulas de Crédito Rural", uma vez por semestre, no mínimo.

Capítulo IV – Da Ação para Cobranças de Cédula de Crédito Rural

Art. 41. Cabe ação executiva para a cobrança da cédula de crédito rural.

§ 1º. Penhorados os bens constitutivos da garantia real, assistirá ao credor o direito de promover, a qualquer tempo, contestada ou não a ação, a venda daqueles bens, observado o disposto nos arts. 704 e 705 do Código de Processo Civil, podendo ainda levantar desde logo, mediante caução idônea, o produto líquido da venda, à conta e no limite de seu crédito, prosseguindo-se na ação.

§ 2º. Decidida a ação por sentença passada em julgado, o credor restituirá a quantia ou o excesso levantado, conforme seja a ação julgada improcedente total ou parcialmente, sem prejuízo doutras cominações da lei processual.

196 SAULO SENA MAYRIQUES

EDIPRO LEGISLAÇÃO COMERCIAL COMPLEMENTAR

§ 3º. Da caução a que se refere o parágrafo primeiro dispensam-se as cooperativas rurais e as instituições financeiras públicas (art. 22 da Lei nº 4.595, de 31 de dezembro de 1964), inclusive o Banco do Brasil S.A.

Capítulo V – Da Nota Promissória Rural

Art. 42. Nas vendas a prazo de bens de natureza agrícola, extrativa ou pastoril, quando efetuadas diretamente por produtores rurais ou por suas cooperativas; nos recebimentos, pelas cooperativas, de produtos da mesma natureza entregues pelos seus cooperados, e nas entregas de bens de produção ou de consumo, feitas pelas cooperativas aos seus associados poderá ser utilizada, como título de crédito, a nota promissória rural, nos termos deste Decreto-Lei.

Parágrafo único. A nota promissória rural emitida pelas cooperativas a favor de seus cooperados, ao receberem produtos entregues por estes, constitui promessa de pagamento representativa de adiantamento por conta do preço dos produtos recebidos para venda.

Art. 43. A nota promissória rural conterá os seguintes requisitos, lançados no contexto:

I – Denominação "Nota Promissória Rural".

II – Data do pagamento.

III – Nome da pessoa ou entidade que vende ou entrega os bens e a qual deve ser paga, seguido da cláusula à ordem.

IV – Praça do pagamento.

V – Soma a pagar em dinheiro, lançada em algarismos e por extenso, que corresponderá ao preço dos produtos adquiridos ou recebidos ou no adiantamento por conta do preço dos produtos recebidos para venda.

VI – Indicação dos produtos objeto da compra e venda ou da entrega.

VII – Data e lugar da emissão.

VIII – Assinatura do próprio punho do emitente ou de representante com poderes especiais.

Art. 44. Cabe ação executiva para a cobrança da nota promissória rural.

Parágrafo único. Penhorados os bens indicados na nota promissória rural, ou, em sua vez, outros da mesma espécie, qualidade e quantidade pertencentes ao emitente, assistirá ao credor o direito de proceder nos termos do § 1º do art. 41, observada o disposto nos demais parágrafos do mesmo artigo.

Art. 45. A nota promissória rural goza de privilégio especial sobre os bens enumerados no art. 1.563 do Código Civil.

Capítulo VI – Da Duplicata Rural

Art. 46. Nas vendas a prazo de quaisquer bens de natureza agrícola, extrativa ou pastoril, quando efetuadas diretamente por produtores rurais ou por suas cooperativas, poderá ser utilizada também, como título do crédito, a duplicata rural, nos termos deste Decreto-Lei.

Art. 47. Emitida a duplicata rural pelo vendedor, este ficará obrigado a entregá-la ou a remetê-la ao comprador, que a devolverá depois de assiná-la.

Art. 48. A duplicata rural conterá os seguintes requisitos, lançados no contexto:

I – Denominação "Duplicata Rural".

II – Data do pagamento, ou a declaração de dar-se a tantos dias da data da apresentação ou de ser à vista.

III – Nome e domicílio do vendedor.

IV – Nome e domicílio do comprador.

V – Soma a pagar em dinheiro, lançada em algarismos e por extenso, que corresponderá ao preço dos produtos adquiridos.

VI – Praça do pagamento.

VII – Indicação dos produtos objeto da compra e venda.

VIII – Data e lugar da emissão.

IX – Cláusula à ordem.

X – Reconhecimento de sua exatidão e a obrigação de pagá-la, para ser firmada do próprio punho do comprador ou de representante com poderes especiais.

XI – Assinatura do próprio punho do vendedor ou de representante com poderes especiais.

Art. 49. A perda ou extravio da duplicata rural obriga o vendedor a extrair novo documento que contenha a expressão "segunda via" em linha paralelas que cruzem o título.

Art. 50. A remessa da duplicata rural poderá ser feita diretamente pelo vendedor ou por seus representantes, por intermédio de instituições financiadoras, procuradores ou correspondentes, que se incumbem de apresentá-la ao comprador na praça ou no lugar de seu domicílio, podendo os intermediários devolvê-la depois de assinada ou conservá-la em seu poder até o momento do resgate, segundo as instruções de quem lhe cometeu o encargo.

Art. 51. Quando não for à vista, o comprador deverá devolver a duplicata rural ao apresentante dentro do prazo de 10 (dez) dias contados da data da apresentação, devidamente assinada ou acompanhada de declaração por escrito, contendo as razões da falta de aceite.

MANUAL PRÁTICO DOS TÍTULOS DE CRÉDITO

LEGISLAÇÃO COMERCIAL COMPLEMENTAR

197

EDIPRO

Parágrafo único. Na hipótese de não devolução do título dentro do prazo a que se refere este artigo, assiste ao vendedor o direito de protestá-lo por falta de aceite.

Art. 52. Cabe ação executiva para cobrança da duplicata rural.

Art. 53. A duplicata rural goza de privilégio especial sobre os bens enumerados no art. 1.563 do Código Civil.

Art. 54. Incorrerá na pena de reclusão por um a quatro anos, além da multa de 10% (dez por cento) sobre o respectivo montante, o que expedir duplicata rural que não corresponda a uma venda efetiva de quaisquer dos bens a que se refere o art. 46, entregues real ou simbolicamente.

Capítulo VII – Disposições Especiais

Seção I – Das Garantias da Cédula de Crédito Rural

Art. 55. Podem ser objeto de penhor cedular os gêneros oriundos da produção agrícola, extrativa ou pastoril, ainda que destinados a beneficiamento ou transformação.

Art. 56. Podem ainda ser objeto de penhor cedular os seguintes bens e respectivos acessórios, quando destinados aos serviços das atividades rurais:

I – caminhões, camionetas de carga, furgões, jipes e quaisquer veículos automotores ou de tração mecânica.

II – carretas, carroças, carros, carroções e quaisquer veículos não automotores;

III – canoas, barcas, balsas e embarcações fluviais, com ou sem motores;

IV – máquinas e utensílios destinados ao preparo de rações ou ao beneficiamento, armazenagem, industrialização, frigorificação, conservação, acondicionamento e transporte de produtos e subprodutos agropecuários ou extrativos, ou utilizados nas atividades rurais, bem como bombas, motores, canos e demais pertences de irrigação;

V – incubadoras, chocadeiras, criadeiras, pinteiros e galinheiros desmontáveis ou móveis, gaiolas, bebedouros, campânulas e quaisquer máquinas e utensílios usados nas explorações avícolas e agropastoris.

Parágrafo único. O penhor será anotado nos assentamentos próprios da repartição competente para expedição de licença dos veículos, quando for o caso.

Art. 57. Os bens apenhados poderão ser objeto de novo penhor cedular e o simples registro da respectiva cédula equivalerá à averbação, na anterior, do penhor constituído em grau subsequente.

Art. 58. Em caso de mais de um financiamento, sendo os mesmos o emitente da cédula, o credor e os bens apenhados, poderá estender-se aos financiamentos subsequentes o penhor originariamente constituído, mediante menção da extensão nas cédulas posteriores, reputando-se um só penhor com cédulas rurais distintas.

§ 1º. A extensão será apenas averbada à margem da inscrição anterior e não impede que sejam vinculados outros bens à garantia.

§ 2º. Havendo vinculação de novos bens, além da averbação, estará a cédula também sujeita a inscrição no Cartório do Registro de Imóveis.

§ 3º. Não será possível a extensão da garantia se tiver havido endosso ou se os bens vinculados já houverem sido objeto de nova gravação para com terceiros.

Art. 59. A venda dos bens apenhados ou hipotecados pela cédula de crédito rural depende de prévia anuência do credor, por escrito.

Art. 60. Aplicam-se à cédula de crédito rural, à nota promissória rural e à duplicata rural, no que forem cabíveis, as normas de direito cambial, inclusive quanto ao aval, dispensado porém o protesto para assegurar o direito de regresso contra endossantes e seus avalistas.

§ 1º. O endossatário ou o portador de Nota Promissória Rural ou Duplicata Rural não tem direito de regresso contra o primeiro endossante e seus avalistas.

• *§ 1º acrescido pela Lei nº 6.754, de 17.12.1979.*

§ 2º. É nulo o aval dado em Nota Promissória Rural ou Duplicata Rural, salvo quando dado pelas pessoas físicas participantes da empresa emitente ou por outras pessoas jurídicas.

• *§ 2º acrescido pela Lei nº 6.754, de 17.12.1979.*

§ 3º. Também são nulas quaisquer outras garantias, reais ou pessoais, salvo quando prestadas pelas pessoas físicas participantes da empresa emitente, por esta ou por outras pessoas jurídicas.

• *§ 3º acrescido pela Lei nº 6.754, de 17.12.1979.*

§ 4º. Às transações realizadas entre produtores rurais e entre estes e suas cooperativas não se aplicam as disposições dos parágrafos anteriores.

• *§ 4º acrescido pela Lei nº 6.754, de 17.12.1979.*

Seção II – Dos Prazos e Prorrogações da Cédula de Crédito Rural

Art. 61. O prazo do penhor agrícola não excederá de três anos, prorrogável por até mais três, e o do penhor pecuário não admite prazo superior a cinco anos, prorrogável por até mais três e embora vencidos permanece a garantia, enquanto subsistirem os bens que o constituem.

Parágrafo único. Vencidos os prazos de seis anos para o penhor agrícola e de oito anos para o penhor pecuário, devem esses penhores ser reconstituídos, mediante lavratura de aditivo, se não executados.

Art. 62. As prorrogações de vencimento de que trata o art. 13 deste Decreto-Lei serão anotadas na cédula pelo próprio credor, devendo ser averbadas à margem das respectivas inscrições, e seu processamento, quando cumpridas regularmente todas as obrigações, celulares e legais, far-se-á por simples requerimento do credor ao oficial do Registro de Imóveis competente.

Parágrafo único. Somente exigirão lavratura de aditivo as prorrogações que tiverem de ser concedidas sem o cumprimento das condições a que se subordinarem ou após o término do período estabelecido na cédula.

Capítulo VIII – Disposições Gerais

Art. 63. Dentro do prazo da cédula, o credor, se assim o entender poderá autorizar o emitente a dispor de parte ou de todos os bens da garantia, na forma e condições que convencionarem.

Art. 64. Os bens dados em garantia assegurarão o pagamento do principal, juros, comissões, pena convencional, despesas legais e convencionais com as preferências estabelecidas na legislação em vigor.

Art. 65. Se baixar no mercado o valor dos bens da garantia ou se verificar qualquer ocorrência que determine diminuição ou depreciação da garantia constituída, o emitente reforçará essa garantia dentro do prazo de quinze dias da notificação que o credor lhe fizer, por carta enviada pelo Correio, sob registro, ou pelo oficial do Registro de Títulos e Documentos da Comarca.

Parágrafo único. Nos casos de substituição de animais por morte ou inutilização, assiste ao credor o direito de exigir que os substitutos sejam da mesma espécie e categoria dos substituídos.

Art. 66. Quando o penhor for constituído por animais, o emitente da cédula fica, obrigado a manter todo o rebanho, inclusive os animais adquiridos com o financiamento, se for o caso, protegidos pelas medidas sanitárias e profiláticas recomendadas em cada caso, contra a incidência de zoonoses, moléstias infecciosas ou parasitárias de ocorrência frequente na região.

Art. 67. Nos financiamentos pecuários, poderá ser convencionado que o emitente se obriga a não vender, sem autorização por escrito do credor, durante a vigência do título, crias fêmeas ou vacas aptas à procriação, assistindo ao credor, na hipótese de não observância dessas condições, o direito de dar por vencida a cédula e exigir o total da dívida dela resultante, independentemente de aviso extrajudicial ou interpelação judicial.

Art. 68. Se os bens vinculados em penhor ou em hipoteca à cédula de crédito rural pertencerem a terceiros, estes subscreverão também o título, para que se constitua a garantia.

Art. 69. Os bens objeto de penhor ou de hipoteca constituídos pela cédula de crédito rural não serão penhorados, arrestados ou sequestrados por outras dívidas do emitente ou do terceiro empenhador ou hipotecante, cumprindo ao emitente ou ao terceiro empenhador ou hipotecante denunciar a existência da cédula às autoridades incumbidas da diligência ou a quem a determinou, sob pena de responderem pelos prejuízos resultantes de sua omissão.

Art. 70. O emitente da cédula de crédito rural, com ou sem garantia real, manterá em dia o pagamento dos tributos e encargos fiscais, previdenciários e trabalhistas de sua responsabilidade, inclusive a remuneração dos trabalhadores rurais, exibindo ao credor os respectivos comprovantes sempre que lhe forem exigidos.

Art. 71. Em caso de cobrança em processo contencioso ou não, judicial ou administrativo, o emitente da cédula de crédito rural, da nota promissória rural, ou o aceitante da duplicata rural responderá ainda pela multa de 10% (dez por cento) sobre o principal e acessórios em débito, devida a partir do primeiro despacho da autoridade competente na petição de cobrança ou de habilitação de crédito.

Art. 72. As cédulas de crédito rural, a nota promissória rural e a duplicata rural poderão ser redescontadas no Banco Central da República do Brasil, nas condições estabelecidas pelo Conselho Monetário Nacional.

Art. 73. É também da competência do Conselho Monetário Nacional a fixação das taxas de desconto da nota promissória rural e da duplicata rural, que poderão ser elevadas de 1% ao ano em caso de mora.

Art. 74. Dentro do prazo da nota promissória rural e da duplicata rural, poderão ser feitos pagamentos parciais.

Parágrafo único. Ocorrida a hipótese, o credor declarará, no verso do título, sobre sua assinatura, a importância recebida e a data do recebimento, tornando-se exigível apenas, o saldo.

Art. 75. Na hipótese de nomeação, por qualquer circunstância, de depositário para os bens apenhados, instituído judicial ou convencionalmente, entrará ele também na posse imediata das máquinas e de todas as instalações e pertences acaso necessários à transformação dos referidos bens nos produtos a que se tiver obrigado o emitente na respectiva cédula.

Art. 76. Serão segurados, até final resgate da cédula, os bens nela descritos e caracterizados, observada a vigente legislação de seguros obrigatórios.

Art. 77. As cédulas de crédito rural, a nota promissória rural e a duplicata rural obedecerão aos modelos anexos de números 1 a 6.

Parágrafo único. Sem caráter de requisito essencial, as cédulas de crédito rural poderão conter disposições que resultem das peculiaridades do financiamento rural.

Art. 78. A exigência constante do art. 22 da Lei nº 4.947, de 6 de abril de 1966, não se aplica às operações de crédito rural proposta por produtores rurais e suas cooperativas, de conformidade com o disposto no art. 37 da Lei nº 4.829, de 5 de novembro de 1965.

MANUAL PRÁTICO DOS TÍTULOS DE CRÉDITO

LEGISLAÇÃO COMERCIAL COMPLEMENTAR

Parágrafo único. A comunicação do Instituto Brasileiro de Reforma Agrária, de ajuizamento da cobrança de dívida fiscal ou de multa impedirá a concessão de crédito rural ao devedor, a partir da data do recebimento da comunicação, pela instituição financiadora, salvo se, for depositado em juízo o valor do débito em litígio.

Capítulo IX – Disposições Transitórias

Art. 79. Este Decreto-Lei entrará em vigor noventa (90) dias depois de publicado, revogando-se a Lei nº 3.253, de 27 de agosto de 1957, e as disposições em contrário.

Art. 80. As folhas em branco dos livros de registro das "Cédulas de Crédito Rural" sob o império da Lei nº 3.253, de 27 de agosto de 1957, serão inutilizadas, na data da vigência do presente Decreto-Lei, pelo Chefe da Repartição arrecadadora federal a que pertencem, e devidamente guardados os livros.

Brasília, 14 de fevereiro de 1967; 146º da Independência e 79º da República.

H. Castelo Branco

DOU de 15.2.1967

DECRETO-LEI Nº 413, DE 9 DE JANEIRO DE 1969

Dispõe sobre títulos de crédito industrial e dá outras providências.

O Presidente da República, no uso das atribuições que lhe confere o § 1º do Art. 2º do Ato Institucional nº 5, de 13 de dezembro de 1968,

Decreta:

Capítulo I – Do Financiamento Industrial

Art. 1º. O financiamento concedido por instituições financeiras a pessoa física ou jurídica que se dedique à atividade industrial poderá efetuar-se por meio da cédula de crédito industrial prevista neste Decreto-Lei.

Art. 2º. O emitente da cédula fica obrigado a aplicar o financiamento nos fins ajustados, devendo comprovar essa aplicação no prazo e na forma exigidos pela instituição financiadora.

Art. 3º. A aplicação do financiamento ajustar-se-á em orçamento, assinado, em duas vias, pelo emitente e pelo credor, dele devendo constar expressamente qualquer alteração que convencionarem.

Parágrafo único. Far-se-á, na cédula, menção do orçamento que a ela ficará vinculado.

Art. 4º. O financiador abrirá, com o valor do financiamento conta vinculada à operação, que o financiado movimentará por meio de cheques, saques, recibos, ordens, cartas ou quaisquer outros documentos, na forma e no tempo previstos na cédula ou no orçamento.

Art. 5º. As importâncias fornecidas pelo financiador vencerão juros e poderão sofrer correção monetária às taxas e aos índices que o Conselho Monetário Nacional fixar, calculados sobre os saldos devedores da conta vinculada à operação, e serão exigíveis em 30 de junho, 31 de dezembro, no vencimento, na liquidação da cédula ou, também, em outras datas convencionadas no título, ou admitidas pelo referido Conselho.

Parágrafo único. Em caso de mora, a taxa de juros constante da cédula será elevável de 1% (um por cento) ao ano.

Art. 6º. O devedor facultará ao credor a mais ampla fiscalização do emprego da quantia financiada, exibindo, inclusive os elementos que lhe forem exigidos.

Art. 7º. O financiador poderá, sempre que julgar conveniente e por pessoas de sua indicação, não só percorrer todas e quaisquer dependências dos estabelecimentos industriais referidos no título, como verificar o andamento dos serviços neles existentes.

Art. 8º. Para ocorrer às despesas sem a fiscalização, poderá ser ajustada, na cédula, comissão fixada e exigível na forma do art. 5º deste Decreto-Lei, calculada sobre os saldos devedores da conta vinculada à operação, respondendo ainda o financiado pelo pagamento de quaisquer despesas que se verificarem com vistorias frustradas, ou que forem efetuadas em consequência de procedimento seu que possa prejudicar as condições legais e celulares.

Capítulo II – Da Cédula de Crédito Industrial

Art. 9º. A cédula de crédito industrial é promessa de pagamento em dinheiro, com garantia real, cedularmente constituída.

Art. 10. A cédula de crédito industrial é título líquido e certo, exigível pela soma dela constante ou do endosso, além dos juros, da comissão de fiscalização, se houver, e demais despesas que o credor fizer para segurança, regularidade e realização de seu direito creditório.

§ 1º. Se o emitente houver deixado de levantar qualquer parcela do crédito deferido, ou t ver feito pagamentos parciais, o credor descontá-los-á da soma declarada na cédula, tornando-se exigível apenas o sa do.

§ 2º. Não constando do endosso o valor pelo qual se transfere a cédula, prevalecerá o da soma declarada no título, acrescido dos acessórios, na forma deste artigo, deduzido o valor das quitações parciais passadas no próprio título.

Art. 11. Importa em vencimento antecipado da dívida resultante da cédula, independentemente de aviso ou de interpelação judicial, a inadimplência de qualquer obrigação do eminente do título ou, sendo o caso, do terceiro prestante da garantia real.

§ 1º. Verificado o inadimplemento, poderá, ainda, o financiador considerar vencidos antecipadamente todos os financiamentos concedidos ao emitente e dos quais seja credor.

§ 2º. A inadimplência, além de acarretar o vencimento antecipado da dívida resultante da cédula e permitir igual procedimento em relação a todos os financiamentos concedidos pelo financiador ao emitente e dos quais seja credor, facultará ao financiador a capitalização dos juros e da comissão de fiscalização, ainda que se trate de crédito fixo.

Art. 12. A cédula de crédito industrial poderá ser aditada, ratificada e retificada, por meio de menções adicionais e de aditivos, datados e assinados pelo emitente e pelo credor, lavrados em folha à parte do mesmo formato e que passarão a fazer parte integrante do documento cedular.

Art. 13. A cédula de crédito industrial admite amortizações periódicas que serão ajustadas mediante a inclusão de cláusula, na forma prevista neste Decreto-Lei.

Art. 14. A cédula de crédito industrial conterá os seguintes requisitos, lançados no contexto:

I – Denominação "Cédula de Crédito Industrial".

II – Data do pagamento, se a cédula for emitida para pagamento parcelado, acrescentar-se-á cláusula discriminando do valor e data de pagamento das prestações.

III – Nome do credor e cláusula à ordem.

IV – Valor do crédito deferido, lançado em algarismos por extenso, e a forma de sua utilização.

V – Descrição dos bens objeto do penhor, ou da alienação fiduciária, que se indicarão pela espécie, qualidade, quantidade e marca, se houver, além do local ou do depósito de sua situação, indicando-se, no caso de hipoteca, situação, dimensões, confrontações, benfeitorias, título e data de aquisição do imóvel e anotações (número, livro e folha) do registro imobiliário.

VI – Taxa de juros a pagar e comissão de fiscalização, se houver, e épocas em que serão exigíveis, podendo ser capitalizadas.

VII – Obrigatoriedade de seguro dos bens objeto da garantia.

VIII – Praça do pagamento.

IX – Data e lugar da emissão.

X – Assinatura do próprio punho do emitente ou de representante com poderes especiais.

§ 1º. A cláusula discriminando os pagamentos parcelados, quando cabível, será incluída logo após a descrição das garantias.

§ 2º. A descrição dos bens vinculados poderá ser feita em documento à parte, em duas vias, assinado pelo emitente e pelo credor, fazendo-se, na cédula, menção a essa circunstância, logo após a indicação do grau do penhor ou da hipoteca, da alienação fiduciária e de seu valor global.

§ 3º. Da descrição a que se refere o inciso V deste artigo, dispensa-se qualquer alusão à data, forma e condições de aquisição dos bens empenhados. Dispensar-se-ão, também, para a caracterização do local ou do depósito dos bens empenhados ou alienados fiduciàriamente, quaisquer referências a dimensões, confrontações, benfeitorias e a títulos de posse ou de domínio.

§ 4º. Se a descrição do imóvel hipotecado se processar em documento à parte, deverão constar também da cédula todas as indicações mencionadas no item V deste artigo, exceto confrontações e benfeitorias.

§ 5º. A especificação dos imóveis hipotecados, pela descrição pormenorizada, poderá ser substituída pela anexação à cédula de seus respectivos títulos de propriedade.

§ 6º. Nos casos do parágrafo anterior, deverão constar da cédula, além das indicações referidas no § 4º deste artigo, menção expressa à anexação dos títulos de propriedade e a declaração de ou eles farão parte integrante da cédula até sua final liquidação.

Capítulo III – Da Nota de Crédito Industrial

Art. 15. A nota de crédito industrial é promessa de pagamento em dinheiro, sem garantia real.

Art. 16. A nota de crédito industrial conterá os seguintes requisitos, lançados no contexto:

I – Denominação "Nota de Crédito Industrial".

II – Data do pagamento se a nota for emitida para pagamento parcelado, acrescentar-se-á cláusula discriminando valor e data de pagamento das prestações.

III – Nome do credor e cláusula à ordem.

IV – Valor do crédito deferido, lançado em algarismos e por extenso, e a forma de sua utilização.

MANUAL PRÁTICO DOS TÍTULOS DE CRÉDITO

LEGISLAÇÃO COMERCIAL COMPLEMENTAR

EDIPRO

V – Taxa de juros a pagar e comissão de fiscalização, se houver, e épocas em que serão exigíveis, podendo ser capitalizadas.

VI – Praça de pagamento.

VII – Data e lugar da emissão.

VIII – Assinatura do próprio punho do emitente ou de representante com poderes especiais.

Art. 17. O crédito pela nota de crédito industrial tem privilégio especial sobre os bens discriminados no art. 1.563 do Código Civil.

Art. 18. Exceto no que se refere a garantias e a inscrição, aplicam-se à nota do crédito industrial as disposições deste decreto-lei sobre cédula de crédito industrial.

Capítulo IV – Das Garantias da Cédula de Crédito Industrial

Art. 19. A cédula de crédito industrial pode ser garantida por:

I – Penhor cedular.

II – Alienação fiduciária.

III – Hipoteca cedular.

Art. 20. Podem ser objeto de penhor cedular nas condições deste Decreto-Lei:

I – Máquinas e aparelhos utilizados na indústria, com ou sem os respectivos pertences;

II – Matérias-primas, produtos industrializados e materiais empregados no processo produtivo, inclusive embalagens;

III – Animais destinados à industrialização de carnes, pescados, seus produtos e subprodutos, assim como os materiais empregados no processo produtivo, inclusive embalagens;

IV – Sal que ainda esteja na salina, bem assim as instalações, máquinas, instrumentos utensílios, animais de trabalho, veículos terrestres e embarcações, quando servirem à exploração salineira;

V – Veículos automotores e equipamentos para execução de terraplanagem, pavimentação, extração de minério e construção civil bem como quaisquer viaturas de tração mecânica, usadas nos transportes de passageiros e cargas e, ainda, nos serviços dos estabelecimentos industriais;

VI – Dragas e implementos destinados à limpeza e à desobstrução de rios, portos e canais, ou à construção dos dois últimos, ou utilizados nos serviços dos estabelecimentos industriais;

VII – Toda construção utilizada como meio de transporte por água, e destinada à indústria da revelação ou da pesca, quaisquer que sejam as suas características e lugar de tráfego;

VIII – Todo aparelho manobrável em vôo apto a se sustentar a circular no espaço aéreo mediante reações aerodinâmicas, e capaz de transportar pessoas ou coisas;

IX – Letra de câmbio, promissórias, duplicatas, conhecimentos de embarques, ou conhecimentos de depósitos, unidos aos respectivos " warrants ".

X – Outros bens que o Conselho Monetário Nacional venha a admitir como lastro dos financiamentos industriais.

Art. 21. Podem-se incluir na garantia os bens adquiridos ou pagos com o financiamento, feita a respectiva averbação nos termos deste Decreto-Lei.

Art. 22. Antes da liquidação da cédula, não poderão os bens empenhados ser removidos das propriedades nela mencionadas, sob qualquer pretexto e para onde quer que seja, sem prévio consentimento escrito do credor.

Parágrafo único. O disposto neste artigo não se aplica aos veículos referidos nos itens IV, V, VI, VII e VIII do art. 20 deste Decreto-Lei, que poderão ser retirados temporariamente de seu local e situação, se assim o exigir a atividade financiada.

Art. 23. Aplicam-se ao penhor cedular os preceitos legais vigentes sobre penhor, no que não colidirem com o presente Decreto-Lei.

Art. 24. São abrangidos pela hipoteca constituída as construções, respectivos terrenos, instalações e benfeitorias.

Art. 25. Incorporam-se na hipoteca constituída as instalações e construções, adquiridas ou executadas com o crédito, assim como quaisquer outras benfeitorias acrescidas aos imóveis na vigência da cédula, as quais, uma vez realizadas, não poderão ser retiradas ou destruídas sem o consentimento do credor, por escrito.

Parágrafo único. Faculta-se ao credor exigir que o emitente faça averbar, à margem da inscrição principal, a constituição de direto real sobre os bens e benfeitorias referidos neste artigo.

Art. 26. Aplicam-se à hipoteca cedular os princípios da legislação ordinária sobre hipoteca, no que não colidirem com o presente Decreto-Lei.

Art. 27. Quando da garantia da cédula de crédito industrial fizer parte a alienação fiduciária, observar-se-ão as disposições constantes da Seção XIV da Lei nº 4.728, de 14 de julho de 1965, no que não colidirem com este Decreto-Lei.

Art. 28. Os bens vinculados à cédula de crédito industrial continuam na posse imediata do emitente, ou do terceiro prestante da garantia real, que responderá por sua guarda e conservação como fiel depositário, seja pessoa física ou jurídica. Cuidando-se de garantia constituída por terceiro, este e o emitente da cédula responderão solidariamente pela guarda e conservação dos bens gravados.

Parágrafo único. O disposto neste artigo não se aplica aos papéis mencionados no item IX, art. 20, deste Decreto-Lei, inclusive em consequência do endosso.

Capítulo V

Seção I – Da Inscrição e Averbação da Cédula do Crédito Industrial

Art. 29. A cédula de crédito industrial somente vale contra terceiros desde a data da inscrição. Antes da inscrição, a cédula obriga apenas seus signatários.

Art. 30. De acordo com a natureza da garantia constituída, a cédula de crédito industrial inscreve-se no Cartório de Registro de Imóveis da circunscrição do local de situação dos bens objeto do penhor cedular, da alienação fiduciária, ou em que esteja localizado o imóvel hipotecado.

Art. 31. A inscrição fa-se-á na ordem de apresentação da cédula, em livro próprio denominado "Registro de Cédula de Crédito Industrial", observado o disposto nos arts. 183, 188, 190 e 202, do Decreto nº 4.857, de 9 de novembro de 1939.

§ 1º. Os livros destinados à inscrição da cédula de crédito industrial serão numerados em série crescente a começar de 1 (um) e cada livro conterá termos de abertura e de encerramento, assinados pelo Juiz de Direito da Comarca, que rubricará todas as folhas.

§ 2º. As formalidades a que se refere o parágrafo anterior precederão a utilização do livro.

§ 3º. Em cada Cartório haverá, em uso, apenas um livro "Registro de Cédula de Crédito Industrial", utilizando-se o de número subsequente depois de findo o anterior.

Art. 32. A inscrição consistirá na anotação dos seguintes requisitos cedulares:

a) Data e forma do pagamento.

b) Nome do emitente, do financiador e, quando houver, do terceiro prestante da garantia real e do endossatário.

c) Valor do crédito deferido e forma de sua utilização.

d) Praça do pagamento.

e) Data e lugar da emissão.

§ 1º. Para a inscrição, o apresentante do título oferecerá, com o original da cédula, cópia em impresso idêntico, com a declaração "Via não negociável", em linhas paralelas transversais.

§ 2º. O Cartório conferirá a exatidão da cópia, autenticando-a.

§ 3º. Cada grupo de 200 (duzentas) cópias será encadernado na ordem cronológica de seu arquivamento, em livro que o Cartório apresentará no prazo de quinze dias depois de completado o grupo, ao Juiz de Direito da Comarca, para abri-lo e encerra-lo, rubricando as respectivas folhas numeradas em série crescente a começar de 1 (um).

§ 4º. Nos casos do § 5º do art. 14 deste Decreto-Lei, à via da cédula destinada ao Cartório será anexada cópia dos títulos de domínio, salvo se os imóveis hipotecados se acharem registrados no mesmo Cartório.

Art. 33. Ao efetuar a inscrição ou qualquer averbação, o Oficial do Registro de Imóveis mencionará, no respectivo ato, a existência de qualquer documento anexo à cédula e nele aporá sua rubrica, independentemente de qualquer formalidade.

Art. 34. O Cartório anotará a inscrição, com indicação do número de ordem, livro e folhas, bem como valor dos emolumentos cobrados no verso da cédula, além de mencionar, se for o caso, os anexos apresentados.

§ 1º. Pela inscrição da cédula, serão cobrados do interessado, em todo o território nacional, o seguintes emolumentos, calculados sobre o valer do crédito deferido:

a) até NCr$ 200,00 – 0,1%

b) de NCr$ 200,01 a NCr$ 500,00 – 0,2%

c) de NCr$ 500,01 a NCr$ 1.000,00 – 0,3%

d) de NCr$ 1.000,01 a NCr$ 1.500,00 – 0,4%

e) acima de NCr$ 1.500,00 – 0,5% – até o máximo de 1/4 (um quarto) do salário-mínimo da região.

§ 2º. Cinquenta por cento (50%) dos emolumentos referidos no parágrafo anterior caberão ao oficial do Registro de Imóveis e os restantes cinquenta por cento (50%) serão recolhidos ao Banco do Brasil S.A., a crédito do Tesouro Nacional.

Art. 35. O oficial recusará efetuar a inscrição, se já houver registro anterior no grau de prioridade declarado no texto da cédula, ou se os houverem sido objeto de alienação fiduciária considerando-se nulo o ato que infringir este dispositivo.

Art. 36. Para os fins previstos no art. 29 deste Decreto-Lei averbar-se-ão, à margem da inscrição da cédula, os endossos posteriores à inscrição, as menções adicionais, aditivos e qualquer outro ato que promova alteração na garantia ou noções pactuadas.

§ 1º. Dispensa-se a averbação dos pagamentos parcial e do endosso das instituições financiadoras em operações de redesconto ou caução.

§ 2º. Os emolumentos devidos pelos atos referidos neste artigo serão calculados na base de 10% (dez por cento) sobre os valores constante do parágrafo único do art. 34 deste Decreto-Lei, cabendo ao oficial do Registro de Imóveis e ao Juiz de Direito da Comarca as mesmas percentagens naquele dispositivo.

MANUAL PRÁTICO DOS TÍTULOS DE CRÉDITO

LEGISLAÇÃO COMERCIAL COMPLEMENTAR

EDIPRO

Art. 37. Os emolumentos devidos pela inscrição da cédula ou pela averbação de atos posteriores poderão ser pagos pelo credor, a débito da conta a que se refere o art. 4º deste Decreto-Lei.

Art. 38. As inscrições das cédulas e as averbações posteriores serão efetuadas no prazo de 3 (três) dias úteis a contar da apresentação do título sob pena de responsabilidade funcional do oficial encarregado de promover os atos necessários.

§ 1º. A transgressão do disposto neste artigo poderá ser comunicada ao Juiz de Direito da Comarca pelos interessados ou por qualquer pessoa que tenha conhecimento do fato.

§ 2º. Recebida a comunicação, o Juiz instaurará imediatamente inquérito administrativo.

§ 3º. Apurada a irregularidade, o oficial pagará multa de valor correspondente aos emolumentos que seriam cobrados, por dia de atraso, aplicada pelo Juiz de Direito da Comarca, devendo a respectiva importância ser recolhida, dentro de 15 (quinze) dias, a estabelecimento bancário que a transferirá ao Banco Central do Brasil, para crédito do Fundo Geral para Agricultura e Indústria – FUNAGRI, criado pelo Decreto nº 56.835, de 3 de setembro de 1965.

Seção II – Do Cancelamento da Inscrição da Cédula de Crédito Industrial

Art. 39. Cancela-se a inscrição mediante a averbação, no livro próprio:

I – da prova da quitação da cédula, lançada no próprio título ou passada em documento em separado com força probante;

II – da ordem judicial competente.

§ 1º. No ato da averbação do cancelamento, o serventuário mencionará o nome daquele que recebeu, a data do pagamento e, em se tratando de quitação em separado, as características desse instrumento; no caso de cancelamento por ordem judicial, esta também será mencionada na averbação, pela indicação da data do mandato, Juízo de que precede, nome do Juiz que o subscreveu e demais características correntes.

§ 2º. Arquivar-se-ão no Cartório a ordem judicial de cancelamento da inscrição ou uma das vias do documento da quitação da cédula, procedendo-se como se dispõem no § 3º do art. 32 deste Decreto-Lei.

Seção III – Da Correição dos Livros de Inscrição da Cédula de Crédito Industrial

Art. 40. O Juiz de Direito da Comarca precederá à correção do livro "Registro de Cédula de Crédito Industrial" uma vez por semestre, no mínimo.

Capítulo VI – Da Ação para Cobrança da Cédula de Crédito Industrial

Art. 41. Independentemente da inscrição de que trata o art. 30 deste Decreto-Lei, o processo judicial para cobrança da cédula de crédito industrial seguirá o procedimento seguinte:

1º) Despachada a petição, serão os réus, sem que haja preparo ou expedição de mandado, citados pela simples entrega de outra via do requerimento, para, dentro de 24 (vinte e quatro) horas, pagar a dívida;

2º) não depositado, naquele prazo, o montante do débito, proceder-se-á a penhora ou ao sequestro dos bens constitutivos da garantia ou, em se tratando de nota de crédito industrial, à daqueles enumerados no Art. 1.563 do Código Civil (art. 17 deste Decreto-Lei);

3º) no que não colidirem com este Decreto-Lei, observar-se-ão, quanto à penhora, as disposições do Capítulo III, Título III, do Livro VIII, do Código de Processo Civil;

4º) feita a penhora, terão réus, dentro de 48 (quarenta e oito) horas, prazo para impugnar o pedido;

5º) findo o termo referido no item anterior, o Juiz, impugnado ou não o pedido, procederá a uma instrução sumária, facultando às partes a produção de provas, decidindo em seguida;

6º) a decisão será proferida dentro de 30 (trinta) dias, a contar da efetivação da penhora;

7º) não terão efeito suspensivo os recursos interpostos das decisões proferidas na ação de cobrança a que se refere este artigo;

8º) o foro competente será o da praça do pagamento da cédula de crédito industrial.

Capítulo VI – Disposições Especiais

Art. 42. A concessão dos financiamentos previstos neste Decreto-Lei bem como a constituição de suas garantias, pelas instituições de crédito, públicas e privadas, independe da exibição de comprovante de cumprimento de obrigações fiscais, da previdência social, ou de declaração de bens e certidão negativa de multas.

Parágrafo único. O ajuizamento da dívida fiscal ou previdenciária impedirá a concessão do financiamento industrial, desde que sua comunicação pela repartição competente às instituições de crédito seja por estas recebida antes da emissão da cédula, exceto se as garantias oferecidas assegurarem a solvabilidade do crédito em litígio e da operação proposta pelo interessado.

Art. 43. Pratica crime de estelionato e fica sujeito às penas do art. 171 do Código Penal aquele que fizer declarações falsas ou inexatas acerca de bens oferecidos em garantia de cédula de crédito industrial, inclusive omitir declaração de já estarem eles sujeitos a outros ônus ou responsabilidade de qualquer espécie, até mesmo de natureza fiscal.

Art. 44. Quando, do penhor cedular fizer parte matéria-prima, o emitente se obriga a manter em estoque, na vigência da cédula, uma quantidade desses mesmos bens ou dos produtos resultantes de sua transformação suficiente para a cobertura do saldo devedor por ela garantido.

Art. 45. A transformação da matéria-prima oferecida em penhor cedular não extingue o vínculo real, que se transfere para os produtos e subprodutos.

Parágrafo único. O penhor dos bens resultantes da transformação, industrial poderá ser substituído pelos títulos de crédito representativos da comercialização daqueles produtos, a crédito do credor, mediante endosso pleno.

Art. 46. O penhor cedular de máquinas e aparelhos utilizado na indústria tem preferência sobre o penhor legal do locador do imóvel de sua situação.

Parágrafo único. Para a constituição da garantia cedular a que, se refere este artigo, dispensa-se o consentimento do locador.

Art. 47. Dentro do prazo estabelecido para utilização do crédito, poderá ser admitida a reutilização pelo devedor, para novas aplicações, das parcelas entregues para amortização ao débito.

Art. 48. Quando, do penhor ou da alienação fiduciária, fizerem parte veículos automotores, embarcações ou aeronaves, o gravame será anotado nos assentamentos próprios da repartição competente para expedição de licença ou registro dos veículos.

Art. 49. Os bens onerados poderão ser objeto de nova garantia cedular a simples inscrição da respectiva cédula equivalerá a averbação à margem da anterior, do vínculo constituído em grau subsequente.

Art. 50. Em caso de mais de um financiamento, sendo os mesmos o credor e emitente da cédula, o credor e os bens onerados, poderá estender-se aos financiamentos subsequentes o vínculo originariamente constituído mediante referência à extensão nas cédulas posteriores, reputando-se uma só garantia com cédulas industriais distintas.

§ 1º. A extensão será averbada à margem da inscrição anterior e não impede que sejam vinculados outros bens à garantia.

§ 2º. Havendo vinculação de novos bens, além da averbação, estará a cédula sujeita à inscrição no Cartório do Registro de Imóveis.

§ 3º. Não será possível a extensão se tiver havido endosso ou se o bens já houverem sido objeto de novo ônus em favor de terceiros.

Art. 51. A venda dos bens vinculados à cédula de crédito industrial depende de prévia anuência do credor, por escrito.

Art. 52. Aplicam-se à cédula de crédito industrial e à nota de crédito industrial, no que forem cabíveis, as normas do direito cambial, dispensado, porém, o protesto para garantir direito de regresso contra endossantes e avalistas.

Capítulo VIII – Disposições Gerais

Art. 53. Dentro do prazo da cédula, o credor, se assim o entender, poderá autorizar o emitente a dispor de parte ou de todos os bens da garantia, na forma e condições que convencionarem.

Art. 54. Os bens dados em garantia assegurarão o pagamento do principal, juros, comissões, pena convencional, despesas legais e convencionais, com as preferências estabelecidas na legislação em vigor.

Art. 55. Se baixar no mercado o valor dos bens onerados ou se se verificar qualquer ocorrência que determine sua diminuição ou depreciação, o emitente reforçará a garantia dentro do prazo de quinze dias ca notificação que o credor lhe fizer, por carta enviada pelo Correio, ou pelo Oficial do Cartório de Títulos e Documentos da Comarca.

Art. 56. Se os bens oferecidos em garantia de cédula de crédito industrial, pertencerem a terceiras, estes subscreverão também o título para que se constitua o vínculo.

Art. 57. Os bens vinculados à cédula de crédito industrial não serão penhorados ou sequestrados por outras dívidas do emitente ou de terceiro prestante da garantia real, cumprindo a qualquer deles denunciar a existência da cédula as autoridades incumbidas da diligência, ou a quem a determinou, sob pena de responderem pelos prejuízos resultantes de sua omissão.

Art. 58. Em caso de cobrança em processo contencioso ou não, judicial ou administrativo, o emitente da cédula de crédito industrial responderá ainda pela multa de 10% (dez por cento) sobre o principal e acessórios em débito, devida a partir do primeiro despacho da autoridade competente na petição de cobrança ou de habilitação do crédito.

Art. 59. No caso de execução judicial, os bens adquiridos ou pagos com o crédito concedido pela célula de crédito industrial responderão primeiramente pela satisfação do título, não podendo ser vinculados ao pagamento de dívidas privilegiadas, enquanto não for liquidada a cédula.

Art. 60. O emitente da cédula manterá em dia o pagamento dos tributos e encargos fiscais, previdenciários e trabalhistas de sua responsabilidade, inclusive a remuneração dos empregados, exibindo ao credor os respectivos comprovantes sempre que lhe forem exigidos.

Art. 61. A cédula de crédito industrial e a nota de crédito industrial poderão ser redescontadas em condições estabelecidas pelo Conselho Monetário Nacional.

MANUAL PRÁTICO DOS TÍTULOS DE CRÉDITO

LEGISLAÇÃO COMERCIAL COMPLEMENTAR

Art. 62. Da cédula de crédito industrial poderão constar outras condições da dívida ou obrigações do emitente, desde que não contrariem o disposto neste Decreto-Lei e a natureza do título.

Parágrafo único. O Conselho Monetário Nacional, observadas as condições do mercado de crédito, poderá fixar prazos de vencimento dos títulos do crédito industrial, bem como determinar inclusão de denominações que caracterizem a destinação dos bens e as condições da operação.

Art. 63. Os bens apenhados poderão, se convier ao credor, ser entregues à guarda de terceiro fiel-depositário, que se sujeitará às obrigações e às responsabilidades legais e cedulares.

§ 1º. Os direitos e as obrigações do terceiro fiel-depositário, inclusive a imissão, na posse, do imóvel da situação dos bens apenhados, independerão da lavratura de contrato de comodato e de prévio consentimento do locador, perdurando enquanto subsistir a dívida.

§ 2º. Todas as despesas de guarda e conservação dos bens contratados ao terceiro fiel-depositário correrão, exclusivamente, por conta do devedor.

§ 3º. Nenhuma responsabilidade terão credor e terceiro fiel-depositário pelos dispêndios que se tornarem precisos ou aconselháveis para a boa conservação do imóvel e dos bens apenhados.

§ 4º. O devedor é obrigado a providenciar tudo o que for reclamado pelo credor para a pronta execução dos reparos ou obras de que, porventura, necessitar o imóvel, ou que forem exigidos para a perfeita armazenagem dos bens empenhados.

Art. 64. Serão segurados, até final resgate da cédula, os bens nela descritos e caracterizados, observada à vigente legislação de seguros obrigatórios.

Art. 65. A cédula de crédito industrial e a nota de crédito industrial obedecerão aos modelos anexos, quais poderão ser padronizados e alterados pelo Conselho Monetário Nacional, observado o disposto no art. 62 deste Decreto-Lei.

Art. 66. Este Decreto-Lei entrará em vigor 90 (noventa) dias depois de publicado, revogando-se os Decretos-leis nºs 265, de 28 de fevereiro de 1967, 320, de 29 de março de 1967 e 331, de 21 de setembro de 1967 na parte referente à cédula Industrial Pignoratícia, 1.271, de 16 de maio de 1939, 1.697, de 23 de outubro de 1939, 2.064, de 7 de março de 1940, 3.169, de 2 de abril de 1941, 4.191, de 18 de março de 1942, 4.312, de 20 de maio de 1942 e Leis nºs 2.931, de 27 de outubro 1956, e 3.408, de 16 de junho de 1958, as demais disposições em contrário.

Brasília, 9 de janeiro de 1969; 148º da Independência e 81º da República.

A. Costa e Silva

DOU de 10.1.1069 – Retificação DOU de 10.2.1969

LEI Nº 4.380, DE 21 DE AGOSTO DE 1964 (EXCERTOS)

Institui a correção monetária nos contratos imobiliários de interesse social, o sistema financeiro para aquisição da casa própria, cria o Banco Nacional da Habitação (BNH), e Sociedades de Crédito Imobiliário, as Letras Imobiliárias, o Serviço Federal de Habitação e Urbanismo e dá outras providências.

Capítulo IV – Do Banco Nacional da Habitação

Art. 23. A construção de prédios residenciais, cujo custo seja superior a 850 vezes o maior salário-mínimo vigente no País, considerado esse custo para cada unidade residencial, seja em prédio individual, seja em edifícios de apartamentos ou vilas, fica sujeita ao pagamento de uma subscrição pelo proprietário, promitente comprador ou promitente cessionário do respectivo terreno, de letras imobiliárias emitidas pelo Banco Nacional de Habitação, com as características do art. 45 desta Lei.

§ 1º. O montante dessa subscrição será de 5% (cinco por cento) sobre o valor da construção, quando esta estiver entre os limites de 850 e 1.150 vezes o maior salário-mínimo vigente no País à época da concessão do respectivo "habite-se" e de 10% (dez por cento) sobre a que exceder de tal limite.

§ 2º. As autoridades municipais, antes de concederem o "habite-se" para os prédios residenciais, exigirão do construtor uma declaração do seu custo efetivo e, quando fôr o caso, do proprietário comprovação de cumprimento do disposto no presente artigo.

§ 3º. Só poderão gozar dos benefícios e vantagens previstos na presente Lei os municípios que obedecerem ao disposto neste artigo.

• *Art. 23 com redação dada pela Lei nº 4.864, de 29.11.1965.*

Capítulo VI – Letras Imobiliárias

Art. 44. O Banco Nacional da Habitação e as sociedades de crédito imobiliário poderão colocar no mercado de capitais "letras imobiliárias" de sua emissão.

§ 1º. A letra imobiliária é promessa de pagamento e quando emitida pelo Banco Nacional da Habitação será garantida pela União Federal.

§ 2º. As letras imobiliárias emitidas por sociedades de crédito imobiliário terão preferência sobre os bens do ativo da sociedade emitente em relação a quaisquer outros créditos contra a sociedade, inclusive os de natureza fiscal ou parafiscal.

§ 3º. Às Sociedades de Crédito Imobiliário é vedado emitir debêntures ou obrigações ao portador, salvo Letras Imobiliárias.

§ 4º. As letras imobiliárias emitidas por sociedades de crédito imobiliário poderão ser garantidas com a coobrigação de outras empresas privadas.

Art. 45. O certificado ou título de letra imobiliária deve conter as seguintes declarações lançadas no seu contexto:

a) a denominação "letra imobiliária" e a referência à presente Lei;

b) a denominação do emitente, sua sede, capital e reserva, total dos recursos de terceiros e de aplicações;

c) o valor nominal por referência à Unidade Padrão de Capital do Banco Nacional da Habitação (art. 52);

d) a data do vencimento, a taxa de juros e a época do seu pagamento;

e) o número de ordem bem como o livro, folha e número da inscrição no Livro de Registro do emitente;

f) a assinatura do próprio punho do representante ou representantes legais do emitente;

g) o nome da pessoa a quem deverá ser paga no caso de letra nominativa.

Parágrafo único. O titular da letra imobiliária terá ação executiva para a cobrança do respectivo principal e juros.

Art. 46. O Banco Nacional da Habitação e as sociedades de crédito imobiliário manterão obrigatoriamente um "Livro de Registro de Letras Imobiliárias Nominativas", no qual serão inscritas as Letras nominativas e averbadas as transferências e constituição de direitos sobre as mesmas.

Parágrafo único. O Livro de Registro de Letras Imobiliárias nominativas das sociedades de crédito imobiliário será autenticado no Banco Nacional da Habitação e o seu modelo e escrituração obedecerão às normas fixadas pelo mesmo Banco.

Art. 47. As Letras Imobiliárias poderão ser ao portador ou nominativas, transferindo-se as primeiras por simples tradição e as nominativas:

a) pela averbação do nome do adquirente no Livro de Registro e no próprio certificado efetuada pelo emitente ou pela emissão de novo certificado em nome do adquirente, inscrito no Livro de Registro;

b) mediante endosso em preto no próprio título, datado e assinado pelo endossante.

§ 1º. Aquele que pedir a averbação da letra em favor de terceiro ou a emissão de novo certificado em nome desse deverá provar perante o emitente sua identidade e o poder de dispor da letra.

§ 2º. O adquirente que pediu a averbação da transferência ou a emissão de novo certificado deve apresentar ao emitente da letra o instrumento da aquisição, que será por este arquivado.

§ 3º. A transferência mediante endosso não terá eficácia perante o emitente enquanto não for feita a averbação no Livro de Registro e no próprio título, mas o endossatário que demonstrar ser possuidor do título com base em série-contínua de endossos, tem direito a obter a averbação da transferência, ou a emissão de novo título em seu nome ou no nome que indicar.

Art. 48. Os direitos constituídos sobre as letras imobiliárias nominativas só produzem efeitos perante o emitente depois de anotadas no Livro de Registro.

Parágrafo único. As letras poderão, entretanto, ser dadas em penhor ou mandato mediante endosso, com a expressa indicação da finalidade e, a requerimento do credor pignoratício ou do titular da letra, o seu emitente averbará o penhor no Livro de Registro.

Art. 49. O emitente da letra fiscalizará, por ocasião da averbação ou substituição, a regularidade das transferências ou onerações da letra.

§ 1º. As dúvidas suscitadas entre o emitente e o titular da letra ou qualquer interessado, a respeito das inscrições ou averbações previstas nos artigos anteriores, serão dirimidas pelo juiz competente para solucionar as dúvidas levantadas pelos oficiais dos Registros Públicos, exceptuadas as questões atinentes à substância do direito.

§ 2º. A autenticidade do endosso não poderá ser posta em dúvida pelo emitente da letra, quando atestada por corretor de fundos públicos, Cartório de Ofício de Notas ou abonada por Banco.

§ 3º. Nas vendas judiciais, o emitente averbará a carta de arrematação como instrumento de transferência.

§ 4º. Nas transferências feitas por procurador, ou representante legal do cedente, o emitente fiscalizará a regularidade da representação e arquivará o respectivo instrumento.

Art. 50. No caso de perda ou extravio do certificado da Letra Imobiliária nominativa, cabe ao respectivo titular, ou aos seus sucessores requerer a expedição de outra via ...(Vetado).

Art. 51. As letras imobiliárias serão cotadas nas bolsas de valores.

Art. 52. A fim de manter a uniformidade do valor unitário em moeda corrente e das condições de reajustamento das letras em circulação, todas as letras imobiliárias emitidas pelo Banco Nacional da Habitação e pelas sociedades de crédito imobiliário terão valor nominal correspondente à Unidade Padrão de Capital do referido Banco, permitida a emissão de títulos múltiplos dessa Unidade.

MANUAL PRÁTICO DOS TÍTULOS DE CRÉDITO

LEGISLAÇÃO COMERCIAL COMPLEMENTAR

EDIPRO

§ 1º. Unidade-Padrão de Capital do Banco Nacional da Habitação corresponderá a dez mil cruzeiros, com o poder aquisitivo do cruzeiro em fevereiro de 1964.

§ 2º. O valor em cruzeiros correntes da Unidade-Padrão do capital será reajustado semestralmente, com base nos índices do Conselho Nacional de Economia, referidos no art. 5º, § 1º, desta Lei.

* *§ 2º com redação dada pela Lei nº 4.864, de 29.11.1965.*

§ 3º. Os reajustamentos entrarão em vigor 60 (sessenta) dias após a publicação dos índices referidos no parágrafo anterior.

* *§ 3º com redação dada pela Lei nº 4.864, de 29.11.1965.*

§ 4º. O valor nominal da letra imobiliária, para efeitos de liquidação do seu principal e cálculo dos juros devidos, será o do valor reajustado da Unidade-Padrão de Capital no momento do vencimento ou pagamento do principal ou juros, no caso do título simples, ou esse valor multiplicado pelo número de Unidades-Padrão de Capital a que correspondem a letra, no caso de título múltiplo.

§ 5º. Das letras imobiliárias devem constar, obrigatoriamente, as condições de resgate quando seu vencimento o-correr entre duas alterações sucessivas do valor de Unidade-Padrão de Capital, as quais poderão incluir correção monetária do saldo devedor, a partir da última alteração da Unidade-Padrão até a data do resgate.

Art. 53. As letras imobiliárias vencerão o juro de, no máximo 8% (oito por cento) ao ano, e não poderão ter prazo de resgate inferior a 2 (dois) anos.

....

Art. 72. Esta Lei entrará em vigor na data da sua publicação, revogadas as disposições em contrário.

Brasília, 21 de agosto de 1964; 143º da Independência e 76º da República.

H. Castello Branco

DOU de 11.9.1964

LEI Nº 4.728, DE 14 DE JULHO DE 1965 (EXCERTOS)

Disciplina o mercado de capitais e estabelece medidas para o seu desenvolvimento.

O Presidente da República,

Faço saber que o Congresso Nacional decreta e eu sanciono a seguinte Lei:

....

Seção V – Obrigações com Cláusula de Correção Monetária

Art. 26. As sociedades por ações poderão emitir debêntures, ou obrigações ao portador ou nominativas endossá-veis, com cláusula de correção monetária, desde que observadas as seguintes condições:

I – prazo de vencimento igual ou superior a um ano;

II – correção efetuada em períodos não inferiores há três meses, segundo os coeficientes aprovados pelo Conselho Nacional de Economia para a correção dos créditos fiscais;

III – subscrição por instituições financeiras especialmente autorizadas pelo Banco Central, ou colocação no merca-do de capitais com a intermediação dessas instituições.

§ 1º. A emissão de debêntures nos termos deste artigo terá por limite máximo a importância do patrimônio líquido da companhia, apurado nos termos fixados pelo Conselho Monetário Nacional.

§ 2º. O Conselho Monetário Nacional expedirá, para cada tipo de atividade, normas relativas a:

a) limite da emissão de debêntures observado o máximo estabelecido no parágrafo anterior;

b) análise técnica e econômico-financeira da empresa emissora e do projeto a ser financiado com os recursos da emissão, que deverá ser procedida pela instituição financeira que subscrever ou colocar a emissão;

c) coeficientes ou índices mínimos de rentabilidade, solvabilidade ou liquidez a que deverá satisfazer a empresa emissora;

d) sustentação das debêntures no mercado pelas instituições financeiras que participem da colocação.

§ 3º. As diferenças nominais resultantes da correção do principal das debêntures emitidas nos termos deste artigo não constituem rendimento tributável para efeitos do imposto de renda, nem obrigarão a complementação do imposto do selo pago na emissão das debêntures.

§ 4º. Será assegurado às instituições financeiras intermediárias no lançamento das debêntures a que se refere este artigo, enquanto obrigadas à sustentação prevista na alínea "d" do § 2º, o direito de indicar um representante como membro do Conselho Fiscal da empresa emissora, até o final resgate de todas as obrigações emitidas.

§ 5º. A instituição financeira intermediária na colocação representa os portadores de debêntures ausentes das as-sembleias de debenturistas.

§ 6º. As condições de correção monetária estabelecidas no inciso II deste artigo poderão ser aplicadas às operações previstas nos arts. 5º, 15 e 52, § 2º, da Lei nº 4.380, de 21 de agosto de 1964.

Art. 27. As sociedades de fins econômicos poderão sacar, emitir ou aceitar letras de câmbio ou notas promissórias cujo principal fique sujeito à correção monetária, desde que observadas as seguintes condições:

I – prazo de vencimento igual ou superior a um ano, e dentro do limite máximo fixado pe o Conselho Monetário Nacional;

II – correção segundo os coeficientes aprovados pelo Conselho Nacional de Economia para a correção atribuída às obrigações do Tesouro;

III – sejam destinadas à colocação no mercado de capitais com o aceite ou coobrigação de instituições financeiras autorizadas pelo Banco Central.

§ 1º. O disposto no art. 26, § 3º, aplica-se à correção monetária dos títulos referidos neste artigo.

§ 2º. As letras de câmbio e as promissórias a que se refere este artigo deverão conter, no seu contexto, a cláusula de correção monetária.

Art. 28. As instituições financeiras que satisfizerem as condições gerais fixadas pelo Banco Central, para esse tipo de operações, poderão assegurar a correção monetária a depósitos a prazo fixo não inferior a um ano e não movimentáveis durante todo seu prazo.

§ 1º. Observadas as normas aprovadas pelo Conselho Monetário Nacional, as instituições financeiras a que se refere este artigo poderão contratar empréstimos com as mesmas condições de correção, desde que:

a) tenham prazo mínimo de um ano;

b) o total dos empréstimos corrigidos não exceda o montante dos depósitos corrigidos referidos neste artigo;

c) o total da remuneração da instituição financeira, nessas transações, não exceda os limites fixados pelo Conselho Monetário Nacional.

§ 2º. Os depósitos e empréstimos referidos neste artigo não poderão ser corrigidos além dos coeficientes fixados pelo Conselho Nacional de Economia para a correção das Obrigações do Tesouro.

§ 3º. As diferenças nominais resultantes da correção, nos termos deste artigo, do principal de depósitos, não constituem rendimento tributável para os efeitos do imposto de renda.

Art. 29. Compete ao Banco Central autorizar a constituição de bancos de investimento de natureza privada cujas operações e condições de funcionamento serão reguladas pelo Conselho Monetário Nacional, prevendo:

I – o capital mínimo;

II – a proibição de receber depósitos à vista ou movimentáveis por cheque;

III – a permissão para receber depósitos a prazo não inferior a um ano, não movimentáveis e com cláusula de correção monetária do seu valor;

IV – a permissão para conceder empréstimos a prazo não inferior a um ano, com cláusula de correção monetária;

V – a permissão para administração dos fundos em condomínio de que trata o art. 50;

VI – os juros e taxas máximas admitidos nas operações indicadas nos incisos III e VI;

VII – as condições operacionais, de modo geral, inclusive garantias exigíveis, montantes e prazos máximos.

§ 1º. O Conselho Monetário Nacional fixará ainda as normas a serem observadas pelos bancos de investimento e relativas a:

a) espécies de operações ativas e passivas, inclusive as condições para concessão de aval em moeda nacional ou estrangeira;

b) análise econômico-financeira e técnica do mutuário e do projeto a ser financiado; coeficientes ou índices mínimos de rentabilidade, solvabilidade e liquidez a que deverá satisfazer o mutuário;

c) condições de diversificação de riscos.

§ 2º. Os bancos de investimentos adotarão em suas operações ativas e passivas sujeitas à correção monetária as mesmas regras ditadas no art. 28.

§ 3º. Os bancos de que trata este artigo ficarão sujeitos à disciplina ditada pela Lei nº 4.595, de 31 de dezembro de 1964, para as instituições financeiras privadas.

§ 4º. Atendidas as exigências que forem estabelecidas em caráter geral pelo Conselho Monetário Nacional, o Banco Central autorizará a transformação, em bancos de investimentos, de instituições financeiras que pratiquem operações relacionadas com a concessão de crédito a médio e longo prazos, por conta própria ou de terceiros, a subscrição para revenda e a distribuição no mercado de títulos ou valores mobiliários.

....

Art. 35. Os direitos constituídos sobre ações endossáveis somente produzem efeitos perante a sociedade emitente e terceiros, depois de anotada a sua constituição no livro de registro.

Parágrafo único. As ações endossáveis poderão, entretanto, ser dadas em penhor ou caução mediante endosso com a expressa indicação dessa finalidade e, a requerimento de credor pignoratício ou do proprietário da ação, a sociedade emitente averbará o penhor no "Livro de Registro".

....

MANUAL PRÁTICO DOS TÍTULOS DE CRÉDITO

LEGISLAÇÃO COMERCIAL COMPLEMENTAR

EDIPRO

Seção X – Contas Correntes Bancárias

Art. 51. Os bancos e casas bancárias que devolvem aos seus depositantes os cheques por estes sacados, depois de liquidados, poderão fazer prova da movimentação das respectivas contas de depósito mediante cópia fotográfica ou microfotográfica dos cheques devolvidos, desde que mantenham esse serviço de acordo com as normas de segurança aprovadas pelo Banco Central.

Art. 52. O endosso no cheque nominativo, pago pelo banco contra o qual foi sacado, prova o recebimento da respectiva importância pela pessoa a favor da qual foi emitido, e pelos endossantes subsequentes.

Parágrafo único. Se o cheque indica a nota, fatura, conta, cambial, imposto lançado ou declarado a cujo pagamento se destina, ou outra causa da sua emissão, o endosso do cheque pela pessoa a favor da qual foi emitido e a sua liquidação pelo banco sacado provam o pagamento da obrigação indicada no cheque.

....

Art. 83. A presente Lei entra em vigor na data de sua publicação.

Art. 84. Revogam-se as disposições em contrário.

Brasília, 14 de julho de 1965; 144º da Independência e 77º da República.

H. Castello Branco

DOU de 16.7.1965

LEI Nº 7.357, DE 2 DE SETEMBRO DE 1985

Dispõe sobre o cheque e dá outras providências.

O Presidente da República,

Faço saber que o Congresso Nacional decreta e eu sanciono a seguinte Lei:

Capítulo I – Da Emissão e da Forma do Cheque

Art. 1º. O cheque contêm:

I – a denominação "cheque" inscrita no contexto do título e expressa na língua em que este é redigido;

II – a ordem incondicional de pagar quantia determinada;

III – o nome do banco ou da instituição financeira que deve pagar (sacado);

IV – a indicação do lugar de pagamento;

V – a indicação da data e do lugar de emissão;

VI – a assinatura do emitente (sacador), ou de seu mandatário com poderes especiais.

Parágrafo único. A assinatura do emitente ou a de seu mandatário com poderes especiais pode ser constituída, na forma de legislação específica, por chancela mecânica ou processo equivalente.

Art. 2º. O título, a que falte qualquer dos requisitos enumerados no artigo precedente não vale como cheque, salvo nos casos determinados a seguir:

I – na falta de indicação especial, é considerado lugar de pagamento o lugar designado junto ao nome do sacado; se designados vários lugares, o cheque é pagável no primeiro deles; não existindo qualquer indicação, o cheque é pagável no lugar de sua emissão;

II – não indicado o lugar de emissão, considera-se emitido o cheque no lugar indicado junto ao nome do emitente.

Art. 3º. O cheque é emitido contra banco, ou instituição financeira que lhe seja equiparada, sob pena de não valer como cheque.

Art. 4º. O emitente deve ter fundos disponíveis em poder do sacado e estar autorizado a sobre eles emitir cheque, em virtude de contrato expresso ou tácito. A infração desses preceitos não prejudica a validade do título como cheque.

§ 1º. A existência de fundos disponíveis é verificada no momento da apresentação do cheque para pagamento.

§ 2º. Consideram-se fundos disponíveis:

a) os créditos constantes de conta corrente bancária não subordinados a termo;

b) o saldo exigível de conta corrente contratual;

c) a soma proveniente de abertura de crédito.

Art. 5º. (*Vetado*).

Art. 6º. O cheque não admite aceite considerando-se não escrita qualquer declaração com esse sentido.

Art. 7º. Pode o sacado, a pedido do emitente ou do portador legitimado, lançar e assinar, no verso do cheque não ao portador e ainda não endossado, visto, certificação ou outra declaração equivalente, datada e por quantia igual à indicada no título.

§ 1º. A aposição de visto, certificação ou outra declaração equivalente obriga o sacado a debitar à conta do emitente a quantia indicada no cheque e a reservá-la em benefício do portador legitimado, durante o prazo de apresentação, sem que fiquem exonerados o emitente, endossantes e demais coobrigados.

§ 2º. O sacado creditará à conta do emitente a quantia reservada, uma vez vencido o prazo de apresentação; e, antes disso, se o cheque lhe for entregue para inutilização.

Art. 8º. Pode-se estipular no cheque que seu pagamento seja feito:

I – a pessoa nomeada, com ou sem cláusula expressa "à ordem";

II – a pessoa nomeada, com a cláusula "não à ordem", ou outra equivalente;

III – ao portador.

Parágrafo único. Vale como cheque ao portador o que não contém indicação do beneficiário e o emitido em favor de pessoa nomeada com a cláusula "ou ao portador", ou expressão equivalente.

- *Vide art. 2º da Lei nº 8.021, de 12.4.1990, sobre emissão de cheque ao portador.*
- *Vide arts. 904 a 909 (título ao portador) do Código Civil.*

Art. 9º. O cheque pode ser emitido:

I – à ordem do próprio sacador;

II – por conta de terceiro;

III – contra o próprio banco sacador, desde que não ao portador.

Art. 10. Considera-se não escrita a estipulação de juros inserida no cheque.

Art. 11. O cheque pode ser pagável no domicílio de terceiro, quer na localidade em que o sacado tenha domicílio, quer em outra, desde que o terceiro seja banco.

Art. 12. Feita a indicação da quantia em algarismos e por extenso, prevalece esta no caso de divergência. Indicada a quantia mais de uma vez, quer por extenso, quer por algarismos, prevalece, no caso de divergência, a indicação da menor quantia.

Art. 13. As obrigações contraídas no cheque são autônomas e independentes.

Parágrafo único. A assinatura de pessoa capaz cria obrigações para o signatário, mesmo que o cheque contenha assinatura de pessoas incapazes de se obrigar por cheque, ou assinaturas falsas, ou assinaturas de pessoas fictícias, ou assinaturas que, por qualquer outra razão, não poderiam obrigar as pessoas que assinaram o cheque, ou em nome das quais ele foi assinado.

Art. 14. Obriga-se pessoalmente quem assina cheque como mandatário ou representante, sem ter poderes para tal, ou excedendo os que lhe foram conferidos. Pagando o cheque, tem os mesmos direitos daquele em cujo nome assinou.

Art. 15. O emitente garante o pagamento, considerando-se não escrita a declaração pela qual se exima dessa garantia.

Art. 16. Se o cheque, incompleto no ato da emissão, for completado com inobservância do convencionado com o emitente, tal fato não pode ser oposto ao portador, a não ser que este tenha adquirido o cheque de má-fé.

Capítulo II – De Transmissão

Art. 17. O cheque pagável a pessoa nomeada, com ou sem cláusula expressa "à ordem", é transmissível por via de endosso.

§ 1º. O cheque pagável a pessoa nomeada, com a cláusula "não à ordem", ou outra equivalente, só é transmissível pela forma e com os efeitos de cessão.

§ 2º. O endosso pode ser feito ao emitente, ou a outro obrigado, que podem novamente endossar o cheque.

Art. 18. O endosso deve ser puro e simples, reputando-se não escrita qualquer condição a que seja subordinado.

§ 1º. São nulos o endosso parcial e o do sacado.

§ 2º. Vale como em branco o endosso ao portador. O endosso ao sacado vale apenas como quitação, salvo no caso de o sacado ter vários estabelecimentos e o endosso ser feito em favor de estabelecimento diverso daquele contra o qual o cheque foi emitido.

Art. 19. O endosso deve ser lançado no, cheque ou na folha de alongamento e assinaco pelo endossante, ou seu mandatário com poderes especiais.

§ 1º. O endosso pode não designar o endossatário. Consistindo apenas na assinatura do endossante (endosso em branco), só é válido quando lançado no verso do cheque ou na folha de alongamento.

§ 2º. A assinatura do endossante, ou a de seu mandatário com poderes especiais, pode ser constituída, na forma de legislação específica, por chancela mecânica, ou processo equivalente.

Art. 20. O endosso transmite todos os direitos resultantes do cheque. Se o endosso é em branco, pode o portador:

I – completá-lo com o seu nome ou com o de outra pessoa;

MANUAL PRÁTICO DOS TÍTULOS DE CRÉDITO

LEGISLAÇÃO COMERCIAL COMPLEMENTAR — *EDIPRO*

II – endossar novamente o cheque, em branco ou a outra pessoa;

III – transferir o cheque a um terceiro, sem completar o endosso e sem endossar.

Art. 21. Salvo estipulação em contrário, o endossante garante o pagamento.

Parágrafo único. Pode o endossante proibir novo endosso; neste caso, não garante o pagamento a quem seja o cheque posteriormente endossado.

Art. 22. O detentor de cheque "à ordem" é considerado portador legitimado, se provar seu direito por uma série ininterrupta de endossos, mesmo que o último seja em branco. Para esse efeito, os endossos cancelados são considerados não escritos.

Parágrafo único. Quando um endosso em branco for seguido de outro, entende-se que o signatário deste adquiriu o cheque pelo endosso em branco.

Art. 23. O endosso num cheque passado ao portador torna o endossante responsável, nos termos das disposições que regulam o direito de ação, mas nem por isso converte o título num cheque "à ordem".

Art. 24. Desapossado alguém de um cheque, em virtude de qualquer evento, novo portador legitimado não está obrigado a restituí-lo, se não o adquiriu de má-fé.

Parágrafo único. Sem prejuízo do disposto neste artigo, serão observadas, nos casos de perda, extravio, furto, roubo ou apropriação indébita do cheque, as disposições legais relativas à anulação e substituição de títulos ao portador, no que for aplicável.

> • *Vide art. 909 do Código Civil.*

Art. 25. Quem for demandado por obrigação resultante de cheque não pode opor ao portador exceções fundadas em relações pessoais com o emitente, ou com os portadores anteriores, salvo se o portador o adquiriu conscientemente em detrimento do devedor.

Art. 26. Quando o endosso contiver a cláusula "valor em cobrança", "para cobrança", "por procuração", ou qualquer outra que implique apenas mandato, o portador pode exercer todos os direitos resultantes do cheque, mas só pode lançar no cheque endosso-mandato. Neste caso, os obrigados somente podem invocar contra o portador as exceções oponíveis ao endossante.

Parágrafo único. O mandato contido no endosso não se extingue por morte do endossante ou por superveniência de sua incapacidade.

Art. 27. O endosso posterior ao protesto, ou declaração equivalente, ou à expiração do prazo de apresentação produz apenas os efeitos de cessão. Salvo prova em contrário, o endosso sem data presume-se anterior ao protesto, ou declaração equivalente, ou à expiração do prazo de apresentação.

Art. 28. O endosso no cheque nominativo, pago pelo banco contra o qual foi sacado, prova o recebimento da respectiva importância pela pessoa a favor da qual foi emitido, e pelos endossantes subsequentes.

Parágrafo único. Se o cheque indica a nota, fatura, conta cambial, imposto lançado ou declarado a cujo pagamento se destina, ou outra causa da sua emissão, o endosso pela pessoa a favor da qual foi emitido, e a sua liquidação pelo banco sacado provam a extinção da obrigação indicada.

Capítulo III – Do Aval

> • *Vide arts. 897 a 900 do Código Civil.*

Art. 29. O pagamento do cheque pode ser garantido, no todo ou em parte, por aval prestado por terceiro, exceto o sacado, ou mesmo por signatário do título.

Art. 30. O aval é lançado no cheque ou na folha de alongamento. Exprime-se pelas palavras "por aval", ou fórmula equivalente, com a assinatura do avalista. Considera-se como resultante da simples assinatura do avalista, aposta no anverso do cheque, salvo quando se tratar da assinatura de emitente.

Parágrafo único. O aval deve indicar o avalizado. Na falta de indicação, considera-se avalizado o emitente.

Art. 31. O avalista se obriga da mesma maneira que o avalizado. Subsiste sua obrigação, ainda que nula a por ele garantida, salvo se a nulidade resultar de vício de forma.

Parágrafo único. O avalista que paga o cheque adquire todos os direitos dele resultantes contra o avalizado e contra os obrigados para com este em virtude do cheque.

Capítulo IV – Da Apresentação e do Pagamento

Art. 32. O cheque é pagável à vista. Considera-se não escrita qualquer menção em contrário.

> • *Vide Súmulas nº 246, 521 e 554.do STF.*

Parágrafo único. O cheque apresentado para pagamento antes do dia indicado como data de emissão é pagável no dia da apresentação.

Art. 33. O cheque deve ser apresentado para pagamento, a contar do dia da emissão, no prazo de 30 (trinta) dias, quando emitido no lugar onde houver de ser pago; e de 60 (sessenta) dias, quando emitido em outro lugar do País ou no exterior.

Parágrafo único. Quando o cheque é emitido entre lugares com calendários diferentes, considera-se como de emissão o dia correspondente do calendário do lugar de pagamento.

212
EDIPRO

SAULO SENA MAYRIQUES

LEGISLAÇÃO COMERCIAL COMPLEMENTAR

Art. 34. A apresentação do cheque à câmara de compensação equivale à apresentação a pagamento.

Art. 35. O emitente do cheque pagável no Brasil pode revogá-lo, mercê de contraordem dada por aviso epistolar, ou por via judicial ou extrajudicial, com as razões motivadoras do ato.

Parágrafo único. A revogação ou contraordem só produz efeito depois de expirado o prazo de apresentação e, não sendo promovida, pode o sacado pagar o cheque até que decorra o prazo de prescrição, nos termos do art. 59 desta Lei.

Art. 36. Mesmo durante o prazo de apresentação, o emitente e o portador legitimado podem fazer sustar o pagamento, manifestando ao sacado, por escrito, oposição fundada em relevante razão de direito.

* *Vide Súmula n° 28 do STF.*

§ 1º. A oposição do emitente e a revogação ou contraordem se excluem reciprocamente.

§ 2º. Não cabe ao sacado julgar da relevância da razão invocada pelo oponente.

Art. 37. A morte do emitente ou sua incapacidade superveniente à emissão não invalidam os efeitos do cheque.

Art. 38. O sacado pode exigir, ao pagar o cheque, que este lhe seja entregue quitado pelo portador.

Parágrafo único. O portador não pode recusar pagamento parcial, e, nesse caso, o sacado pode exigir que esse pagamento conste do cheque e que o portador lhe dê a respectiva quitação.

Art. 39. O sacado que paga cheque "à ordem" é obrigado a verificar a regularidade da série de endossos, mas não a autenticidade das assinaturas dos endossantes. A mesma obrigação incumbe ao banco apresentante do cheque a câmara de compensação.

Parágrafo único. Ressalvada a responsabilidade do apresentante, no caso da parte final deste artigo, o banco sacado responde pelo pagamento do cheque falso, falsificado ou alterado, salvo dolo ou culpa do correntista, do endossante ou do beneficiário, dos quais poderá o sacado, no todo ou em parte, reaver o que pagou.

* *Vide Súmula n° 28 do STF.*

Art. 40. O pagamento se fará à medida em que forem apresentados os cheques e se 2 (dois) ou mais forem apresentados simultaneamente, sem que os fundos disponíveis bastem para o pagamento de todos, terão preferência os de emissão mais antiga e, se da mesma data, os de número inferior.

Art. 41. O sacado pode pedir explicações ou garantia para pagar cheque mutilado, rasgado ou partido, ou que contenha borrões, emendas e dizeres que não pareçam formalmente normais.

Art. 42. O cheque em moeda estrangeira é pago, no prazo de apresentação, em moeda nacional ao câmbio do dia do pagamento, obedecida a legislação especial.

Parágrafo único. Se o cheque não for pago no ato da apresentação, pode o portador optar entre o câmbio do dia da apresentação e o do dia do pagamento para efeito de conversão em moeda nacional.

Art. 43. (Vetado)

Capítulo V – Do Cheque Cruzado

Art. 44. O emitente ou o portador podem cruzar o cheque, mediante a aposição de dois traços paralelos no anverso do título.

§ 1º. O cruzamento é geral se entre os dois traços não houver nenhuma indicação ou existir apenas a indicação "banco", ou outra equivalente. O cruzamento é especial se entre os dois traços existir a indicação do nome do banco.

§ 2º. O cruzamento geral pode ser convertido em especial, mas este não pode converter-se naquele.

§ 3º. A inutilização do cruzamento ou a do nome do banco é reputada como não existente

Art. 45. O cheque com cruzamento geral só pode ser pago pelo sacado a banco ou a cliente do sacado, mediante crédito em conta. O cheque com cruzamento especial só pode ser pago pelo sacado ao banco indicado, ou, se este for o sacado, a cliente seu, mediante crédito em conta. Pode, entretanto, o banco designado incumbir outro da cobrança.

§ 1º. O banco só pode adquirir cheque cruzado de cliente seu ou de outro banco. Só pode cobrá-lo por conta de tais pessoas.

§ 2º. O cheque com vários cruzamentos especiais só pode ser pago pelo sacado no caso de dois cruzamentos, um dos quais para cobrança por câmara de compensação.

§ 3º. Responde pelo dano, até a concorrência do montante do cheque, o sacado ou o banco portador que não observar as disposições precedentes.

Capítulo VI – Do Cheque para ser Creditado em Conta

Art. 46. O emitente ou o portador podem proibir que o cheque seja pago em dinheiro mediante a inscrição transversal, no anverso do título, da cláusula "para ser creditado em conta", ou outra equivalente. Nesse caso, o sacado só pode proceder a lançamento contábil (crédito em conta, transferência ou compensação), que vale como pagamento. O depósito do cheque em conta de seu beneficiário dispensa o respectivo endosso.

§ 1º. A inutilização da cláusula é considerada como não existente.

§ 2º. Responde pelo dano, até a concorrência do montante do cheque, o sacado que não observar as disposições precedentes.

MANUAL PRÁTICO DOS TÍTULOS DE CRÉDITO

LEGISLAÇÃO COMERCIAL COMPLEMENTAR

EDIPRO

Capítulo VII – Da Ação por Falta de Pagamento

Art. 47. Pode o portador promover a execução do cheque:

- *Vide art. 585, I, do CPC.*
- *Vide Súmula nº 600 do STF.*

I – contra o emitente e seu avalista;

II – contra os endossantes e seus avalistas, se o cheque apresentado em tempo hábil e a recusa de pagamento é comprovada pelo protesto ou por declaração do sacado, escrita e datada sobre o cheque, com indicação do dia de apresentação, ou, ainda, por declaração escrita e datada por câmara de compensação.

§ 1º. Qualquer das declarações previstas neste artigo dispensa o protesto e produz os efeitos deste.

§ 2º. Os signatários respondem pelos danos causados por declarações inexatas.

§ 3º. O portador que não apresentar o cheque em tempo hábil, ou não comprovar a recusa de pagamento pela forma indicada neste artigo, perde o direito de execução contra o emitente, se este tinha fundos disponíveis durante o prazo de apresentação e os deixou de ter, em razão de fato que não lhe seja imputável.

- *Vide Súmulas ns. 190 e 600 do STF.*

§ 4º. A execução independe do protesto e das declarações previstas neste artigo, se a apresentação ou o pagamento do cheque são obstados pelo fato de o sacado ter sido submetido a intervenção, liquidação extrajudicial ou falência.

Art. 48. O protesto ou as declarações do artigo anterior devem fazer-se no lugar de pagamento ou do domicílio do emitente, antes da expiração do prazo de apresentação. Se esta ocorrer no último dia do prazo, o protesto ou as declarações podem fazer-se no primeiro dia útil seguinte.

- *Vide Lei nº 9.492, de 10 de setembro de 1997.*

§ 1º. A entrega do cheque para protesto deve ser prenotada em livro especial e o protesto tirado no prazo de 3 (três) dias úteis a contar do recebimento do título.

§ 2º. O instrumento do protesto, datado e assinado pelo oficial público competente, contém:

a) a transcrição literal do cheque, com todas as declarações nele inseridas, na ordem em que se acham lançadas;

b) a certidão da intimação do emitente, de seu mandatário especial ou representante legal, e as demais pessoas obrigadas no cheque;

c) a resposta dada pelos intimados ou a declaração da falta de resposta;

d) a certidão de não haverem sido encontrados ou de serem desconhecidos o emitente ou os demais obrigados, realizada a intimação, nesse caso, pela imprensa.

§ 3º. O instrumento de protesto, depois de registrado em livro próprio, será entregue ao portador legitimado ou àquele que houver efetuado o pagamento.

§ 4º. Pago o cheque depois do protesto, pode este ser cancelado, a pedido de qualquer interessado, mediante arquivamento de cópia autenticada da quitação que contenha perfeita identificação do título.

Art. 49. O portador deve dar aviso da falta de pagamento a seu endossante e ao emitente, nos 4 (quatro) dias úteis seguintes ao do protesto ou das declarações previstas no art. 47 desta Lei ou, havendo cláusula "sem despesa", ao da apresentação.

§ 1º. Cada endossante deve, nos 2 (dois) dias úteis seguintes ao do recebimento do aviso, comunicar seu teor ao endossante precedente, indicando os nomes e endereços dos que deram os avisos anteriores, e assim por diante, até o emitente, contando-se os prazos do recebimento do aviso precedente.

§ 2º. O aviso dado a um obrigado deve estender-se, no mesmo prazo, a seu avalista.

§ 3º. Se o endossante não houver indicado seu endereço ou o tiver feito de forma ilegível, basta o aviso ao endossante que o preceder.

§ 4º. O aviso pode ser dado por qualquer forma, até pela simples devolução do cheque.

§ 5º. Aquele que estiver obrigado a aviso deverá provar que o deu no prazo estipulado. Considera-se observado o prazo se, dentro dele, houver sido posta no correio a carta de aviso.

§ 6º. Não decai do direito de regresso o que deixa de dar o aviso no prazo estabelecido. Responde, porém, pelo dano causado por sua negligência, sem que a indenização exceda o valor do cheque.

Art. 50. O emitente, o endossante e o avalista podem, pela cláusula "sem despesa", "sem protesto", ou outra equivalente, lançada no título e assinada, dispensar o portador, para promover a execução do título, do protesto ou da declaração equivalente.

§ 1º. A cláusula não dispensa o portador da apresentação do cheque no prazo estabelecido, nem dos avisos. Incumbe a quem alega a inobservância de prazo a prova respectiva.

§ 2º. A cláusula lançada pelo emitente produz efeito em relação a todos os obrigados; a lançada por endossante ou por avalista produz efeito somente em relação ao que lançar.

§ 3º. Se, apesar de cláusula lançada pelo emitente, o portador promove o protesto, as despesas correm por sua conta. Por elas respondem todos os obrigados, se a cláusula é lançada por endossante ou avalista.

Art. 51. Todos os obrigados respondem solidariamente para com o portador do cheque.

§ 1º. O portador tem o direito de demandar todos os obrigados, individual ou coletivamente, sem estar sujeito a observar a ordem em que se obrigaram. O mesmo direito cabe ao obrigado que pagar o cheque.

§ 2º. A ação contra um dos obrigados não impede sejam os outros demandados, mesmo que se tenham obrigado posteriormente àquele.

§ 3º. Regem-se pelas normas das obrigações solidárias as relações entre obrigados do mesmo grau.

Art. 52. O portador pode exigir do demandado:

I – a importância do cheque não pago;

II – os juros legais desde o dia da apresentação;

III – as despesas que fez;

IV – a compensação pela perda do valor aquisitivo da moeda, até o embolso das importâncias mencionadas nos itens antecedentes.

Art. 53. Quem paga o cheque pode exigir de seus garantes:

I – a importância integral que pagou;

II – os juros legais, a contar do dia do pagamento;

III – as despesas que fez;

IV – a compensação pela perda do valor aquisitivo da moeda, até o embolso das importâncias mencionadas nos itens antecedentes.

Art. 54. O obrigado contra o qual se promova execução, ou que a esta esteja sujeito, pode exigir, contra pagamento, a entrega do cheque, com o instrumento de protesto ou da declaração equivalente e a conta de juros e despesas quitada.

Parágrafo único. O endossante que pagou o cheque pode cancelar seu endosso e os dos endossantes posteriores.

Art. 55. Quando disposição legal ou caso de força maior impedir a apresentação do cheque, o protesto ou a declaração equivalente nos prazos estabelecidos, consideram-se estes prorrogados.

§ 1º. O portador é obrigado a dar aviso imediato da ocorrência de força maior a seu endossante e a fazer menção do aviso dado mediante declaração datada e assinada por ele no cheque ou folha de alongamento. São aplicáveis, quanto ao mais, as disposições do art. 49 e seus parágrafos desta Lei.

§ 2º. Cessado o impedimento, deve o portador, imediatamente, apresentar o cheque para pagamento e, se couber, promover o protesto ou a declaração equivalente.

§ 3º. Se o impedimento durar por mais de 15 (quinze) dias, contados do dia em que o portador, mesmo antes de findo o prazo de apresentação, comunicou a ocorrência de força maior a seu endossante, poderá ser promovida a execução, sem necessidade da apresentação do protesto ou declaração equivalente.

§ 4º. Não constituem casos de força maior os fatos puramente pessoais relativos ao portador ou à pessoa por ele incumbida da apresentação do cheque, do protesto ou da obtenção da declaração equivalente.

Capítulo VIII – Da Pluralidade de Exemplares

Art. 56. Excetuado o cheque ao portador, qualquer cheque emitido em um país e pagável em outro pode ser feito em vários exemplares idênticos, que devem ser numerados no próprio texto do título, sob pena de cada exemplar ser considerado cheque distinto.

Art. 57. O pagamento feito contra a apresentação de um exemplar é liberatório, ainda que não estipulado que o pagamento torna sem efeito os outros exemplares.

Parágrafo único. O endossante que transferir os exemplares a diferentes pessoas e os endossantes posteriores respondem por todos os exemplares que assinarem e que não forem restituídos.

Capítulo IX – Das Alterações

Art. 58. No caso de alteração do texto do cheque, os signatários posteriores à alteração respondem nos termos do texto alterado e os signatários anteriores, nos do texto original.

Parágrafo único. Não sendo possível determinar se a firma foi aposta no título antes ou depois de sua alteração, presume-se que a tenha sido antes.

Capítulo X – Da Prescrição

• *Vide Súmula 299 do STJ.*

Art. 59. Prescrevem em 6 (seis) meses, contados da expiração do prazo de apresentação, a ação que o art. 47 desta Lei assegura ao portador.

Parágrafo único. A ação de regresso de um obrigado ao pagamento do cheque contra outro prescreve em 6 (seis) meses, contados do dia em que o obrigado pagou o cheque ou do dia em que foi demandado.

Art. 60. A interrupção da prescrição produz efeito somente contra o obrigado em relação ao qual foi promovido o ato interruptivo.

MANUAL PRÁTICO DOS TÍTULOS DE CRÉDITO

LEGISLAÇÃO COMERCIAL COMPLEMENTAR

EDIPRO

Art. 61. A ação de enriquecimento contra o emitente ou outros obrigados, que se locupletaram injustamente com o não-pagamento do cheque, prescreve em 2 (dois) anos, contados do dia em que se consumar a prescrição prevista no art. 59 e seu parágrafo desta Lei.

Art. 62. Salvo prova de novação, a emissão ou a transferência do cheque não exclui a ação fundada na relação causal, feita a prova do não-pagamento.

Capítulo XI – Dos Conflitos de Leis em Matéria de Cheques

Art. 63. Os conflitos de leis em matéria de cheques serão resolvidos de acordo com as normas constantes das Convenções aprovadas, promulgadas e mandadas aplicar no Brasil, na forma prevista pela Constituição Federal.

Capítulo XII – Das Disposições Gerais

Art. 64. A apresentação do cheque, o protesto ou a declaração equivalente só podem ser feitos ou exigidos em dia útil, durante o expediente dos estabelecimentos de crédito, câmaras de compensação e cartórios de protestos.

Parágrafo único. O cômputo dos prazos estabelecidos nesta Lei obedece às disposições do direito comum.

Art. 65. Os efeitos penais da emissão do cheque sem suficiente provisão de fundos, da frustração do pagamento do cheque, da falsidade, da falsificação e da alteração do cheque continuam regidos pela legislação criminal.

• *Vide Súmulas nºs 246, 521 e 554 do STF.*

Art. 66. Os vales ou cheques postais, os cheques de poupança ou assemelhados, e os cheques de viagem regem-se pelas disposições especiais a eles referentes.

Art. 67. A palavra "banco", para os fins desta Lei, designa também a instituição financeira contra a qual a lei admita a emissão de cheque.

Art. 68. Os bancos e casas bancárias poderão fazer prova aos seus depositantes dos cheques por estes sacados mediante apresentação de cópia fotográfica ou microfotográfica.

Art. 69. Fica ressalvada a competência do Conselho Monetário Nacional, nos termos e nos limites da legislação específica, para expedir normas relativas à matéria bancária relacionada com o cheque.

Parágrafo único. É da competência do Conselho Monetário Nacional:

a) a determinação das normas a que devem obedecer as contas de depósito para que possam ser fornecidos os talões de cheques aos depositantes;

b) a determinação das consequências do uso indevido do cheque, relativamente à conta do depositante;

c) a disciplina das relações entre o sacado e o opoente, na hipótese do art. 36 desta Lei.

Art. 70. Esta Lei entra em vigor na data de sua publicação.

Art. 71. Revogam-se as disposições em contrário.

Brasília, 2 de setembro de 1985; 164º da Independência e 97º da República.

José Sarney

DOU de 3.9.1985

LEI Nº 9.492, DE 10 DE SETEMBRO DE 1997

Define competência, regulamenta os serviços concernentes ao protesto de títulos e outros documentos de dívida e dá outras providências.

O Presidente da República,

Faço saber que o Congresso Nacional decreta e eu sanciono a seguinte lei:

Capítulo I – Da Competência e das Atribuições

Art. 1º. Protesto é o ato formal e solene pelo qual se prova a inadimplência e o descumprimento de obrigação originada em títulos e outros documentos de dívida.

• *Dos títulos de crédito no Código Civil: vide arts. 887 a 926.*

Art. 2º. Os serviços concernentes ao protesto, garantidores da autenticidade, publicidade, segurança e eficácia dos atos jurídicos, ficam sujeitos ao regime estabelecido nesta Lei.

Art. 3º. Compete privativamente ao Tabelião de Protesto de Títulos, na tutela dos interesses públicos e privados, a protocolização, a intimação, o acolhimento da devolução ou do aceite, o recebimento do pagamento, do título e de outros documentos de dívida, bem como lavrar e registrar o protesto ou acatar a desistência do credor em relação ao mesmo, proceder às averbações, prestar informações e fornecer certidão relativas a todos os atos praticados, na forma da Lei.

Capítulo II – Da Ordem dos Serviços

Art. 4º. O atendimento ao público será, no mínimo, de seis horas diárias.

Art. 5º. Todos os documentos apresentados ou distribuídos no horário regulamentar serão protocolizados dentro de vinte e quatro horas, obedecendo à ordem lógica de entrega.

Parágrafo único. Ao apresentante será entregue recibo com as características essenciais do título ou documento de dívida, sendo de sua responsabilidade os dados fornecidos.

Art. 6º. Tratando-se de cheque, poderá o protesto ser lavrado no lugar do pagamento ou do domicílio do emitente, devendo do referido cheque constar a prova de apresentação ao Banco sacado, salvo se o protesto tenha por fim instruir medidas pleiteadas contra o estabelecimento de crédito.

Capítulo III – Da Distribuição

Art. 7º. Os títulos e documentos de dívida destinados a protesto somente estarão sujeitos à prévia distribuição obrigatória nas localidades onde houver mais de um Tabelionato de Protesto de Títulos.

Parágrafo único. Onde houver mais de um Tabelionato de Protesto de Títulos, a distribuição será feita por um Serviço instalado e mantido pelos próprios Tabelionatos, salvo se já existir Ofício Distribuidor organizado antes da promulgação desta Lei.

Art. 8º. Os títulos e documentos de dívida serão recepcionados, distribuídos e entregues na mesma data aos Tabelionatos de Protesto, obedecidos os critérios de quantidade e qualidade.

Parágrafo único. Poderão ser recepcionadas as indicações a protestos das Duplicatas Mercantis e de Prestação de Serviços, por meio magnético ou de gravação eletrônica de dados, sendo de inteira responsabilidade do apresentante os dados fornecidos, ficando a cargo dos Tabelionatos a mera instrumentalização das mesmas.

Capítulo IV – Da Apresentação e Protocolização

Art. 9º. Todos os títulos e documentos de dívida protocolizados serão examinados em seus caracteres formais e terão curso se não apresentarem vícios, não cabendo ao Tabelião de Protesto investigar a ocorrência de prescrição ou caducidade.

Parágrafo único. Qualquer irregularidade formal observada pelo Tabelião obstará o registro do protesto.

Art. 10. Poderão ser protestados títulos e outros documentos de dívida em moeda estrangeira, emitidos fora do Brasil, desde que acompanhados de tradução efetuada por tradutor público juramentado.

§ 1º. Constarão obrigatoriamente do registro do protesto a descrição do documento e sua tradução.

§ 2º. Em caso de pagamento, este será efetuado em moeda corrente nacional, cumprindo ao apresentante a conversão na data de apresentação do documento para protesto.

§ 3º. Tratando-se de títulos ou documentos de dívidas emitidos no Brasil, em moeda estrangeira, cuidará o Tabelião de observar as disposições do Decreto-Lei nº 857, de 11 de setembro de 1969, e legislação complementar ou superveniente.

Art. 11. Tratando-se de títulos ou documentos de dívida sujeitos a qualquer tipo de correção, o pagamento será feito pela conversão vigorante no dia da apresentação, no valor indicado pelo apresentante.

- *O Decreto-Lei nº 857, de 11.9.1969, consolida e altera a legislação sobre moeda de pagamento de obrigações exequíveis no Brasil.*

Capítulo V – Do Prazo

Art. 12. O protesto será registrado dentro de três dias úteis contados da protocolização do título ou documento de dívida.

§ 1º. Na contagem do prazo a que se refere o *caput* exclui-se o dia da protocolização e inclui-se o do vencimento.

§ 2º. Consideram-se não útil o dia em que não houver expediente bancário para o público ou aquele em que este não obedecer ao horário normal.

Art. 13. Quando a intimação for efetivada excepcionalmente no último dia do prazo ou além dele, por motivo de força maior, o protesto será tirado no primeiro dia útil subsequente.

Capítulo VI – Da Intimação

Art. 14. Protocolizado o título ou documento de dívida, o Tabelião de Protesto expedirá a intimação ao devedor, no endereço fornecido pelo apresentante do título ou documento, considerando-se cumprida quando comprovada a sua entrega no mesmo endereço.

MANUAL PRÁTICO DOS TÍTULOS DE CRÉDITO

LEGISLAÇÃO COMERCIAL COMPLEMENTAR

EDIPRO

§ 1º. A remessa da intimação poderá ser feita por portador do próprio tabelião, ou por qualquer outro meio, desde que o recebimento fique assegurado e comprovado através de protocolo, aviso de recepção (AR) ou documento equivalente.

§ 2º. A intimação deverá conter nome e endereço do devedor, elementos de identificação do título ou documento de dívida, e prazo limite para cumprimento da obrigação no Tabelionato, bem como número do protocolo e valor a ser pago.

Art. 15. A intimação será feita por edital se a pessoa indicada para aceitar ou pagar for desconhecida, sua localização incerta ou ignorada, for residente ou domiciliada fora da competência territorial do Tabelionato, ou, ainda, ninguém se dispuser a receber a intimação no endereço fornecido pelo apresentante.

§ 1º. O edital será afixado no Tabelionato de Protesto e publicado pela imprensa local onde houver jornal de circulação diária.

§ 2º. Aquele que fornecer endereço incorreto, agindo de má-fé, responderá por perdas e danos, sem prejuízo de outras sanções civis, administrativas ou penais.

Capítulo VII – Da Desistência e Sustação do Protesto

Art. 16. Antes da lavratura do protesto, poderá o apresentante retirar o título ou documento de dívida, pagos os emolumentos e demais despesas.

Art. 17. Permanecerão no Tabelionato, à disposição do Juízo respectivo, os títulos ou documentos de dívida cujo protesto for judicialmente sustado.

§ 1º. O título o documento de dívida cujo protesto tiver sido sustado judicialmente só poderá ser pago, protestado ou retirado com autorização judicial.

§ 2º. Revogada a ordem de sustação, não há necessidade de se proceder a nova intimação do devedor, sendo a lavratura e o registro do protesto efetivados até o primeiro dia útil subsequente ao do recebimento da revogação, salvo se a materialização do ato depender de consulta a ser formulada ao apresentante, caso em que o mesmo prazo será contado da data da resposta dada.

§ 3º. Tornada definitiva a ordem de sustação, o título ou o documento de dívida será encaminhado ao Juízo respectivo, quando não constar determinação expressa a qual das partes o mesmo deverá ser entregue, ou se decorridos trinta dias sem que a parte autorizada tenha comparecido no Tabelionato para retirá-lo.

Art. 18. As dúvidas do Tabelião de Protesto serão resolvidas pelo Juízo competente.

Capítulo VIII – Do Pagamento

Art. 19. O pagamento do título ou do documento de dívida apresentado para protesto será feito diretamente no Tabelionato competente, no valor igual ao declarado pelo apresentante, acrescido dos emolumentos e demais despesas.

§ 1º. Não poderá ser recusado pagamento oferecido dentro do prazo legal, desde que feito no Tabelionato de Protesto competente e no horário de funcionamento dos serviços.

§ 2º. No ato do pagamento, o Tabelionato de Protesto dará a respectiva quitação, e o valor devido será colocado à disposição do apresentante no primeiro dia útil subsequente ao do recebimento.

§ 3º. Quando for adotado sistema de recebimento do pagamento por meio de cheque, ainda que de emissão de estabelecimento bancário, a quitação dada pelo Tabelionato fica condicionada à efetiva liquidação.

§ 4º. Quando do pagamento no Tabelionato ainda subsistirem parcelas vincendas, será dada quitação da parcela paga em apartado, devolvendo-se o original ao apresentante.

Capítulo IX – Do Registro do Protesto

Art. 20. Esgotado o prazo previsto no art. 12, sem que tenham ocorrido as hipóteses dos Capítulos VII e VIII, o Tabelião lavrará e registrará o protesto, sendo o respectivo instrumento entregue ao apresentante.

Art. 21. O protesto será tirado por falta de pagamento, de aceite ou de devolução.

§ 1º. O protesto por falta de aceite somente poderá ser efetuado antes do vencimento da obrigação e após o decurso do prazo legal para o aceite ou a devolução.

§ 2º. Após o vencimento, o protesto sempre será efetuado por falta de pagamento, vedada a recusa da lavratura e registro do protesto por motivo não previsto na lei cambial.

§ 3º. Quando o sacado retirar a letra de câmbio ou a duplicata enviada para aceite e não proceder à devolução dentro do prazo legal, o protesto poderá ser baseado na segunda via da letra de câmbio ou nas indicações da duplicata, que se limitarão a conter os mesmos requisitos lançados pelo sacador ao tempo da emissão da duplicata, vedada a exigência de qualquer formalidade não prevista na Lei que regula a emissão e circulação das duplicatas.

§ 4º. Os devedores, assim compreendidos os emitentes de notas promissórias e cheques, os sacados nas letras de câmbio e duplicatas, bem como os indicados pelo apresentante ou credor como responsáveis pelo cumprimento da obrigação, não poderão deixar de figurar no termo de lavratura e registro de protesto.

Art. 22. O registro do protesto e seu instrumento deverão conter:

I – data e número de protocolização;

II – nome do apresentante e endereço;

III – reprodução ou transcrição do documento ou das indicações feitas pelo apresentante e declarações nele inseridas;

IV – certidão das intimações feitas e das respostas eventualmente oferecidas;

V – indicação dos intervenientes voluntários e das firmas por eles honradas;

VI – a aquiescência do portador ao aceite por honra;

VII – nome, número do documento de identificação do devedor e endereço;

VIII – data e assinatura do Tabelião de Protesto, de seus substitutos ou de Escrevente autorizado.

Parágrafo único. Quando o Tabelião de Protesto conservar em seus arquivos gravação eletrônica da imagem, cópia reprográfica ou micrográfica do título ou documento de dívida, dispensa-se, no registro e no instrumento, a sua transcrição literal, bem como das demais declarações nele inseridas.

Art. 23. Os termos dos protestos lavrados, inclusive para fins especiais, por falta de pagamento, de aceite ou de devolução serão registrados em um único livro e conterão as anotações do tipo e do motivo do protesto, além dos requisitos previstos no artigo anterior.

Parágrafo único. Somente poderão ser protestados para fim falimentares, os títulos ou documentos de dívida de responsabilidade das pessoas sujeitas às consequências da legislação falimentar.

Art. 24. O deferimento do processamento de concordata não impede o protesto.

Capítulo X – Das Averbações e do Cancelamento

Art. 25. A averbação de retificação de erros materiais pelo serviço poderá ser efetuada de ofício ou a requerimento do interessado, sob responsabilidade do Tabelião de Protesto de Títulos.

§ 1º. Para a averbação da retificação será indispensável a apresentação do instrumento eventualmente expedido e de documentos que comprovem o erro.

§ 2º. Não são devidos emolumentos pela averbação prevista neste artigo.

Art. 26. O cancelamento do registro do protesto será solicitado diretamente no Tabelionato de Protesto de Títulos, por qualquer interessado, mediante apresentação do documento protestado, cuja cópia ficará arquivada.

§ 1º. Na impossibilidade de apresentação do original do título ou documento de dívida protestado, será exigida a declaração de anuência, com identificação e firma reconhecida, daquele que figurou no registro de protesto como credor, originário ou por endosso translativo.

§ 2º. Na hipótese de protesto em que tenha figurado apresentante por endosso-mandato, será suficiente a declaração de anuência passada pelo credor endossante.

§ 3º. O cancelamento do registro do protesto, se fundado em outro motivo que não no pagamento do título ou documento de dívida, será efetivado por determinação judicial, pagos os emolumentos devidos ao Tabelião.

§ 4º. Quando a extinção da obrigação decorrer de processo judicial, o cancelamento do registro do protesto poderá ser solicitado com a apresentação da certidão expedida pelo Juízo processante, com menção do trânsito em julgado, que substituirá o título ou o documento de dívida protestado.

§ 5º. O cancelamento do registro do protesto será feito pelo Tabelião titular, por seus Substitutos ou por Escrevente autorizado.

§ 6º. Quando o protesto lavrado for registrado sob forma de microfilme ou gravação eletrônica, o termo do cancelamento será lançado em documento apartado, que será arquivado juntamente com os documentos que instruíram o pedido, e anotado no índice respectivo.

Capítulo XI – Das Certidões e Informações do Protesto

Art. 27. O Tabelião de Protesto expedirá as certidões solicitadas dentro de cinco dias úteis, no máximo, que abrangerão o período mínimo dos cinco anos anteriores, contados da data do pedido, salvo quando se referir a protesto específico.

§ 1º. As certidões expedidas pelos serviços de protesto de títulos, inclusive as relativas à prévia distribuição, deverão obrigatoriamente indicar, além do nome do devedor, seu número no Registro Geral (RG), constante da Cédula de Identidade, ou seu número no Cadastro de Pessoas Físicas (CPF), se pessoa física, e o número de inscrição no Cadastro Geral de Contribuintes (CGC), se pessoa jurídica cabendo ao apresentante do título para protesto fornecer esses dados, sob pena de recusa.

§ 2º. Das certidões não constarão os registros cujos cancelamentos tiverem sido averbados, salvo por requerimento escrito do próprio devedor ou por ordem judicial.

Art. 28. Sempre que a harmonia puder ser verificada simplesmente pelo confronto do número de documento de identificação, o Tabelião de Protesto dará certidão negativa.

Art. 29. Os cartórios fornecerão às entidades representativas da indústria e do comércio ou àquelas vinculadas à proteção do crédito, quando solicitada, certidão diária, em forma de relação, dos protestos tirados e dos cancelamentos

MANUAL PRÁTICO DOS TÍTULOS DE CRÉDITO

LEGISLAÇÃO COMERCIAL COMPLEMENTAR

EDIPRO

efetuados, com a nota de se cuidar de informação reservada, da qual não se poderá dar publicidade pela imprensa nem mesmo parcialmente.

• *Art. 29, caput, com redação dada pela Lei nº 9.841, de 5.10.1999.*

§ 1º. O fornecimento da certidão será suspenso caso se desatenda o disposto no *caput* ou se forneçam informações de protestos cancelados.

• *§ 1º com redação dada pela Lei nº 9.841, de 5.10.1999.*

§ 2º. Dos cadastros ou bancos de dados, das entidades referidas no *caput*, somente serão prestadas informações restritivas de crédito oriundas de títulos ou documentos de dívidas regularmente protestados, cujos registros não foram cancelados.

• *§ 2º com redação dada pela Lei nº 9.841, de 5.10.1999.*

§ 3º. (Revogado).

• *§ 3º revogado pela Lei nº 9.841, de 5.10.1999.*

Art. 30. As certidões, informações e relações serão elaboradas pelo nome dos devedores, conforme previstos no § 4º do art. 21 desta Lei devidamente identificados, e abrangerão os protestos lavrados e registrados por falta de pagamento, de aceite ou de devolução, vedada a exclusão ou omissão de nomes e de protestos, ainda que provisória ou parcial.

Art. 31. Poderão ser fornecidas certidões de protestos, não cancelados, a quaisquer interessados, desde que requeridas por escrito.

• *Art. 31 com redação dada pela Lei nº 9.841, de 5.10.1999.*

Capítulo XII – Dos Livros e Arquivos

Art. 32. O livro de protocolo poderá ser escriturado mediante processo manual, mecânico, eletrônico ou informatizado, em folhas soltas e com colunas destinadas às seguintes anotações: número de ordem, natureza do título ou documento de dívida, valor, apresentante, devedor e ocorrências.

Parágrafo único. A escrituração será diária, constando do termo de encerramento o número de documentos apresentados no dia, sendo a data da protocolização a mesma do termo diário do encerramento.

Art. 33. Os livros de Registros de Protesto serão abertos e encerrados pelo Tabelião de Protestos ou seus Substitutos, ou ainda por Escrevente autorizado, com suas folhas numeradas e rubricadas.

Art. 34. Os índices serão de localização dos protestos registrados e conterão os nomes dos devedores, na forma do § 4º do art. 21, vedada a exclusão ou omissão de nomes e de protestos, ainda que em caráter provisório ou parcial, não decorrente do cancelamento definitivo do protesto.

§ 1º. Os índices conterão referências ao livro e à folha, ao microfilme ou ao arquivo eletrônico onde estiver registrado o protesto, ou ao número do registro, e aos cancelamentos de protestos efetuados.

§ 2º. Os índices poderão ser elaborados pelo sistema de fichas, microfichas ou banco eletrônico de dados.

Art. 35. O Tabelião de Protestos arquivará ainda:

I – intimações;

II – editais;

III – documentos apresentados para a averbação no registro de protestos e ordens de cancelamentos;

IV – mandados e ofícios judiciais;

V – solicitações de retirada de documentos pelo apresentante;

VI – comprovantes de entrega de pagamentos aos credores;

VII – comprovantes de devolução de documentos de dívida irregulares.

§ 1º. Os arquivos deverão ser conservados, pelo menos, durante os seguintes prazos:

I – um ano, para as intimações e editais correspondentes a documentos protestados e ordens de cancelamento;

II – seis meses, para as intimações e editais correspondentes a documentos pagos ou retirados além do tríduo legal;

III – trinta dias, para os comprovantes de entrega de pagamento aos credores para as solicitações de retirada dos apresentantes e para os comprovantes de devolução, por irregularidades, aos mesmos, dos títulos e documentos de dívidas.

§ 2º. Para os livros e documentos microfilmados ou gravados por processo eletrônico de imagens não subsiste a obrigatoriedade de sua conservação.

§ 3º. Os mandados judiciais de sustação de protesto deverão ser conservados, juntamente com os respectivos documentos, até solução definitiva por parte do Juízo.

Art. 36. O prazo de arquivamento é de três anos para livros de protocolo e de dez anos para os livros de registros de protesto e respectivos títulos.

Capítulo XIII – Dos Emolumentos

Art. 37. Pelos atos que praticarem em decorrência desta Lei, os Tabeliães de Protesto perceberão, diretamente das partes, a título de remuneração, os emolumentos fixados na forma da lei estadual e de seus decretos regulamentadores, salvo quando o serviço for estatizado.

§ 1º. Poderá ser exigido depósito prévio dos emolumentos e demais despesas devidas, caso em que, igual importância deverá ser reembolsada ao apresentante por ocasião da prestação de contas, quando ressarcidas pelo devedor no Tabelionato.

§ 2º. Todo e qualquer ato praticado pelo Tabelião de Protesto será cotado, identificando-se as parcelas componentes do seu total.

§ 3º. Pelo ato de digitalização e gravação eletrônica dos títulos e outros documentos, serão cobrados os mesmos valores previstos na tabela de emolumentos para o ato de microfilmagem.

Capítulo XIV – Disposições Finais

Art. 38. Os Tabeliães de Protesto de Títulos são civilmente responsáveis por todos os prejuízos que causarem, por culpa ou dolo, pessoalmente, pelos substitutos que designarem ou Escreventes que autorizarem, assegurado o direito de regresso.

Art. 39. A reprodução de microfilme ou do processamento eletrônico da imagem, do título ou de qualquer documento arquivado no Tabelionato, quando autenticado pelo Tabelião de Protesto, por seu Substituto ou Escrevente autorizado, guarda o mesmo valor do original, independentemente de restauração judicial.

Art. 40. Não havendo prazo assinado, a data do registro do protesto é o termo inicial da incidência de juros, taxas e atualizações monetárias sobre o valor da obrigação contida no original ou documento de dívida.

* *Vide art. 48 do Decreto nº 57.663, de 24.1.1966 (Lei Uniforme).*
* *Vide art. 52, II, da Lei nº 7.357, de 2.9.1985 (Lei do Cheque).*
* *A Lei nº 6.899, de 8.4.1981 (Lei da Correção Monetária), determina no § 1º de seu art. 1º "Nas execuções de títulos de dívida líquida e certa, a correção será calculada a contar do respectivo vencimento".*

Art. 41. Para os serviços previstos nesta Lei os Tabeliães poderão adotar, independentemente de autorização, sistemas de computação, gravação, microfilmagem, gravação eletrônica de imagem e quaisquer outros meios de reprodução.

Art. 42. Esta Lei entra em vigor na data de um publicação.

Art. 43. Revogam-se as disposições em contrário.

Brasília, 10 de setembro de 1997; 176º da Independência e 109º da República.

Fernando Henrique Cardoso

DOU de 11.9.1997

LEI Nº 9.514, DE 20 DE NOVEMBRO DE 1997 (EXCERTOS)

Dispõe sobre o Sistema de Financiamento Imobiliário, institui a alienação fiduciária de coisa imóvel e dá outras providências.

O Presidente da República,

Faço saber que o Congresso Nacional decreta e eu sanciono a seguinte Lei:

Capítulo I – Do Sistema de Financiamento Imobiliário

Seção I – Da Finalidade

Art. 1º. O Sistema de Financiamento Imobiliário – SFI tem por finalidade promover o financiamento imobiliário em geral, segundo condições compatíveis com as da formação dos fundos respectivos.

....

Seção IV – Do Certificado de Recebíveis Imobiliários

Art. 6º. O Certificado de Recebíveis Imobiliários – CRI é título de crédito nominativo, de livre negociação, lastreado em créditos imobiliários e constitui promessa de pagamento em dinheiro.

Parágrafo único. O CRI é de emissão exclusiva das companhias securitizadoras.

Art. 7º. O CRI terá as seguintes características:

I – nome da companhia emitente;

II – número de ordem, local e data de emissão;

III – denominação "Certificado de Recebíveis Imobiliários";

IV – forma escritural;

V – nome do titular;

VI – valor nominal;

VII – data de pagamento ou, se emitido para pagamento parcelado, discriminação dos valores e das datas de pagamento das diversas parcelas;

VIII – taxa de juros, fixa ou flutuante, e datas de sua exigibilidade, admitida a capitalização;

IX – cláusula de reajuste, observada a legislação pertinente;

X – lugar de pagamento;

XI – identificação do Termo de Securitização de Créditos que lhe tenha dado origem.

§ 1º. O registro e a negociação do CRI far-se-ão por meio de sistemas centralizados de custódia e liquidação financeira de títulos privados.

§ 2º. O CRI poderá ter, conforme dispuser o Termo de Securitização de Créditos, garantia flutuante, que lhe assegurará privilégio geral sobre o ativo da companhia securitizadora, mas não impedirá a negociação dos bens que compõem esse ativo.

....

Art. 41. O Ministro de Estado da Fazenda poderá expedir as instruções que se fizerem necessárias à execução do disposto nesta Lei.

Art. 42. Esta Lei entra em vigor na data de sua publicação.

Brasília, 20 de novembro de 1997; 176º da Independência e 109º da República.

Fernando Henrique Cardoso

DOU de 21.11.1997

LEI Nº 10.931, DE 2 DE AGOSTO DE 2004 (Excertos)

Dispõe sobre o patrimônio de afetação de incorporações imobiliárias, Letra de Crédito Imobiliário, Cédula de Crédito Imobiliário, Cédula de Crédito Bancário, altera o Decreto-Lei nº 911, de 1º de outubro de 1969, as Leis nº 4.591, de 16 de dezembro de 1964, nº 4.728, de 14 de julho de 1965, e nº 10.406, de 10 de janeiro de 2002, e dá outras providências.

O Presidente da República,

Faço saber que o Congresso Nacional decreta e eu sanciono a seguinte Lei:

....

Capítulo II – Da Letra de Crédito Imobiliário

Art. 12. Os bancos comerciais, os bancos múltiplos com carteira de crédito imobiliário, a Caixa Econômica Federal, as sociedades de crédito imobiliário, as associações de poupança e empréstimo, as companhias hipotecárias e demais espécies de instituições que, para as operações a que se refere este artigo, venham a ser expressamente autorizadas pelo Banco Central do Brasil, poderão emitir, independentemente de tradição efetiva, Letra de Crédito Imobiliário – LCI, lastreada por créditos imobiliários garantidos por hipoteca ou por alienação fiduciária de coisa imóvel, conferindo aos seus tomadores direito de crédito pelo valor nominal, juros e, se for o caso, atualização monetária nelas estipulados.

§ 1º. A LCI será emitida sob a forma nominativa, podendo ser transferível mediante endosso em preto, e conterá:

I – o nome da instituição emitente e as assinaturas de seus representantes;

II – o número de ordem, o local e a data de emissão;

III – a denominação "Letra de Crédito Imobiliário";

IV – o valor nominal e a data de vencimento;

V – a forma, a periodicidade e o local de pagamento do principal, dos juros e, se for o caso, da atualização monetária;

VI – os juros, fixos ou flutuantes, que poderão ser renegociáveis, a critério das partes;

VII – a identificação dos créditos caucionados e seu valor;

VIII – o nome do titular; e

IX – cláusula à ordem, se endossável.

§ 2º. A critério do credor, poderá ser dispensada a emissão de certificado, devendo a LCI sob a forma escritural ser registrada em sistemas de registro e liquidação financeira de títulos privados autorizados pelo Banco Central do Brasil.

Art. 13. A LCI poderá ser atualizada mensalmente por índice de preços, desde que emitida com prazo mínimo de trinta e seis meses.

Parágrafo único. É vedado o pagamento dos valores relativos à atualização monetária apropriados desde a emissão, quando ocorrer o resgate antecipado, total ou parcial, em prazo inferior ao estabelecido neste artigo, da LCI emitida com previsão de atualização mensal por índice de preços.

Art. 14. A LCI poderá contar com garantia fidejussória adicional de instituição financeira.

Art. 15. A LCI poderá ser garantida por um ou mais créditos imobiliários, mas a soma do principal das LCI emitidas não poderá exceder o valor total dos créditos imobiliários em poder da instituição emitente.

§ 1º. A LCI não poderá ter prazo de vencimento superior ao prazo de quaisquer dos créditos imobiliários que lhe servem de lastro.

§ 2º. O crédito imobiliário caucionado poderá ser substituído por outro crédito da mesma natureza por iniciativa do emitente da LCI, nos casos de liquidação ou vencimento antecipados do crédito, ou por solicitação justificada do credor da letra.

Art. 16. O endossante da LCI responderá pela veracidade do título, mas contra ele não será admitido direito de cobrança regressiva.

Art. 17. O Banco Central do Brasil poderá estabelecer o prazo mínimo e outras condições para emissão e resgate de LCI, observado o disposto no art. 13 desta Lei.

Capítulo III – Da Cédula de Crédito Imobiliário

Art. 18. É instituída a Cédula de Crédito Imobiliário – CCI para representar créditos imobiliários.

§ 1º. A CCI será emitida pelo credor do crédito imobiliário e poderá ser integral, quando representar a totalidade do crédito, ou fracionária, quando representar parte dele, não podendo a soma das CCI fracionárias emitidas em relação a cada crédito exceder o valor total do crédito que elas representam.

§ 2º. As CCI fracionárias poderão ser emitidas simultaneamente ou não, a qualquer momento antes do vencimento do crédito que elas representam.

§ 3º. A CCI poderá ser emitida com ou sem garantia, real ou fidejussória, sob a forma escritural ou cartular.

§ 4º. A emissão da CCI sob a forma escritural far-se-á mediante escritura pública ou instrumento particular, devendo esse instrumento permanecer custodiado em instituição financeira e registrado em sistemas de registro e liquidação financeira de títulos privados autorizados pelo Banco Central do Brasil.

§ 5º. Sendo o crédito imobiliário garantido por direito real, a emissão da CCI será averbada no Registro de Imóveis da situação do imóvel, na respectiva matrícula, devendo dela constar, exclusivamente, o número, a série e a instituição custodiante.

§ 6º. A averbação da emissão da CCI e o registro da garantia do crédito respectivo, quando solicitados simultaneamente, serão considerados como ato único para efeito de cobrança de emolumentos.

§ 7º. A constrição judicial que recaia sobre crédito representado por CCI será efetuada nos registros da instituição custodiante ou mediante apreensão da respectiva cártula.

§ 8º. O credor da CCI deverá ser imediatamente intimado de constrição judicial que recaia sobre a garantia real do crédito imobiliário representado por aquele título.

§ 9º. No caso de CCI emitida sob a forma escritural, caberá à instituição custodiante identificar o credor, para o fim da intimação prevista no § 8º.

Art. 19. A CCI deverá conter:

I – a denominação "Cédula de Crédito Imobiliário", quando emitida cartularmente;

II – o nome, a qualificação e o endereço do credor e do devedor e, no caso de emissão escritural, também o do custodiante:

III – a identificação do imóvel objeto do crédito imobiliário, com a indicação da respectiva matrícula no Registro de Imóveis competente e do registro da constituição da garantia, se for o caso;

IV – a modalidade da garantia, se for o caso;

V – o número e a série da cédula;

VI – o valor do crédito que representa;

VII – a condição de integral ou fracionária e, nessa última hipótese, também a indicação da fração que representa;

VIII – o prazo, a data de vencimento, o valor da prestação total, nela incluídas as parcelas de amortização e juros, as taxas, seguros e demais encargos contratuais de responsabilidade do devedor, a forma de reajuste e o valor das multas previstas contratualmente, com a indicação do local de pagamento;

IX – o local e a data da emissão;

X – a assinatura do credor, quando emitida cartularmente;

XI – a autenticação pelo Oficial do Registro de Imóveis competente, no caso de contar com garantia real; e

XII – cláusula à ordem, se endossável.

Art. 20. A CCI é título executivo extrajudicial, exigível pelo valor apurado de acordo com as cláusulas e condições pactuadas no contrato que lhe deu origem.

MANUAL PRÁTICO DOS TÍTULOS DE CRÉDITO

LEGISLAÇÃO COMERCIAL COMPLEMENTAR

Parágrafo único. O crédito representado pela CCI será exigível mediante ação de execução, ressalvadas as hipóteses em que a lei determine procedimento especial, judicial ou extrajudicial para satisfação do crédito e realização da garantia.

Art. 21. A emissão e a negociação de CCI independe de autorização do devedor do crédito imobiliário que ela representa.

Art. 22. A cessão do crédito representado por CCI poderá ser feita por meio de sistemas de registro e de liquidação financeira de títulos privados autorizados pelo Banco Central do Brasil.

§ 1º. A cessão do crédito representado por CCI implica automática transmissão das respectivas garantias ao cessionário, sub-rogando-o em todos os direitos representados pela cédula, ficando o cessionário, no caso de contrato de alienação fiduciária, investido na propriedade fiduciária.

§ 2º. A cessão de crédito garantido por direito real, quando representado por CCI emitida sob a forma escritural, está dispensada de averbação no Registro de Imóveis, aplicando-se, no que esta Lei não contrarie, o disposto nos arts. 286 e seguintes da Lei nº 10.406, de 10 de janeiro de 2002 – Código Civil Brasileiro.

Art. 23. A CCI, objeto de securitização nos termos da Lei nº 9.514, de 20 de novembro de 1997, será identificada no respectivo Termo de Securitização de Créditos, mediante indicação do seu valor, número, série e instituição custodiante, dispensada a enunciação das informações já constantes da Cédula ou do seu registro na instituição custodiante.

Parágrafo único. O regime fiduciário de que trata a Seção VI do Capítulo I da Lei nº 9.514, de 1997, no caso de emissão de Certificados de Recebíveis Imobiliários lastreados em créditos representados por CCI, será registrado na instituição custodiante, mencionando o patrimônio separado a que estão afetados, não se aplicando o disposto no parágrafo único do art. 10 da mencionada Lei.

Art. 24. O resgate da dívida representada pela CCI prova-se com a declaração de quitação, emitida pelo credor, ou, na falta desta, por outros meios admitidos em direito.

Art. 25. É vedada a averbação da emissão de CCI com garantia real quando houver prenotação ou registro de qualquer outro ônus real sobre os direitos imobiliários respectivos, inclusive penhora ou averbação de qualquer mandado ou ação judicial.

Capítulo IV – Da Cédula de Crédito Bancário

Art. 26. A Cédula de Crédito Bancário é título de crédito emitido, por pessoa física ou jurídica, em favor de instituição financeira ou de entidade a esta equiparada, representando promessa de pagamento em dinheiro, decorrente de operação de crédito, de qualquer modalidade.

§ 1º. A instituição credora deve integrar o Sistema Financeiro Nacional, sendo admitida a emissão da Cédula de Crédito Bancário em favor de instituição domiciliada no exterior, desde que a obrigação esteja sujeita exclusivamente à lei e ao foro brasileiros.

§ 2º. A Cédula de Crédito Bancário em favor de instituição domiciliada no exterior poderá ser emitida em moeda estrangeira.

Art. 27. A Cédula de Crédito Bancário poderá ser emitida, com ou sem garantia, real ou fidejussória, cedularmente constituída.

Parágrafo único. A garantia constituída será especificada na Cédula de Crédito Bancário, observadas as disposições deste Capítulo e, no que não forem com elas conflitantes, as da legislação comum ou especial aplicável.

Art. 28. A Cédula de Crédito Bancário é título executivo extrajudicial e representa dívida em dinheiro, certa, líquida e exigível, seja pela soma nela indicada, seja pelo saldo devedor demonstrado em planilha de cálculo, ou nos extratos da conta corrente, elaborados conforme previsto no § 2º.

§ 1º. Na Cédula de Crédito Bancário poderão ser pactuados:

I – os juros sobre a dívida, capitalizados ou não, os critérios de sua incidência e, se for o caso, a periodicidade de sua capitalização, bem como as despesas e os demais encargos decorrentes da obrigação;

II – os critérios de atualização monetária ou de variação cambial como permitido em lei;

III – os casos de ocorrência de mora e de incidência das multas e penalidades contratuais, bem como as hipóteses de vencimento antecipado da dívida;

IV – os critérios de apuração e de ressarcimento, pelo emitente ou por terceiro garantidor, das despesas de cobrança da dívida e dos honorários advocatícios, judiciais ou extrajudiciais, sendo que os honorários advocatícios extrajudiciais não poderão superar o limite de dez por cento do valor total devido;

V – quando for o caso, a modalidade de garantia da dívida, sua extensão e as hipóteses de substituição de tal garantia;

VI – as obrigações a serem cumpridas pelo credor;

VII – a obrigação do credor de emitir extratos da conta corrente ou planilhas de cálculo da dívida, ou de seu saldo devedor, de acordo com os critérios estabelecidos na própria Cédula de Crédito Bancário, observado o disposto no § 2º; e

VIII – outras condições de concessão do crédito, suas garantias ou liquidação, obrigações adicionais do emitente ou do terceiro garantidor da obrigação, desde que não contrariem as disposições desta Lei.

§ 2º. Sempre que necessário, a apuração do valor exato da obrigação, ou de seu saldo devedor, representado pela Cédula de Crédito Bancário, será feita pelo credor, por meio de planilha de cálculo e, quando for o caso, de extrato emitido pela instituição financeira, em favor da qual a Cédula de Crédito Bancário foi originalmente emitida, documentos esses que integrarão a Cédula, observado que:

I – os cálculos realizados deverão evidenciar de modo claro, preciso e de fácil entendimento e compreensão, o valor principal da dívida, seus encargos e despesas contratuais devidos, a parcela de juros e os critérios de sua incidência, a parcela de atualização monetária ou cambial, a parcela correspondente a multas e demais penalidades contratuais, as despesas de cobrança e de honorários advocatícios devidos até a data do cálculo e, por fim, o valor total da dívida; e

II – a Cédula de Crédito Bancário representativa de dívida oriunda de contrato de abertura de crédito bancário em conta corrente será emitida pelo valor total do crédito posto à disposição do emitente, competindo ao credor, nos termos deste parágrafo, discriminar nos extratos da conta corrente ou nas planilhas de cálculo, que serão anexados à Cédula, as parcelas utilizadas do crédito aberto, os aumentos do limite do crédito inicialmente concedido, as eventuais amortizações da dívida e a incidência dos encargos nos vários períodos de utilização do crédito aberto.

§ 3º. O credor que, em ação judicial, cobrar o valor do crédito exequendo em desacordo com o expresso na Cédula de Crédito Bancário, fica obrigado a pagar ao devedor o dobro do cobrado a maior, que poderá ser compensado na própria ação, sem prejuízo da responsabilidade por perdas e danos.

Art. 29. A Cédula de Crédito Bancário deve conter os seguintes requisitos essenciais:

I – a denominação "Cédula de Crédito Bancário";

II – a promessa do emitente de pagar a dívida em dinheiro, certa, líquida e exigível no seu vencimento ou, no caso de dívida oriunda de contrato de abertura de crédito bancário, a promessa do emitente de pagar a dívida em dinheiro, certa, líquida e exigível, correspondente ao crédito utilizado;

III – a data e o lugar do pagamento da dívida e, no caso de pagamento parcelado, as datas e os valores de cada prestação, ou os critérios para essa determinação;

IV – o nome da instituição credora, podendo conter cláusula à ordem;

V – a data e o lugar de sua emissão; e

VI – a assinatura do emitente e, se for o caso, do terceiro garantidor da obrigação, ou de seus respectivos mandatários.

§ 1º. A Cédula de Crédito Bancário será transferível mediante endosso em preto, ao qual se aplicarão, no que couberem, as normas do direito cambiário, caso em que o endossatário, mesmo não sendo instituição financeira ou entidade a ela equiparada, poderá exercer todos os direitos por ela conferidos, inclusive cobrar os juros e demais encargos na forma pactuada na Cédula.

§ 2º. A Cédula de Crédito Bancário será emitida por escrito, em tantas vias quantas forem as partes que nela intervierem, assinadas pelo emitente e pelo terceiro garantidor, se houver, ou por seus respectivos mandatários, devendo cada parte receber uma via.

§ 3º. Somente a via do credor será negociável, devendo constar nas demais vias a expressão "não negociável".

§ 4º. A Cédula de Crédito Bancário pode ser aditada, retificada e ratificada mediante documento escrito, datado, com os requisitos previstos no *caput*, passando esse documento a integrar a Cédula para todos os fins.

Art. 30. A constituição de garantia da obrigação representada pela Cédula de Crédito Bancário é disciplinada por esta Lei, sendo aplicáveis as disposições da legislação comum ou especial que não forem com ela conflitantes.

Art. 31. A garantia da Cédula de Crédito Bancário poderá ser fidejussória ou real, neste último caso constituída por bem patrimonial de qualquer espécie, disponível e alienável, móvel ou imóvel, material ou imaterial, presente ou futuro, fungível ou infungível, consumível ou não, cuja titularidade pertença ao próprio emitente ou a terceiro garantidor da obrigação principal.

Art. 32. A constituição da garantia poderá ser feita na própria Cédula de Crédito Bancário ou em documento separado, neste caso fazendo-se, na Cédula, menção a tal circunstância.

Art. 33. O bem constitutivo da garantia deverá ser descrito e individualizado de modo que permita sua fácil identificação.

Parágrafo único. A descrição e individualização do bem constitutivo da garantia poderá ser substituída pela remissão a documento ou certidão expedida por entidade competente, que integrará a Cédula de Crédito Bancário para todos os fins.

Art. 34. A garantia da obrigação abrangerá, além do bem principal constitutivo da garantia, todos os seus acessórios, benfeitorias de qualquer espécie, valorizações a qualquer título, frutos e qualquer bem vinculado ao bem principal por acessão física, intelectual, industrial ou natural.

§ 1º. O credor poderá averbar, no órgão competente para o registro do bem constitutivo da garantia, a existência de qualquer outro bem por ela abrangido.

§ 2º. Até a efetiva liquidação da obrigação garantida, os bens abrangidos pela garantia não poderão, sem prévia autorização escrita do credor, ser alterados, retirados, deslocados ou destruídos, nem poderão ter sua destinação modificada, exceto quando a garantia for constituída por semoventes ou por veículos, automotores ou não, e a remoção ou o deslocamento desses bens for inerente à atividade do emitente da Cédula de Crédito Bancário, ou do terceiro prestador da garantia.

Art. 35. Os bens constitutivos de garantia pignoratícia ou objeto de alienação fiduciária poderão, a critério do credor, permanecer sob a posse direta do emitente ou do terceiro prestador da garantia, nos termos da cláusula de consti-

MANUAL PRÁTICO DOS TÍTULOS DE CRÉDITO 225

LEGISLAÇÃO COMERCIAL COMPLEMENTAR EDIPRO

tuto possessório, caso em que as partes deverão especificar o local em que o bem será guardado e conservado até a efetiva liquidação da obrigação garantida.

§ 1º. O emitente e, se for o caso, o terceiro prestador da garantia responderão solidariamente pela guarda e conservação do bem constitutivo da garantia.

§ 2º. Quando a garantia for prestada por pessoa jurídica, esta indicará representantes para responder nos termos do § 1º.

Art. 36. O credor poderá exigir que o bem constitutivo da garantia seja coberto por seguro até a efetiva liquidação da obrigação garantida, em que o credor será indicado como exclusivo beneficiário da apólice securitária e estará autorizado a receber a indenização para liquidar ou amortizar a obrigação garantida.

Art. 37. Se o bem constitutivo da garantia for desapropriado, ou se for danificado ou perecer por fato imputável a terceiro, o credor sub-rogar-se-á no direito à indenização devida pelo expropriante ou pelo terceiro causador do dano, até o montante necessário para liquidar ou amortizar a obrigação garantida.

Art. 38. Nos casos previstos nos arts. 36 e 37 desta Lei, facultar-se-á ao credor exigir a substituição da garantia, ou o seu reforço, renunciando ao direito à percepção do valor relativo à indenização.

Art. 39. O credor poderá exigir a substituição ou o reforço da garantia, em caso de perda, deterioração ou diminuição de seu valor.

Parágrafo único. O credor notificará por escrito o emitente e, se for o caso, o terceiro garantidor, para que substituam ou reforcem a garantia no prazo de quinze dias, sob pena de vencimento antecipado da dívida garantida.

Art. 40. Nas operações de crédito rotativo, o limite de crédito concedido será recomposto, automaticamente e durante o prazo de vigência da Cédula de Crédito Bancário, sempre que o devedor, não estando em mora ou inadimplente, amortizar ou liquidar a dívida.

Art. 41. A Cédula de Crédito Bancário poderá ser protestada por indicação, desde que o credor apresente declaração de posse da sua única via negociável, inclusive no caso de protesto parcial.

Art. 42. A validade e eficácia da Cédula de Crédito Bancário não dependem de registro, mas as garantias reais, por ela constituídas, ficam sujeitas, para valer contra terceiros, aos registros ou averbações previstos na legislação aplicável, com as alterações introduzidas por esta Lei.

Art. 43. As instituições financeiras, nas condições estabelecidas pelo Conselho Monetário Nacional, podem emitir título representativo das Cédulas de Crédito Bancário por elas mantidas em depósito, do qual constarão:

I – o local e a data da emissão;

II – o nome e a qualificação do depositante das Cédulas de Crédito Bancário;

III – a denominação "Certificado de Cédulas de Crédito Bancário";

IV – a especificação das cédulas depositadas, o nome dos seus emitentes e o valor, o lugar e a data do pagamento do crédito por elas incorporado;

V – o nome da instituição emitente;

VI – a declaração de que a instituição financeira, na qualidade e com as responsabilidades de depositária e mandatária do titular do certificado, promoverá a cobrança das Cédulas de Crédito Bancário, e de que as cédulas depositadas, assim como o produto da cobrança do seu principal e encargos, somente serão entregues ao titular do certificado, contra apresentação deste;

VII – o lugar da entrega do objeto do depósito; e

VIII – a remuneração devida à instituição financeira pelo depósito das cédulas objeto da emissão do certificado, se convencionada.

§ 1º. A instituição financeira responde pela origem e autenticidade das Cédulas de Crédito Bancário depositadas.

§ 2º. Emitido o certificado, as Cédulas de Crédito Bancário e as importâncias recebidas pela instituição financeira a título de pagamento do principal e de encargos não poderão ser objeto de penhora, arresto, sequestro, busca e apreensão, ou qualquer outro embaraço que impeça a sua entrega ao titular do certificado, mas este poderá ser objeto de penhora, ou de qualquer medida cautelar por obrigação do seu titular.

§ 3º. O certificado poderá ser emitido sob a forma escritural, sendo regido, no que for aplicável, pelo contido nos arts. 34 e 35 da Lei nº 6.404, de 15 de dezembro de 1976.

§ 4º. O certificado poderá ser transferido mediante endosso ou termo de transferência, se escritural, devendo, em qualquer caso, a transferência ser datada e assinada pelo seu titular ou mandatário com poderes especiais e averbada junto à instituição financeira emitente, no prazo máximo de dois dias.

§ 5º. As despesas e os encargos decorrentes da transferência e averbação do certificado serão suportados pelo endossatário ou cessionário, salvo convenção em contrário.

Art. 44. Aplica-se às Cédulas de Crédito Bancário, no que não contrariar o disposto nesta Lei, a legislação cambial, dispensado o protesto para garantir o direito de cobrança contra endossantes, seus avalistas e terceiros garantidores.

Art. 45. Os títulos de crédito e direitos creditórios, representados sob a forma escritural ou física, que tenham sido objeto de desconto, poderão ser admitidos a redesconto junto ao Banco Central do Brasil, observando-se as normas e instruções baixadas pelo Conselho Monetário Nacional.

§ 1º. Os títulos de crédito e os direitos creditórios de que trata o *caput* considerar-se-ão transferidos, para fins de redesconto, à propriedade do Banco Central do Brasil, desde que inscritos em termo de tradição eletrônico constante do Sistema de Informações do Banco Central – SISBACEN, ou, ainda, no termo de tradição previsto no § 1º do art. 5º do

Decreto nº 21.499, de 9 de junho de 1932, com a redação dada pelo art. 1º do Decreto no 21.928, de 10 de outubro de 1932.

§ 2º. Entendem-se inscritos nos termos de tradição referidos no § 1º os títulos de crédito e direitos creditórios neles relacionados e descritos, observando-se os requisitos, os critérios e as formas estabelecidas ɔelo Conselho Monetário Nacional.

§ 3º. A inscrição produzirá os mesmos efeitos jurídicos do endosso, somente se aperfeiçoando com o recebimento, pela instituição financeira proponente do redesconto, de mensagem de aceitação do Banco Central do Brasil, ou, não sendo eletrônico o termo de tradição, após a assinatura das partes.

§ 4º. Os títulos de crédito e documentos representativos de direitos creditórios, inscritos nos termos de tradição, poderão, a critério do Banco Central do Brasil, permanecer na posse direta da instituição financeira beneficiária do redesconto, que os guardará e conservará em depósito, devendo proceder, como comissária *del credere*, à sua cobrança judicial ou extrajudicial.

....

Art. 65. O Conselho Monetário Nacional e a Secretaria da Receita Federal, no âmbito das suas respectivas atribuições, expedirão as instruções que se fizerem necessárias à execução das disposições desta Lei.

Vigência

Art. 66. Esta Lei entra em vigor na data de sua publicação.

Revogações

Art. 67. Ficam revogadas as Medidas Provisórias nºs 2.160-25, de 23 de agosto de 2001, 2.221, de 4 de setembro de 2001, e 2.223, de 4 de setembro de 2001, e os arts. 66 e 66-A da Lei nº 4.728, de 14 de julhɔ de 1965.

Brasília, 2 de agosto de 2004; 183º da Independência e 116º da República.

Luiz Inácio Lula da Silva

DOU de 3.8.2004

SÚMULAS DO SUPERIOR TRIBUNAL DE JUSTIÇA

26. O avalista do título de crédito vinculado a contrato de mútuo também responde pelas obrigações pactuadas, quando no contrato figurar como devedor solidário.

27. Pode a execução fundar-se em mais de um título extrajudicial relativos ao mesmo negócio.

28. O contrato de alienação fiduciária em garantia pode ter por objeto bem que já integrava o patrimônio do devedor.

30. A comissão de permanência e a correção monetária são inacumuláveis.

31. A aquisição, pelo segurado, de mais de um imóvel financiado pelo Sistema Financeiro da Habitação, situados na mesma localidade, não exime a seguradora da obrigação de pagamento dos seguros.

32. Compete à Justiça Federal processar justificações judiciais destinadas a instruir pedidos perante entidades que nela têm exclusividade de foro, ressalvada a aplicação do art. 15, II, da Lei nº 5.010/1966.

33. A incompetência relativa não pode ser declarada de ofício.

37. São cumuláveis as indenizações por dano material e dano moral oriundos do mesmo fato.

48. Compete ao juízo do local da obtenção da vantagem ilícita processar e julgar crime de estelionato cometido mediante falsificação de cheque.

54. Os juros moratórios fluem a partir do evento danoso, em caso de responsabilidade extracontratual.

60. É nula a obrigação cambial assumida por procurador do mutuário vinculado ao mutuante, no exclusivo interesse deste.

92. A terceiro de boa-fé não é oponível a alienação fiduciária não anotada no certificado de registro do veículo automotor.

133. A restituição da importância adiantada, à conta de contrato de câmbio, independe de ter sido a antecipação efetuada nos quinze dias anteriores ao requerimento da concordata.

179. O estabelecimento de crédito que recebe dinheiro, em depósito judicial, responde pelo pagamento da correção monetária relativa aos valores recolhidos.

181. É admissível ação declaratória, visando a obter certeza quanto à exata interpretação de cláusula contratual.

199. Na execução hipotecária de crédito vinculado ao Sistema Financeiro de Habitação, nos termos da Lei nº 5.741/1971, a petição inicial deve ser instruída com, pelo menos, dois avisos de cobrança.

233. O contrato de abertura de crédito, ainda que acompanhado de extrato da conta-corrente, não é título executivo.

237. Nas operações com cartão de crédito, os encargos relativos ao financiamento não são considerados no cálculo do ICMS.

244. Compete ao foro do local da recusa processar e julgar o crime de estelionato mediante cheque sem provisão de fundos.

245. A notificação destinada a comprovar a mora nas dívidas garantidas por alienação fiduciária dispensa a indicação do valor do débito.

247. O contrato de abertura de crédito em conta-corrente, acompanhado do demonstrativo de débito, constitui documento hábil para o ajuizamento da ação monitória.

248. Comprovada a prestação dos serviços, a duplicata não aceita, mas protestada, é título hábil para instruir pedido de falência.

256. O sistema de "protocolo integrado" não se aplica aos recursos dirigidos ao Superior Tribunal de Justiça.

258. A nota promissória vinculada a contrato de abertura de crédito não goza de autonomia em razão da iliquidez do título que a originou.

259. A ação de prestação de contas pode ser proposta pelo titular de conta-corrente bancária.

279. É cabível execução por título extrajudicial contra a Fazenda Pública.

282. Cabe a citação por edital em ação monitória.

283. As empresas administradoras de cartão de crédito são instituições financeiras e, por isso, os juros remuneratórios por elas cobrados não sofrem as limitações da Lei de Usura.

284. A purga da mora, nos contratos de alienação fiduciária, só é permitida quando já pagos pelo menos 40% (quarenta por cento) do valor financiado.

285. Nos contratos bancários posteriores ao Código de Defesa do Consumidor incide a multa moratória nele prevista.

286. A renegociação de contrato bancário ou a confissão da dívida não impede a possibilidade de discussão sobre eventuais ilegalidades dos contratos anteriores.

287. A Taxa Básica Financeira (TBF) não pode ser utilizada como indexador de correção monetária nos contratos bancários.

288. A Taxa de Juros de Longo Prazo (TJLP) pode ser utilizada como indexador de correção monetária nos contratos bancários.

292. A reconvenção é cabível na ação monitória, após a conversão do procedimento em ordinário.

293. A cobrança antecipada do valor residual garantido (VRG) não descaracteriza o contrato de arrendamento mercantil.

294. Não é potestativa a cláusula contratual que prevê a comissão de permanência, calculada pela taxa média de mercado apurada pelo Banco Central do Brasil, limitada à taxa do contrato.

295. A Taxa Referencial (TR) é indexador válido para contratos posteriores à Lei n² 8.177/91, desde que pactuada.

296. Os juros remuneratórios, não cumuláveis com a comissão de permanência, são devidos no período de inadimplência, à taxa média de mercado estipulada pelo Banco Central do Brasil, limitada ao percentual contratado.

297. O Código de Defesa do Consumidor é aplicável às instituições financeiras.

298. O alongamento de dívida originada de crédito rural não constitui faculdade da instituição financeira, mas direito do devedor nos termos da lei.

299. É admissível a ação monitória fundada em cheque prescrito.

300. O instrumento de confissão de dívida, ainda que originário de contrato de abertura de crédito, constitui título executivo extrajudicial.

317. É definitiva a execução de título extrajudicial, ainda que pendente apelação contra sentença que julgue improcedentes os embargos.

322. Para a repetição de indébito, nos contratos de abertura de crédito em conta-corrente, não se exige a prova do erro.

323. A inscrição de inadimplente pode ser mantida nos serviços de proteção ao crédito por, no máximo, cinco anos.

328. Na execução contra instituição financeira, é penhorável o numerário disponível, excluídas as reservas bancárias mantidas no Banco Central.

332. A fiança prestada sem autorização de um dos cônjuges implica a ineficácia total da garantia.

348. Compete ao Superior Tribunal de Justiça decidir os conflitos de competência entre juizado especial federal e juízo federal, ainda que da mesma seção judiciária.

359. Cabe ao órgão mantenedor do Cadastro de Proteção ao Crédito a notificação do devedor antes de proceder à inscrição.

361. A notificação do protesto, para requerimento de falência da empresa devedora, exige a identificação da pessoa que a recebeu.

363. Compete à Justiça estadual processar e julgar a ação de cobrança ajuizada por profissional liberal contra cliente.

364. O conceito de impenhorabilidade de bem de família abrange também o imóvel pertencente a pessoas solteiras, separadas e viúvas.

MANUAL PRÁTICO DOS TÍTULOS DE CRÉDITO

SÚMULAS DO SUPREMO TRIBUNAL FEDERAL

SÚMULAS DO SUPREMO TRIBUNAL FEDERAL

• *As Súmulas aqui constantes (até a de nº 620) foram promulgadas antes da Constituição Federal de 1988, que mudou a competência do STF.*

121. É vedada a capitalização de juros, ainda que expressamente convencionada.

150. Prescreve a execução no mesmo prazo de prescrição da ação.

153. Simples protesto cambiário não interrompe a prescrição.

154. Simples vistoria não interrompe a prescrição.

189. Avais em branco e superpostos consideram-se simultâneos e não sucessivos.

190. O não-pagamento de título vencido há mais de trinta dias, sem protesto, não impede a concordata preventiva.

192. Não se inclui no crédito habilitado em falência a multa fiscal com efeito de pena administrativa.

193. Para a restituição prevista no art. 76, § 2º, da Lei de Falências, conta-se o prazo de quinze dias da entrega da coisa e não da sua remessa.

254. Incluem-se os juros moratórias na liquidação, embora omisso o pedido inicial ou a condenação.

256. É dispensável pedido expresso para condenação do réu em honorários, com fundamento nos arts. 63 ou 64 do Código de Processo Civil.

310. Quando a intimação tiver lugar na sexta-feira, ou a publicação com efeito de intimação for feita nesse dia, o prazo judicial terá início na segunda-feira imediata, salvo se não houver expediente, caso em que começará no primeiro dia útil que se seguir.

335. É válida a cláusula de eleição do foro para os processos oriundos do contrato.

336. A imunidade da autarquia financiadora, quanto ao contrato de financiamento, não se estende à compra e venda entre particulares, embora constante os dois atos de um só instrumento.

353. São incabíveis os embargos da Lei nº 623, de 19 de fevereiro de 1949, com fundamento em divergência entre decisões da mesma Turma do Supremo Tribunal Federal.

454. Simples interpretação de cláusulas contratuais não dá lugar a recurso extraordinário.

521. O foro competente para o processo e o julgamento dos crimes de estelionato, sob a modalidade da emissão dolosa de cheque sem provisão de fundos, é o do local onde se deu a recusa do pagamento pelo sacado.

554. O pagamento de cheque emitido sem provisão de fundos, após o recebimento da denúncia, não obsta ao prosseguimento da ação penal.

562. Na indenização de danos materiais decorrentes de ato ilícito cabe a atualização de seu valor, utilizando-se, para esse fim, dentre outros critérios, dos índices de correção monetária.

600. Cabe ação executiva contra o emitente e seus avalistas, ainda que não apresentado o cheque ao sacado no prazo legal, desde que não prescrita a ação cambiária.

616. É permitida a cumulação da multa contratual com os honorários de advogado, após o advento do Código de Processo Civil vigente.

648. A norma do § 3º do art. 192 da Constituição, revogada pela EC 40/2003, que limitava a taxa de juros reais a 12% ao ano, tinha sua aplicabilidade condicionada à edição de lei complementar.

664. É inconstitucional o inciso V do art. 1º da Lei nº 8.033/90, que instituiu a incidência do Imposto nas Operações de Crédito, Câmbio e Seguros – IOF sobre saques efetuados em caderneta de poupança.

665. É constitucional a Taxa de Fiscalização dos Mercados de Títulos e Valores Mobiliários instituída pela Lei n.7.940/89.

RESOLUÇÃO DAS VERIFICAÇÕES DE APRENDIZADO

Capítulo II	1-c	2-d	3-d	4-c				
Capítulo IV	1-b							
Capítulo V	1-b	2-c	3-c					
Capítulo VI	1-a	2-c	3-c	4-b	5-c	6-b		
Capítulo VII	1-a	2-d	3-d					
Capítulo VIII	1-b	2-a	3-a	4-d	5-b	6-d	7-d	
Capítulo IX	1-c	2-c	3-b	4-c				
Capítulo X	1-b	2-c	3-b	4-d	5-c	6-d	7-c	8-a
Capítulo XI	1-c	2-b	3-d	4-c	5-b	6-a		
Capítulo XII	1-c	2-d						

BIBLIOGRAFIA

ABRÃO, Nelson. "Cibernética e Títulos de Crédito". *Revista de Direito Mercantil*, São Paulo: Revista dos Tribunais, nº 19, 1975.

ASCARELLI, Tullio. "Causalidade e abstração da 'duplicata'". *Revista Forense*, Rio de Janeiro: Forense, nº 8, 1946.

BEZERRA Filho, Manoel Justino. "Dos títulos de crédito – exame crítico do Título VIII do Livro I da Parte Especial do novo Código Civil". *RT* nº 798, 2002.

BORGES, João Eunápio. *Títulos de Crédito.* 2ª ed., Rio de Janeiro: Forense, 1979.

BULGARELLI, Waldírio. *Manual de Direito Comercial.* 3ª ed., São Paulo: Atlas, 2003.

————. *Contratos e Títulos Empresariais: As Novas Perspectivas.* São Paulo: Atlas, 2001.

————. *Títulos de Crédito.* 18ª ed., São Paulo: Atlas, 2001.

————. "Garante solidário – uma construção abstrusa?". *Revista de Direito Mercantil*, São Paulo: Revista dos Tribunais, nº 84, 1991.

CÂNDIDO, Marlúcio. *Direito Comercial.* 16ª ed., São Paulo: Atlas, 2001.

CARVALHOSA, Modesto. *Comentários ao código civil.* São Paulo: Saraiva, 2003. v. 13.

COELHO, Fábio Ulhoa. *O Empresário e os Direitos do Consumidor.* São Paulo: Saraiva, 1994.

————. *Manual de Direito Comercial.* 18ª ed. rev. atual., São Paulo: Saraiva, 2007.

————. *Curso de Direito Comercial.* vol. 1, 11ª ed. rev. e atual., São Paulo: Saraiva, 2007.

————. *Curso de Direito Comercial*, vol. 2, 11ª ed. rev. e atual., São Paulo: Saraiva, 2007.

————. *Curso de Direito Comercial*, vol. 3, 11ª ed. rev. e atual., São Paulo: Saraiva, 2007.

————. "Breves notas sobre o crime de duplicata simulada". *Revista Brasileira de Ciências Criminais*, São Paulo: Revista dos Tribunais, nº 14, 1996.

COMPARATO, Fábio Konder. *Ensaios e Pareceres de Direito Empresarial.* Rio de Janeiro: Forense, 1978.

DINIZ, Maria Helena. *Curso de Direito Civil Brasileiro.* 12ª ed., 1995; 20ª ed., 2003, São Paulo: Saraiva.

DORIA, Dylson. *Curso de Direito Comercial.* 10ª ed., São Paulo: Saraiva, 1995.

FAZZIO JUNIOR, Waldo. *Manual de Direito Comercial.* 3ª ed., São Paulo: Atlas, 2003.

FIUZA, Ricardo (coord.) *Novo Código Civil Comentado.* Diversos autores. 1ª ed., 2ª tir., São Paulo: Saraiva, 2002.

FREITAS, Elizabeth Cristina Campos Martins de. *Desconsideração da Personalidade Jurídica: Análise à Luz do Código de Defesa do Consumidor e do Novo Código Civil.* São Paulo: Atlas, 2002.

FRONTINI, Paulo Salvador. "Títulos de Crédito e Títulos Circulatórios: que futuro a informática lhes reserva?". *RT* nº 730, São Paulo: Revista dos Tribunais, 1996.

GALVÃO, Fernando. *Responsabilidade Penal da Pessoa Jurídica.* 2ª ed., Belo Horizonte: Del Rey, 2003.

GONÇALVES NETO, Alfredo de Assis. *Aval – Alcance da Responsabilidade do Avalista.* 2ª ed., São Paulo: Revista dos Tribunais, 1993.

GRECO FILHO, Vicente. *Direito Processual Civil Brasileiro.* 13ª ed., São Paulo: Saraiva, 1999.

GRINOVER, Ada Pellegrine et al. *Juizados Especiais Criminais.* 3ª ed., São Paulo: Revista dos Tribunais, 2000.

LUCCA, Newton de. *Aspectos da Teoria Geral dos Títulos de Crédito.* São Paulo: Fioneira, 1979.

————. "O aval". *Revista de Direito Mercantil,* São Paulo: Revista dos Tribunais, nº 53, 1984.

————. *A Cambial-Extrato.* São Paulo: Revista dos Tribunais, 1985.

————. *Comentários ao Novo Código Civil.* Coordenado por Sálvio de Figueiredo Teixeira. Rio de Janeiro: Forense, 2004, v. XII.

MAMEDE, Gladston. *Código Civil Comentado.* São Paulo: Atlas, 2003 (Coleção coordenada por Álvaro Villaça Azevedo).

————. *Direito Empresarial Brasileiro: Empresa e Atuação Empresarial.* São Paulo: Atlas, 2006. v. 1.

————. *Direito Empresarial Brasileiro: Sociedade Simples e Empresária.* São Paulo: Atlas, 2006. v. 2.

————. *Direito Empresarial Brasileiro: Títulos de Crédito.* São Paulo: Atlas, 2006. v. 3.

————. *Direito Empresarial Brasileiro: Falência e Recuperação Judicial de Empresas.* São Paulo: Atlas, 2006. v. 4.

MARTINS, Fran. *Curso de Direito Comercial.* 16ª ed., Rio de Janeiro: Forense, 1991.

————. *Títulos de Crédito.* 13ª ed., Rio de Janeiro: Forense, 2002.

————. *O Cheque Segundo a Nova Lei.* 2ª ed., Rio de Janeiro: Forense, 1987.

MERCADO Jr., Antonio. *Nova Lei Cambial e a Nova Lei do Cheque, com cinco estudos.* São Paulo: Saraiva, 1966.

————. "Observações sobre o anteprojeto de código civil quanto à matéria 'dos títulos de crédito' constante da Parte Especial, Livro I, Título VIII". *Revista de Direito Mercantil,* nº 9.

MIRANDA, Pontes de. *Tratado de Direito Cambiário.* Campinas: Bookseller, 2001.

MORAES, Alexandre de. *Constituição do Brasil Interpretada e Legislação Constitucional.* São Paulo: Atlas, 2002.

NEGRÃO, Ricardo. *Manual de Direito Comercial.* 2ª ed., Campinas: Bookseller, 2001.

————. *Manual de Direito Comercial e de Empresa, Contratos e Títulos de Crédito.* São Paulo: Saraiva, 2004. v. 02.

NEGRÃO, Theotônio; GOUVEA, José Roberto Ferreira. *Código de Processo Civil e Legislação Processual em Vigor.* 38ª ed., São Paulo: Saraiva, 2006.

PARIZZATO, João Roberto. *Protesto de Títulos de Crédito.* 2ª ed., Ouro Fino: Edipa, 1999.

PENTEADO, Mauro Rodrigues. "Títulos de crédito no projeto de código civil". *Revista de Direito Mercantil,* nº 100.

REQUIÃO, Rubens. *Curso de Direito Comercial.* 20ª ed., São Paulo: Saraiva, 1991.

RIZZARDO, Arnaldo. *Contratos de Crédito Bancário.* 4ª ed., São Paulo: Revista dos Tribunais, 1999.

RODRIGUES, Silvio. *Direito Civil – Responsabilidade Civil.* 4ª ed., São Paulo: Saraiva, 1979, v. 4, sem data da 1ª ed.

SARAIVA, José A. *A Cambial.* Rio de Janeiro: José Konfino Editor, 1947.

WAMBIER, Luiz Rodrigues *et al. Curso Avançado de Processo Civil.* 3ª ed., São Paulo: Revista dos Tribunais, 2000.

ZORTÉA, Alberto João. *A Duplicata Mercantil e Similares no Direito Estrangeiro.* Rio de Janeiro: Forense, 1983.